臺灣歷史與文化 研究輯刊

十一編

第 6 冊

台灣戰後屏東現代詩研究（下）

鍾宇翡 著

花木蘭文化出版社

國家圖書館出版品預行編目資料

台灣戰後屏東現代詩研究(下)／鍾宇翡 著 ─ 初版 ─ 新北市：
花木蘭文化出版社，2017〔民106〕
目 4+248 面；19×26 公分
（臺灣歷史與文化研究輯刊十一編；第 6 冊）
ISBN 978-986-404-939-4（精裝）
1. 臺灣詩 2. 詩評
733.08   106001102

臺灣歷史與文化研究輯刊
十一編　第六冊　　　　　　　ISBN：978-986-404-939-4

台灣戰後屏東現代詩研究（下）

作　　者　鍾宇翡
總 編 輯　杜潔祥
副總編輯　楊嘉樂
編　　輯　許郁翎、王筑　美術編輯　陳逸婷
出　　版　花木蘭文化出版社
社　　長　高小娟
聯絡地址　235 新北市中和區中安街七二號十三樓
　　　　　電話：02-2923-1455／傳眞：02-2923-1452
網　　址　http://www.huamulan.tw 信箱 hml810518@gmail.com
印　　刷　普羅文化出版廣告事業
初　　版　2017 年 3 月
全書字數　443430 字
定　　價　十一編 6 冊（精裝）台幣 12,000 元　　　　版權所有·請勿翻印

台灣戰後屏東現代詩研究（下）

鍾宇翡 著

第五章　台灣戰後屏東現代詩中的族群書寫

　　「族群」（ethnic groups）指不同群體的單位，社會學者將它定義爲「一群因爲擁有共同的來源，或者是共同的祖先、共同的文化或語言，而自認爲、或者被其他的人認爲，構成一個獨特社群的一群人。」〔註1〕。主觀上，族群「自認爲」構成一獨特社群；客觀上，這群人「被認爲」擁有共同的文化與來源。人類學者則認爲族群是一種集體記憶（cllective memory）或社會記憶（social memory），也是一種集體社會行爲，現實的社會組織或群體都有其對應的集體記憶。〔註2〕從內涵角度去審視定義族群。

　　陳國偉《想像台灣：當代小說的族群書寫》認爲：「族群書寫在其性質上，是訴諸於作者個人的族群身分。當我們觀察文本中作者的生命經驗時，是無法將其獨立於社會與族群的背景之外的。」〔註3〕屏東作爲一個多元族群文化特色明顯的縣份，除了閩南族群、外省族群，屏東縣更是南部客家六堆大本營，除了右堆（美濃）隸屬高雄之外，其餘右堆（高樹）、左堆（新埤、佳冬）、前堆（長治、麟洛）、後堆（內埔）、中堆（竹田）、先鋒堆（萬巒）等鄉均在屏東境內，因此屏東縣是個客家文化氣息濃厚的縣份；此外，屏東縣是全台

〔註1〕　王甫昌：《當代台灣社會的族群想像》，台北：群學出版社，2003年，頁10。
〔註2〕　王明珂：《華夏邊緣——歷史記憶與族群認同》，台北：允晨出版社，2001年，頁46。
〔註3〕　陳國偉：《想像台灣：當代小說的族群書寫》，台北：五南出版公司，2007年，頁55。

山地原住民鄉最多的縣份，境內除了有霧台鄉為魯凱聚落，其餘均為排灣聚落（瑪家鄉、泰武鄉、來義鄉、春日鄉、獅子鄉、牡丹鄉、三地門鄉與恆春鎮），所以屏東縣是個充滿山地部落風光的縣份。因為族群多元，相對的屏東地區各種族群的作家都有。客籍作家如：林清泉、沙白、曾貴海、利玉芳、陳寧貴、蔡森泰、涂耀昌；排灣作家如：讓阿淥、撒伐楚古、林世治；魯凱作家如：奧威尼、達卡鬧；閩籍作家如：沙卡布拉揚、李敏勇、張志雄、黃慶祥、郭漢辰、黃明峯；外省籍作家如：李春生、路衛、沙穗、杜紫楓。這些戰後屏東作家群，各自從他們特有的族群視角書寫家鄉屏東與他鄉，更也回眸書寫自己族群，展現多元族群文化視野，形塑屏東作家現代詩特色。本章將從「客家族群書寫」、「原住民族群書寫」、「閩南族群書寫」與「外省族群書寫」切入探討如下：

第一節　客家族群書寫

　　族群書寫，並不等同族語書寫。但丹尼爾·貝爾（Daniel Bell）《社群主義及其批評者》說：「語言比任何其他因素更具決定性地界定了我們在這個世界上的不同生存方式。語言就是一個人的屬性的載體，是觀察事物、經歷與感覺的某種方式的工具，是形成某種人生觀的決定因素。」〔註4〕指出語言是屬性的載體，決定人生觀。語言文字作為文學的重要載體，「每種族群的語言文字有其文化思想，當然也包含政治哲學與權力展現。……族群語言文字一旦進入具體的文本，各種屬性、特性與文化性立即受到評論者強烈的凝視，並對閱讀者產生意義與影響因素。」〔註5〕可見族群語言文字在展現屬性、特性、文化性的重要意義。客家族群書寫，並不等同客語書寫，屏東縣客籍作家從事現代詩創作，幾乎均以華語作為書寫語言，但當他們進行族群書寫時，卻幾乎不約而同的嘗試使用客語進行，這種選擇以客語作為族群書寫工具，始自1988年的「還我母語」運動，當時客籍人士憂心於因過去政府錯誤語言政策，所造成客語族群快速流失和斷層現象，除走上街頭爭取客語發聲權與開放多元語言政策〔註6〕，客籍作家更嘗試透過母語文學創作，繼絕存亡客家

〔註4〕　丹尼爾·貝爾（Daniel Bell）著，李琨譯：《社群主義及其批評者》，北京：三聯書局，2002年，頁162。
〔註5〕　傅怡禎：〈屏東地區新詩發展初探〉，頁157。
〔註6〕　黃宣範：《語言、社會與族群意識》，台北：文鶴，1994年，頁57～58。

族群語言文化的生命，並且至 1990 年代開始蔚爲風氣。〔註7〕其中成果最豐碩的當屬客語詩創作〔註8〕，並且相關研究也質量可觀。屏東客籍作家中，曾貴海、利玉芳、陳寧貴長期耕耘華語詩創作，他們的客語詩亦成果斐然。這些詩人因客家意識的覺醒而創作，詩中往往流露出濃厚的客家族群色彩，本節將從「客家族群歷史」、「客家婦女圖像」、「客家生活場域」這三個面向探討戰後屏東客籍作家現代詩中的族群書寫如下：

一、客家族群歷史書寫

　　「地方感」的形成，必須是：「經由人的居住，以及某地經常性活動的涉入；經由親密性及記憶的積累過程；經由意象、觀念及符號等意義的給予；經由充滿意義的「眞實的」經驗或動人事件，以及個體或社區的認同感、安全感及關懷（concern）的建立；空間及其實質特徵於是被動員並轉形爲『地方』。」〔註9〕文學創作是一種參與，特別是對於一些語言文化長期遭邊緣族群而言，例如客家族群或原住民族群。彭瑞金認爲「文學」是客籍作家進入台灣社會核心的重要階梯〔註10〕，陳國偉則指出「歷史書寫」是客籍作家透過文學的創作，尋找到參與台灣社會的方式最具表現成果者。〔註11〕族群是一種集體記憶，族群書寫也往往從共同的歷史記憶書寫起，以下將從「移墾歷史與六堆戰役」、「殖民歷史與抗日戰爭」、「血緣尋根與情感認同」、「空間原鄉與文化原鄉」這四個面向，探析台灣戰後屏東現代詩中的族群書寫。

（一）移墾歷史與六堆戰役

　　歷史書寫的目的，是對於存在意義的追問，海德格（Martin Heidegger）說：「對於存在的追問是以歷史性爲前提的，要追問存在的意義，適當的方法

〔註7〕 周定邦、陳慕眞、鄭雅雯，〈燦爛繽紛的文學花園──「台灣本土母語文學常設展」特別報導〉，《台灣文學館通訊》第 27 期，2010 年 6 月，頁 30。
〔註8〕 客語詩作家有杜潘芳格、黃恆秋、葉日松、曾貴海、陳寧貴、利玉芳、張芳慈、邱一帆、馮輝岳、劉慧眞、吳尚任、吳聲淼等人。
〔註9〕 艾蘭・普瑞德（AllanPred）著，許坤榮譯：〈結構歷程和地方──地方感和感覺結構的形成過程〉，王志弘、夏鑄九編譯：《空間的文化形式與社會理論讀本》，台北：明文書局，1993 年，頁 86。
〔註10〕 彭瑞金：《驅除迷霧找回祖靈──台灣文學論文集》，高雄：春暉出版社，2000年，頁 29。
〔註11〕 陳國偉：《想像台灣：當代小說中的族群書寫》，台北：五南圖書公司，2007年，頁 169。

就是從此在的時間性與歷史性著眼，把此在先行解說清楚。」〔註12〕。回溯了歷史，「此在」也得以釐清。曾貴海〈六堆客家人〉書寫六堆客家人移民歷史、三山國王信仰、勤儉勞動族群特質與聚落地景特色等，作爲其對母土母語的深情告白：

> 亞洲大陸个流浪族群／將生命交分海峽黑水溝／來到南台灣屏東平原／向地泥河壩牛姆豬仔禾仔講客話／／請來三山國王个山神／落腳佇高屏溪東港溪林邊溪邊／一路流浪落來个靠山族群／變成靠河壩个農民／／三百零年來，守著這塊土地／毋會少祖先个血汗流落圳溝水／六大座頭正像大樹紮入地泥肚／／踮著含笑樹蘭夜合同桂花香／就尋得到客家人屋家／愛花香又勤儉个勞動民族／／好讀書又清淨个客家人／毋好忘了客家話／毋好離開六堆家園／像樹根咬狠腳底土地／吸飽地泥水／生滿樹葉開滿花／代代傳落下去／／台灣土地已經聽得識客家話／認得出六堆客家人／瞭解伊等對家園个愛〔註13〕

屏東縣是六堆客家族群主要根據地，「六堆」一詞，乃指康熙 25 年（1686）以後由廣東梅縣五屬、閩西與贛南等地陸續遷台的客家人，在高雄、屏東兩縣拓墾定居之鄉鎮，其地理位置以範圍包括「前堆」（長治、麟洛）、「後堆」（內埔鄉）、「左堆」（新埤、佳冬二鄉）、「右堆」（高樹、六龜、杉林三鄉及美濃）、「中堆」（竹田鄉）和「先鋒堆」（萬巒鄉），是台灣歷史最悠久的客家聚落。

　　曾貴海〈六堆客家人〉詩分六節，首節敘寫客家先民從亞洲大陸渡過黑水溝，拓墾屏東平原，在這片土地餵牛、養豬、種稻、說客語；次節敘寫客家先民陸續落腳高屏溪、東港溪、林邊溪畔，把家鄉的三山國王山神信仰傳承來到新的家園，從山城子民轉變爲傍河耕居的農民；第三節敘寫三百年來，先民爲保衛家園流血流汗，建立起六堆聚落組織，讓後代子孫得以安身立命；第四節寫客家人的族群特質勤儉勞動，客家聚落四周常種植含笑、樹蘭、夜合、桂花，清雅幽香氣息是客家人含蓄內斂族群性格的投射；第五節敘寫客家人重視子孫教育與整潔的民族性，呼籲客家人莫忘客家母語、莫離六堆家園，讓族群之花世世代代馨香盛開；末節指出當今台灣社會對客家族群語言

〔註12〕　海德格（Martin Heidegger）：〈概述存在意義的問題〉，倪梁康主編：《面對實事本身：現象學經典文選》，北京：東方出版社，2000 年，頁 325。

〔註13〕　曾貴海：〈六堆客家人〉，《原鄉‧夜合》，頁 69～71。

文化已日漸瞭解與重視。整首詩將六堆客家族群的歷史、聚落特色、族群特質與當前面臨的語言文化斷層，以及作者的祈願，以原汁原味的母語書寫，寫出土地族群之愛。

　　對於曾貴海族群歷史書寫的動機與意義，彭瑞金〈原香——序曾貴海客語詩集《原鄉・夜合》〉說：「美好家園的甜美記憶，可能因為客家子弟的無知無覺，家園可能毀於象徵貪婪的水庫興建，文化消失於無知的歷史失憶。詩人雖然相當克制地謹守詩的語言和詩人的本分，盡可能以詠史的柔軟身段，試圖喚醒族人的歷史記憶，試圖以族群文化的光澤喚起族人保衛、重振家園的意志，仍然難掩內心的深深憂慮。」〔註 14〕所以曾貴海起而用族群母語寫詩，是想用體己的詩語貼近族人的靈魂。余昭玟則從曾貴海歷史書寫的意義解讀：「曾貴海詩中挖掘歷史記憶的動機，也是在解決當前的台灣問題，他一向對社會事務十分關注，而歷史正是解決當前問題的鎖鑰，一旦將歷史詮釋清楚，一切有關族群、語言、政治、環保等困境，才有解決的可能。」〔註 15〕認為在曾貴海族群歷史書寫背後，隱隱有打破當前台灣困境的企圖。林秀蓉則直指〈六堆客家人〉中的「六堆」生活經驗，看似移民拓墾的展演，事實上存在不同時代的權力交織與意識型態，兼具開發史與政治史的意義，從中顯揚先民剛毅不屈的墾殖精神，以及表彰先民護衛生存空間的歷史意義。〔註 16〕從「地方感」的創造解讀曾貴海的族群歷史書寫。

　　空間之含有時間性意義，可以由詩、神祕探險、和移民史方面反映出來。語言本身顯示了人、空間、時間的親切連繫。〔註 17〕陳寧貴〈濫濫庄〉聚焦敘寫三百年前先民拓墾濫濫庄歷史：

　　　　十八世紀初／𠊎等離開貧瘠个原鄉嘉應州／為了絡食，硬心同阿爸阿姆道別／留下目汁同石階／以及越行越沈重个心事／／渡海來台時節／台南一帶已有泉漳人開發／再也尋毋到地跡著腳／𠊎等祇有珍等下淡水河南下／蓋像分麼个命運帶著／一步一個腳跡／慢慢行入

〔註 14〕　彭瑞金：〈原香——序曾貴海客語詩集《原鄉・夜合》〉，曾貴海：《原鄉・夜合》，頁 8。

〔註 15〕　余昭玟：〈曾貴海敘事詩的歷史記憶與抵抗美學〉，《2013 屏東文學學術研討會曾貴海研究論文集》，高雄：春暉出版社，2014 年，頁 134。

〔註 16〕　林秀蓉：〈從六堆到大武山——試論曾貴海屏東詩寫〉，《2013 屏東文學學術研討會曾貴海研究論文集》，頁 76。

〔註 17〕　段義孚（Yi-Fu Tuan）著，潘桂成譯：〈經驗空間中的時間〉，《經驗透視中的空間和地方》，頁 119。

荒涼个高屏平原 //𠊎等知得從今以後 / 客家山歌會適這響起 / 同原鄉个父老兄弟對唱 //𠊎等尋著一塊地安頓自家 / 這下正有時間 / 偷偷整理抖瀀个心事 / 恬恬去聽 / 命運个種子灑向磨難个大地進行曲 // 這塊分𠊎等生活个地跡 / 由於地勢低，一落雨 / 就氾濫成災，汙泥亂竄 / 蓋像想愛將𠊎等驅出這地方 / 毋過𠊎等个硬頸精神 / 毋會放過我𠊎自家 / 𠊎等已經準備好 / 一面唱山歌 / 一面將家園從泥漿底肚 / 撈起來。〔註18〕

萬丹濫濫庄是六堆客家發祥之地，根據鍾壬壽《六堆客家鄉土誌》研究，六堆客家先民初期之移入，可追溯自清康熙 22 年（1683）間施琅將軍平台之後。清康熙 27 年（1688）清軍續遣部隊中，有一部份蕉嶺及梅縣出身的士兵，由台南安平登陸，他們本想在台灣府治附近拓墾，但閩南人已捷足先登，客家先民只得暫時屯田於台南東門外，其後因人口不斷增加，呈現出人口土地失調的現象，於是由台南東門外轉進阿公店(今之岡山)。〔註19〕康熙 31 年（1693）部隊解散，這批解甲歸田的客家士兵，被政府安置在麟洛河下游濫濫庄〔註20〕（今之萬丹鄉四維村）一帶之濫田從事墾荒。這批客家先民，其後又回原鄉邀集鄉民來台，大家在濫濫庄居住 6、7 年之後，才分別到六堆各鄉散居。〔註21〕客家先民由濫濫庄轉進他處，除因人口日增，必須另闢根據地，最主要原因恐怕是在於濫濫庄位於麟洛河下游較低窪之冲積地，土地雖肥沃，但雨季時農田常遭淹沒侵毀，於是先民們經由熟習之麟洛河轉進他處。

　　陳寧貴〈濫濫庄〉所敘寫的正是客家先民移墾濫濫庄，再由濫濫庄轉進今日六堆各庄的拓墾歷史。整首詩以敘事詩筆法分四節進行，首節寫出客家先民於十八世紀初，為了謀生，只得含淚遠離原鄉嘉應州親人；次節敘寫當客家先民渡海來台後，因台南一代已被泉漳人捷足先登只得循著下淡水溪（即

〔註18〕　陳寧貴：〈濫濫庄〉，龔萬灶，黃恆秋編選：《客家台語詩選》，新莊：客家台灣雜誌社，1995 年，頁 69～70。

〔註19〕　鍾壬壽：《六堆客家鄉土誌》，屏東：長青出版社，1973 年，頁 83～96。

〔註20〕　鍾壬壽書指濫濫庄是現在「萬丹鄉」與「竹田鄉」西勢之間的濫庄，離「萬丹」約三公里，面臨「麟洛河」下游。經竹田鄉忠義祠管理員林海鎔老先生，及四維村村長簡銘昌先生帶路，得正確位置在今萬丹鄉四維村四維東路一帶，四維村之前名為濫庄，2003 年改名四維村。筆者訪談日期：2007 年 8 月 31 日。

〔註21〕　曾彩金：《六堆客家社會文化發展與變遷之研究：建築篇》，屏東：財團法人六堆文化教育基金會，2001 年，頁 16。

今日高屏溪）南下進入荒涼的高屏平原；第三、四節敘寫客家先民在高屏平原安頓下來，收拾思鄉情懷，準備迎向未知的命運；末節則敘寫濫濫庄地勢低窪，不易久居，客家先民再次發揮客家硬頸打拼精神與樂觀天性，「一面唱山歌／一面將家園從泥漿底肚／撈起來」，往未知之地建立新家園。整首詩敘寫客家先民冒險渡台的艱辛，以及不畏艱難的硬頸大拚精神，在歷史書寫的視野中，更寓含台灣主體性的思考。

　　書寫六堆客家先民歷史，陳寧貴除了以〈濫濫庄〉引領讀者走入歷史中濫濫庄篳路藍縷的情境，更後續以「面對──碎裂之戰」、「面對──天光日」、「面對──臨暗」客家保衛三部曲向偉大的客家先民致敬。陳寧貴說：「台灣這個島，平埔族、原住民在此，可是幾乎是無政府狀態，林道乾海盜騷擾，只想搶用物資，平埔族人抵抗，卻死傷慘重所以我用『面對──碎裂之戰』；客家族群來此，經營家園，朱一貴事件，紛擾了客家社區，於是起來保衛家園，而且成功了，所以我用『面對──天光日』，但是接下來，清政府又將之割讓給日本，六堆客家族群又得抵抗日本國家武力的接收，客家族群幾近覆沒，所以我用『面對──臨暗』。」〔註22〕陳寧貴〈面對──碎裂之戰〉詩寫1563年平埔族抵抗歷史：

> 夜／暗到同墨水共樣／我等蓋像佇墨水肚／恬恬緊泅／／一隻一隻介猴仔、鳥仔／一頭一頭介樹仔／全部都睡落覺／連透氣聲也聽無到／／我等輕手輕腳／慢慢慢慢摸到／中國海盜林道乾賊營前／園佇榮榮樹叢／這時節，恨意／既經驚濤駭浪／湧入心肝底肚／／我等正愛摸入賊營／無恬到該兜賊仔／蓋早得到攻擊消息／／一大陣銃聲／打破分黑玻璃／蒙等介恬靜山林／黑玻璃突然／裂──開──四──散──／銃子像恁毒虎頭蜂穿入我等介／頭那／胸脯／肚司／手腳／／我等介圓身／還赴毋到來喊痛／血，就火山爆發樣／噴到歸山林／／日頭一出來／分人看到台灣／處處黏等血紅介歷史〔註23〕

〈面對──碎裂之戰〉內容紀錄1563年平埔族反擊中國海賊林道乾的歷史事件。詩末附記：「1563年中國海道林道乾，躲避朝廷追緝，率數百賊眾，隱遁來台。他們任意劫虐打狗山西拉雅瑪卡道平埔族人，瑪卡道族人憤怒至極，

〔註22〕　張國良編寫：〈客語詩人陳寧貴訪談錄〉，國立屏東教育大學客家文化研究所，2012年6月27日。資料來源：「陳寧貴詩人坊」網址：http://ningkuei.blogspot.tw/2012_06_01_archive.html

〔註23〕　陳寧貴：〈面對──碎裂之戰〉，《文學客家》創刊號，2010年1月，頁9～10。

商議多時，某夜，全體男女出動進行反擊——」。很明顯的，陳寧貴將台灣平埔族的歷史視為六堆客家族群歷史的一部分，蓋俗稱「有唐山公，無唐山婆」，六堆客家族群的母系祖先幾乎來自平埔族，所以這首詩用平埔族的觀點，上溯自十六世紀的平埔族抵抗歷史。

全詩共分六節，首節第一行僅僅以一個「夜」字，先點出這是一場「夜間」逆襲行動，緊接著在第二行，以「暗到同墨水共樣」，在視覺上進行時空場景之鋪設，藉由「夜」與「墨水」做視覺聯繫，並將畫面由上往下鳥瞰到地面，進入細部景物摹寫。於是場景容納進了第一人稱之平埔族人「我等」（我們），「我等」在靜寂的暗夜裡，謹慎緩慢的用手撥開濃密草叢，無聲的前進，就如同在墨水中泅泳一般，隱身於一片闃黑之中。詩人透過視覺上的誇飾與譬喻，將平埔族人深夜展開襲擊的行動，鋪下暴風雨前蓄勢待發的寧靜氛圍。次節則進一步將視野拉開，利用周圍環境中「猴子」、「鳥」、「樹」都靜謐無聲，去映襯烘托逆襲前行動的謹慎而緩靜，就連感官敏銳的猴子、鳥也未曾驚動到，這種靜是「連透氣聲也聽無到」，這是一種屏氣凝神的靜，更是緊繃的靜。第三節除了以「我等輕手輕腳／慢慢慢慢摸到」呼應第一、二節的靜，更透過「這時節，恨意／既經驚濤駭浪／湧入心肝底肚」，將原本看似靜寂的如墨水的黑夜，轉變為「驚濤駭浪」，「靜」與「動」於此呈現強烈鮮明映襯效果。第四節則點出行動失敗的原因，詩人以「無恬到」說明行動的失敗，在於不夠團結導致消息走漏，對方「蓋早得到攻擊消息」。第五節以張力十足的劇動描寫，呈現當時行動的慘烈，在聽覺上是「一大陣銃聲／打破分黑玻璃／蒙等介恬靜山林」，在視覺上則是「黑玻璃突然／裂——開——四——散——／銃子像恁毒虎頭蜂穿入我等介／頭那／胸脯／肚司／手腳」，藉由「裂——開——四——散——」文字的間隔排列，營造出時間瞬間凝結的慢動作影像效果，並在慢動作之後，再以排比形式，刻劃槍林彈雨的無孔不入。第六節仍是劇動效果十足，在銃子如毒虎頭蜂般「穿入」我等身體之後，身體還來不及喊痛，「血，就火山爆發樣／噴到歸山林」，具強有力視覺震撼效果。然則黑暗的盡頭是黎明朝陽的昇起，於是這血跡斑斑的紅，遂暈染成了台灣歷史的顏色。對於這血的歷史顏色，陳寧貴說：「海賊林道乾賊眾，見堵著平埔族人就殺，甚至用平埔族人个血，合泥灰來造船仔，用頭那毛來打索仔，故所平埔族个人計畫好勢，利用暗摸叮咚个暗晡頭愛來揤海賊，無拼死路一條，拼就有命。平埔族人抵抗，卻死傷慘重，所以我用〈面對——碎裂之戰〉。」

〔註 24〕此詩以懾人的視覺美學、劇動張力敘寫歷史戰役，被視爲陳寧貴近年客語歷史詩作之得力佳構之一。

南部客家「六堆」組織之形成，始自康熙六十年（1721）朱一貴、杜君英抗清事件。「六堆」一說是「六隊」的近音，朱一貴事件乃清代重大民變之一，雖然從發難（4 月 19 日）、稱王（5 月 1 日）到瓦解（6 月 21 日），僅僅兩個月的時間，然而期間卻造成全台大亂。當時客家先民爲了保衛家園，乃於 5 月 10 日糾集 13 大庄，64 小庄共 1 萬 2 千餘人，在萬丹庄會合，樹立清朝旗號，將南部客家聚落劃分成六個區域，號爲「六堆」，並組成民兵聯防組織以對抗下淡水另一邊的朱一貴。「六堆」聯庄組織的運作，歷朱一貴事件之後，又繼續在鳳山吳福生、台南黃教、彰化林爽文、海盜蔡牽、枋寮林萬掌之亂等多次民變，以及清末抗日活動中，扮演捍衛疆土的重要角色，直至清末長治火燒庄之役後，「六堆」自組的軍隊組織才正式瓦解。〔註 25〕陳寧貴〈面對——天光日〉便是書寫 1721 年朱一貴事件這一段歷史中的客家魂：

1.
清康熙六十年（西元 1721 年）／得人驚个消息／比箭仔還較遽較利／直直射入客家庄人个心肝頭／／聽講朱一貴个部隊／蓋像一大片烏雲／烏天暗地／緊飄向下淡水溪／／這愛仰般正好？／逐儕在問：／客家族群對唐山／拼命渡過會食人个烏水溝到台灣／台南安平上陸後／根本就尋毋到著腳所在／千辛萬苦南下／來到屏東竹田濫濫庄開基／用血汗同泥漿作戰百過年／正用銅皮鐵骨建立起家園／現下朱一貴佢等就愛入侵／這愛仰般正好？／這——愛仰般正好？

2.
客家庄一下間／就慌慌跌落／分人掛吊个險惡大風大浪底肚／客家大老也惶惶趕遽相邀／在內埔媽祖廟集合開會／／黏時決定／十三大庄六十四小庄／成立六隊〔堆〕鄉團／中堆〔竹田鄉〕、先鋒隊〔萬巒〕／後堆〔內埔鄉〕、前堆〔麟洛、長治〕／左堆〔佳冬、新埤〕、右堆〔美濃、高樹〕／特別選出盡得人望个大總理李直三

〔註 24〕 陳煌：〈詩人的激情——我讀陳寧貴的「商怨」〉，《中華文藝》第 20 期第 6 卷，1981 年 2 月，頁 144～152。
〔註 25〕 曾彩金：《六堆客家社會文化發展與變遷之研究：建築篇》，頁 5。

帶頭／／這時節／發出晴天霹靂號召／硬頸熱血客家好漢／蓋像大海湧／對四面八方湧來／組織成一萬三千零僑个雄獅大軍／／共下用雷公聲宣誓：／我等个客家家園同客家命脈，／我等定著會再用銅皮鐵骨保護等！

3.

客家軍在下淡水溪个平原／用肉身築起鐵樣堤防／擋等像土石流沖來个敵軍／分六堆客家庄／每一吋土地／每一粒禾穀／都無半息著傷／／後來个／1732 年吳福生事件／1786 年林爽文事件／1895 年抗日事件／六堆子弟英勇出堆保護家園个故事／像恁烈个日頭／永遠照耀在世人心肝底肚／／不時恓起頭擺該恁紅个鮮血／流在客家家園／一點一滴／蓋像忠義个種籽／在六堆个大地發芽／既經開出盡靓个／台灣之花〔註26〕

陳寧貴說：「『面對——天光日』个詩，係寫朱一貴事件个情形；客家人就係在原鄉困苦過日仔，苦到日子過無下去，想愛尋一個安身立命个所在，聽著有一個台灣恁好个所在，不管該台灣在天無恁遠，還愛經過會食人个烏水溝，千辛萬苦，千山萬水，眞式到地發夢都會偸笑个所在，這台灣毋係毋使作就有好食个所在，又乜愛煞猛打拼，正有辦法建立自家个家園，千斤萬擔，暫時可以放落來，仰又來一個朱一貴，仰會做得呢？仰會做得呢？」〔註27〕陳寧貴〈面對——天光日〉組詩分三章進行，整首詩不直接敘寫朱一貴事件的來龍去脈，而是代以情感的澎湃起伏側面凸顯事件中的六堆客家族群精神。首章將時間空間拉回 1721 年的歷史場域，並以「比箭仔還較遠較利／直直射入客家庄人个心肝頭」象徵朱一貴民變消息在客庄引發的巨大震撼；次章則從歷史情境中的「共下用雷公聲宣誓：／我等个客家家園同客家命脈，／我等定著會再用銅皮鐵骨保護等！」的慷慨誓師宣言，讓讀者遙望往昔歷史的當下，呈顯客家族群一心效忠朝廷，分成六個戰鬥組織，誓師討逆，保家衛國；末章以「頭擺該恁紅个鮮血／流在客家家園／一點一滴／蓋像忠義个種籽／在六堆个大地發芽」寫意之筆凸顯戰況之慘烈，忠義祠裡壯烈犧牲者的

〔註26〕陳寧貴：〈面對——天光日〉，《文學客家》第 2 期，2010 年 7 月，頁 29～32。
〔註27〕張國良編寫：〈客語詩人陳寧貴訪談錄〉，國立屏東教育大學客家文化研究所，2012 年 6 月 27 日。資料來源：「陳寧貴詩人坊」。檢索日期：2013 年 6 月 7 日。網址：http://ningkuei.blogspot.tw/2012_06_01_archive.html

英靈，如同一顆顆種籽，在六堆的大地發芽茁壯成今日的規模，並且盛放出美麗的台灣之花。

　　書寫客家族群歷史，是為了對抗歷史的被遺忘，遺忘了自己的歷史，就遺落了自己的族群文化。六堆客家族群拓墾歷史中的篳路藍縷、斑斑血淚，曾幾何時早已被淹沒遺忘在時間的洪流裡，陳寧貴〈頭擺〉反思現今人們對客家文化的淺薄認知：

> 唔知　六堆介頭擺事情／唔知　忠義亭介風雲血汗／淨知　美濃粄條／淨知　萬巒豬腳／／客家文化／就恁樣跈等／粄條同豬腳／蓋暢快入胃腸底背／變成消化〔註28〕

整首詩中以反諷之筆，將「唔知　六堆介頭擺事情／唔知　忠義亭介風雲血汗」與「淨知　美濃粄條／淨知　萬巒豬腳」這兩個矛盾對比情境並置，藉以凸顯今日人們所謂的客家文化，早已淺碟化成口腹認知的物質美食層面，美濃與萬巒不再是當年風雲聚會歷史情境意義裡，流淌著先民血淚的六堆，而是令人食指大動、流淌著油蔥酥香的客家粄條與 Q 彈不膩的豬腳。方耀乾說：「陳寧貴亦是一位具有反思能力的客語詩人，他以反諷的筆法寫出現今人們對客家文化的淺薄認知，大多停留在口腹之慾的物質層面，已很少人會去進一步探究客家先民來台的艱辛歷史，詩人寫出他的憂慮。……短短的詩行，卻道盡詩人長長的嘆息。為什麼人們只知道『美濃粄條』、『萬巒豬腳』，而不識先人走過的足跡『六堆事件』、『忠義亭風雲』。這難道是二十一世紀所謂後現代的淺碟文化現象？一般民眾從電視媒體、報章雜誌所認識的客家文化，若非前述的『美濃粄條』、『萬巒豬腳』，頂多就只是講客家話、唱客家山歌、喝客家擂茶等刻板印象，再深一層就講不出來，即使身為客家子弟者也多是如此。」〔註29〕陳寧貴以諷刺之筆書寫〈頭擺〉，起心動念於客家族群文化與母語失落的危機意識，母語書寫正是繼絕族群文化的詩行動實踐。

（二）殖民歷史與抗日戰役

　　清光緒二十年（明治 27 年，1894），清廷甲午敗戰，次年（1895）李鴻章簽訂馬關條約割讓台灣、澎湖予日本。割讓局勢已定，當時拒為異族統治

〔註28〕陳寧貴：〈頭擺〉，「台灣客語詩選」陳寧貴作品。資料來源：「陳寧貴詩人坊」。檢索日期：2013 年 6 月 7 日。網址：http://ningkuei.blogspot.tw/2013/06/blog-post_7.html

〔註29〕資料來源：「陳寧貴詩人坊」。檢索日期：2013 年 6 月 7 日。網址：http://ningkuei.blogspot.tw/2013/06/blog-post_7.html

的台灣同胞義憤抗議，丘逢甲等人於光緒二十一年（1895）5月24日，改台灣省為「台灣民主國」，建元「永清」，公推台灣巡撫唐景崧為總統，劉永福為大將軍，丘逢甲為團練使，以抗拒之姿阻擋日本的侵佔。

5月29日，日軍近衛師團登陸澳底，旋即陸續攻下台北、新竹、苗栗、嘉義。〔註30〕為執行南進計畫，近衛師團繼續挺進嘉義附近，軍司令部及混成第四旅團登陸嘉義布袋口，第二師團則登陸屏東枋寮，準備南北夾擊，一起圍攻台南。〔註31〕

日軍第二師團在乃木希典中將指揮下，於10月11日清晨七點多登陸枋寮後，旋即沿海岸線北上向東港前進，且分派部隊攻向佳冬，在茄苳腳遭遇庄民激烈反抗，以蕭家第二十一代蕭光明為首的1400餘名反抗軍，不分男女老少，與桑波田率領第三中隊在東柵門附近的步月樓前展開肉博戰，日軍終於在11日深夜佔領下六根，庄民傷亡慘烈。日軍佔領佳冬後，為了報復左堆義軍之抵抗，下令屠庄於廟前，屍橫遍野慘不忍睹。〔註32〕曾貴海〈下六根步月樓保衛戰〉以小客庄迎戰大時代巨變的參差對照筆法，鋪寫出乙未戰爭中六根庄步月樓戰役裡的族群歷史：

一八九五年四月底／台灣變天／日本人要來管台灣人了

歸庄个人氣悶悶／偃看汝，汝看偃／看老嫩大細／再看看屋家田園／二百零年客家移民奮鬥个財產生命／會毋會一夜之間沒了／歸庄人愁得菜飯食無落／有兜人攬著子女暗暗叫泣／到底要怎般正好

一八九五年／李鴻章佇日本馬關用一隻筆刀／將台灣割送日本／台灣人同清朝官員成立台灣民主國／國旗有隻露牙个老虎騰雲駕霧／五月底日本近衛師團登陸三貂角／一禮拜就攻佔台北城／唐景崧同丘逢甲挾著屎窟走避中國／北台灣淪陷／劉永福帶著黑旗軍苦守南台灣

要戰或者要投降／要逃難或者要死守／命運行到生死線／沒人敢作主／三山國王廟个王爺阿公起乩／指示庄民打開四大柵門／擎白旗个迎接日本軍

〔註30〕 許佩賢譯：《攻台戰記：日清戰史台灣篇》，台北：遠流，1995年，頁426～429。

〔註31〕 鄭天凱：《攻台圖錄——台灣史上最大一場戰爭》，台北：遠流，1995年，頁107。

〔註32〕 簡炯仁：《屏東平原先人的足跡》，屏東：屏東縣政府，1999年，頁202。

六月十七日，日本人佇台北舉行始政式／近衛師團九月中旬編組南進軍／上萬陸軍同三十二隻船艦／十月十一日大早八點零登陸枋寮

經過三十零年个明治維新／日本已經是一個現代化強權／南進軍團長乃木希典名將／帶著日俄戰爭時勇猛个日本東北軍／攻打只有舊大砲老槍大刀个義勇軍／有人講義軍个抵抗像拿肉包打老虎

毋聽王爺阿公个指示／六堆各庄頭馬上組織抗日聯軍／下六根个壯丁圍佇副大總理蕭光明屋家參詳／大家一心一意決定戰到一兵一卒／當時个下六根庄有東西南北四個柵門／柵門下有圳溝當做護庄河／外圍再包著一層一層个蓄竹／日出柵門，耕田坵／夜入柵門，保子孫／二百年來像軍營保護歸庄人／沒論伊姓林陳李賴蕭羅張曾楊廖鄭

有錢有勢个蕭家佇廟前起了一只大屋／大屋左邊有間步月樓／丘逢甲同劉永福曾經上樓飲酒賞月／沒想到變做日後保庄个堡壘

全庄壯丁加上劉永福義軍總共千過人／用舊大砲守著四邊柵門／日軍經過下埔頭，下埔頭人避入六根庄／日軍行過水田墓地埋伏佇步月樓附近／反抗軍佇朝晨十點零向日軍開出第一槍／一場大戰就在東柵門个步月樓開火

婦人家同後生條全部出來摻手／步月樓一直沒分日軍攻陷／日軍沒法度等到半夜再打／入夜後，日軍轉攻南柵／放火燒稈棚攻開南柵門／一只小庄仔同日軍對戰十四點鐘／戰到第二日清早二點正失守／義勇軍一共死傷百過人／日軍戰死十五人受傷五十六人

蕭光明第二个豬仔月祥戰死東柵門牆頭／三子月祥大腿重傷，不久死了／守西柵門个壯士用石頭塞入大砲做彈藥／開砲倒打自己人／歸庄人用生命拚到底／講好愛來个六堆援軍全沒看到人影

日本人入庄時節／庄肚个老嫩大細經過上埔頭、新埤逃難到萬巒／西邊阿菊妹揹著細孩仔／聽人講拿毯仔掩頭腦子彈打不入／差一些分日本人打死

步月樓戰後，隔避庄林邊東港人出面講和／日本人強迫蕭光明離開家鄉去梅縣／日軍同義軍使毋得互相報復／下六根庄避開滅庄个命運

> 但是日軍捉到十過儕義軍／捆著圓身佇王爺壇前／當大眾面前斬頭
> ／伊等個血對廟埕漫漫個流／流過泥路流入西邊圳溝
>
> 以後，王爺阿公生日／使毋得做布袋戲／王爺阿公毋想看到／布袋
> 戲台上人頭落地個戲情／就像當初抗日義軍斬頭個悲情〔註33〕

曾貴海〈下六根步月樓保衛戰〉以長達 1070 字之長詩寫史，採散文句式以順時序時間縱軸，透過小說情境的「啓、承、轉、合」架構，敘寫長達五個多月乙未戰爭的來龍去脈，整首詩的時間尤其聚焦 1895 年 10 月 11 日，日軍登陸枋寮後，與下六根反抗軍爆發的長達 14 個鐘頭的步月樓保衛戰。透過詩的鏡頭，除嘗試還原歷史現場，更透過歷史戰役，著力凸顯下六根客庄族群幾百年來的護庄傳統。

首節「一八九五年四月底／台灣變天／日本人要來管台灣人了」作爲大時代敘述的開啓。此節以扼要三行，標出大時代變局中重要的「時、地、人、事」語碼，並以「變」與「管」，預示著殖民統治的即將來臨。

第二節到第六節承接首節時代氛圍，細部摹寫六根庄老少面臨暴雨欲來的無助無依與憤慨反應。次節聚焦整個六根庄壟罩在即將「變天」的凝重陰霾裡，詩之鏡頭全知全能的透視捕捉庄民乍聞消息時的無助肢體語言、愁緒交盪與終究難抑哭泣的情感反應。作者在此極爲細膩的摹寫了庄民心緒的轉折。透過「屋家」內彼此無言對望，到目光逡巡身旁「老嫩大細」，乃至舉目環顧屋家田園，以及心中疑懼著家園是否將一夕生變？作者透過「歸庄人愁得菜飯食無落／有兜人攬著子女暗暗叫泣」將客家人內斂壓抑的性格展露無遺；在第三節中，作者以快速文字鏡頭跳接幾個重要歷史場景，除凸顯巨變來臨的快速與猛烈，也將詩之焦點透過「劉永福帶著黑旗軍苦守南台灣」拉回南台灣；第四節承續第二節六根庄民心緒轉折之鋪寫，面對戰火即將逼近家園，如何回應，「沒人敢作主」，只得請示三山王爺，王爺指示打開柵門投降。這裡除呈顯客庄虔誠三山國王信仰，更凸顯庄民的無助；第五節透過三個時間點的快速跳接，凸顯局勢的瞬息萬變，從 6 月 17 日本始政、9 月中旬大規模編組南進軍，到 10 月 11 日早上 8 點強勢武力登陸枋寮，大有飄搖風雨欲來，戰事一觸即發之勢；第六節以「乃木希典名將／帶著日俄戰爭時勇猛個日本東北軍」對比「只有舊大砲老槍大刀个義勇軍」，凸顯雙方軍力懸殊，

〔註33〕曾貴海：〈下六根步月樓保衛戰〉，《原鄉・夜合》，頁 51～58。

更以「有人講義軍个抵抗像拿肉包打老虎」預示著這場戰役的悲劇宿命。

第七節到第十二節是迎向戰役的轉折，也是整首詩最澎湃壯烈的高潮。第七節劈頭以「毋聽王爺阿公个指示」宣告六堆客庄決定死守拒降，除了客家硬頸性格，以及對清廷的褒忠情感使然，作者透過六根庄三層防禦地景的素描，從東、西、南、北四大柵門，到柵門外的溝圳護城河，乃至最外圍的一層一層刺竹，標誌出的是客庄先民們兩百年來，在移墾歷史中所經歷過無數次的保家衛庄戰事，藉此凸顯庄民死守的必然性；第八節將詩之鏡頭注視蕭家大屋左邊的步月樓，昔日達官富家飲酒賞月雅樓，卻在這場歷史戰役中意外成了保庄堡壘；第九節透過場景的轉換，敘寫日本上萬陸軍的步步進逼，軍備懸殊的兩軍終於在東柵門的步月樓，由反抗軍用舊大砲開出第一槍而交鋒對峙；第十節敘寫庄民歷時 14 小時的英勇強力防禦與慘烈傷亡，反抗軍以千對萬卻戰鬥力旺盛，在幾乎全庄總動員下，日軍無法攻破東柵門，遂轉移至南柵門並採火攻，這場戰役方於翌日半夜兩點結束；第十一節採對照寫法，對歷史戰役進行批判褒貶，藉由六根庄人用性命保衛家園，蕭光明折損次子與三子，對比「講好愛來个六堆援軍全沒看到人影」，更加映襯出步月樓戰役所凸顯的六根庄民英勇精神；第十二節敘寫戰役中，村民逃難路線與槍林彈雨驚險景況。

第十三節到第十五節敘寫死戰過後的歷史餘影。第十三節敘寫戰後透過林邊東港人出面調解，以蕭光明離開作爲條件，六根庄方得以避開滅庄命運；第十四、十五節敘寫戰役後，十餘位義軍被日軍斬首示眾於三山國王廟前，作者透過「伊等个血對廟埕漫漫个流／流過泥路流入西邊圳溝」，義軍的血漫漫流入西邊溝圳，也流成歷史記憶裡的永恆印象，從此，三山國王爺生日不再搬演布袋戲，只爲怕又勾起那歷史裡人頭落地的悲壯犧牲。

從歷史書寫的意義檢視此詩，「此種歷史書寫不只是呈現事實而已，也有抵抗的姿態，批判日本殖民與戰後台灣的歷史，曾貴海的詩書寫大時代裡的個人故事，由個人生命支脈的匯聚，成爲一條歷史洪流，藉人物的曲折的命運，以詩來敘事，展現歷史的波濤。」〔註 34〕鍾屏蘭更以「既是典型的波瀾壯闊的『史詩』，也是反映當代亂離愁慘面貌的『一代詩史』」〔註

〔註34〕余昭玟：〈曾貴海敘事詩的歷史記憶與抵抗美學〉，《2013 屏東文學學術研討會曾貴海研究論文集》，頁 142。

〔註35〕鍾屏蘭：〈從《原鄉‧夜合》尋繹六堆客家心靈圖像〉，《2011 屏東文學學術研討會論文集》，高雄：春暉出版社，頁 78。

35）標舉此詩在台灣現代詩歌史上具不朽成就。從空間書寫的特色檢視，則曾貴海「以處理細節的手法，讓地域史實抗衡大敘述的神話。詩人想像歷史人物在當時的處境，讓歷史延續命脈。讓已逝去的歷史重新演出，作者從現場發聲，彷彿親臨體驗，以行動參與的姿態來寫作，隱約吻合曾貴海十多年來身爲社會運動者的身影。」〔註 36〕「步月樓之役」早已塵封於歷史灰燼裡，但蕭家古厝後方甕牆上之斑斑彈痕，卻始終沉默而有力量的訴說著佳冬先民在歷史裡的抵抗之姿與典範身影，令人沉吟懷想。曾貴海透過歷史戰役書寫，除釐清族群歷史面貌，向歷史裡英勇死戰的先民致敬，更也彷彿透過此詩展現出：是的，我的血液裡流著的就是先民誓死衛庄的傳統基因。

曾貴海〈客家族人，你們是不是被誤會了〉結合客家移民史與抵抗史，與〈下六根步月樓保衛戰〉前後照應：

> 我知道我們的歷史不可能被纏足 / 絆住全速奔逐的雙腳 / 穿越不斷遷徙逃亡的旅途 / 只有快速無聲地從綿延的戰火 / 從二千五百年的滅種危機中 / 逃離中國永不熄火的戰場 / 流散分離在地球偏遠角落的新家園 // …… / 1895 年夏天好幾千名客家義勇軍從北台灣 / 毫不猶豫的將生命的血花 / 一寸一寸的灑向彰化的八卦山 / 吳湯興終於在八卦山被射殺 / 妻子殉身自殺陪伴含怨離去的丈夫 / 你們是不是忘記了那段被掩埋的歷史 / 客家族群用血汗回報島國家園的悲壯榮光〔註 37〕

整首詩分十節進行，此處選錄第三、七節。第三節以「遷徙」、「逃亡」、「滅種」、「逃離」、「流散」與「分離」這幾組充滿動盪離散屬性的語彙，註腳 2500 年來的「客」族遷移史，並嘗試解碼「客家」族群名號來源的深層歷史印記；第七節補足〈下六根步月樓保衛戰〉第三節「五月底日本近衛師團登陸三貂角 / 一禮拜就攻佔台北城 / 唐景崧同丘逢甲挾著屎窟走避中國 / 北台灣淪陷 / 劉永福帶著黑旗軍苦守南台灣」〔註 38〕裡略而未談的各地大小戰役中的八卦山戰役，詩中「客家族群用血汗回報島國家園的悲壯榮光」更可作爲〈下

〔註 36〕 余昭玟：〈曾貴海敘事詩的歷史記憶與抵抗美學〉，《2013 屏東文學學術研討會曾貴海研究論文集》，頁 142。

〔註 37〕 曾貴海：〈客家族人，你們是不是被誤會了〉，《浪濤上的島國》，高雄：春暉出版社，2007 年，頁 63～65。

〔註 38〕 曾貴海：〈下六根步月樓保衛戰〉，《原鄉·夜合》，頁 52～53。

六根步月樓保衛戰〉第七節「毋聽王爺阿公个指示」最根源的轉折之因。兩詩對照，更見曾貴海乙未戰爭史實書寫中客家族群用血汗護衛土地的抵抗精神。

　　曾貴海以詩紀錄乙未戰爭中下六根保衛戰，回到歷史的現場，重新建構佳冬歷史中的集體記憶。陳寧貴〈面對——臨暗〉組詩則以六章充滿劇動張力的詩呈現六堆客家保衛戰：

●
大風如弓，／暴雨像箭，／乜不能射傷我等！／霹靂震天，／雷霆萬鈞，／乜不能分我等變成／著驚縮翼个／大地飛鷹！

●1895 六堆保衛戰
1895 年 11 月 11 日〔註39〕／日本乃木中將个艦隊／像震天撼地雪亮之劍／刺入南台灣／日軍耀武揚威／對枋寮登陸後逼近下六根〔今佳冬〕／佢等貼出告示——／擎白旗迎皇軍者相安無事／反抗者誅殺至雞犬不留／／這時節對台灣北片向南片／一路掃蕩而來个日軍／既經逼到高雄屏東一帶／佢等南北夾擊／準備一下手板就收服台灣全島

●西勢——忠義亭
南台灣六堆人民个緊急會議／在熱血中緊滾／主戰同主和个暗中挪扯／感性同理性个激烈交擊／火花四濺！／／直透雲霄个聲音／驚天動地響起——／頭可斷！／血可流！／寸土不可失！／／對陰暗中遲遲疑疑／驚驚縮縮个聲音乜響起——／台灣大官人／既經全部遠走高飛／佢等勢單力薄／蓋像係用卵擊石／／話一歇／群情像颮起一陣驚人个超級颱風／要將這閃閃爍爍／礙眼个燭光黏時／吹滅！／／眾人尋出發言者／將佢捆綁在桌腳／大聲緊罵——／懦夫！／懦夫！／懦夫！／懦夫！／懦夫！／懦夫！／／主和派到尾驚走／毋過，這時節族群生死大戰像悶雷／正愛對天邊烏雲中／驚心滾動出來

●下六根——步月樓
日本將軍桑波田个目珠／既經跋上頭那頂項／緊惦緊偷目虐／這下

六根庄民／就愛歡天喜地來迎接／佢這粒金閘閘个新日頭出現囉／／轟！驚天大聲／發夢也無想到／一門古砲對前面衝出／像盡久無發威个雄獅／撲向愛來採收勝利甜果个日軍／／佢个利爪向四片大力爪去／日軍一著驚／黏時變成天上飛个血肉／日軍因為人多勢眾整軍反擊／那門古砲一息乜毋驚／共樣煞猛大嬸聲緊咆緊哮／到尾實在毋堪高溫／自家爆炸壯烈成仁／／這時節下六根義勇軍／既經將自家變成砲彈／向敵人圓身項緊擲／血肉蓋像大雨緊落／一下間大地種滿／保村護土个紅花／到裡尾因為寡不敵眾／只好向後方撤守——

●長興庄——火燒庄

譴到會死个桑波田／來到六堆最尾一塊防守地／乜是抗日總指揮／大總理邱鳳揚故居——前堆長興庄／／桑波田對屏東運來／烏麻麻蟻公樣仔个日軍同大炮／用三面鐵桶包圍方式／腥風血雨強攻而來／／長興庄跌入大火海／邱老總理在飛沙煙硝中／同煲煮人心个死亡戰鬥／佢滿面黑污一身都係塵土／作戰中一粒砲彈飛來／一雙手遽遽將佢揪開／佢同死神擦身而過／毋過用手揪開佢个第三倈仔／續中彈倒地／／看等到處噴滅个血／邱老總理既經赴毋掣／阻擋湧到心肝个悲傷／只好將目汁／走瞿歸哀痛个心頭／／這時節緊來緊多砲彈／發癲樣仔飛過來／義勇軍一個一個倒地／戰士到尾存無幾儕／毋過日軍還像破堤大水湧來／將全部長興庄淹忒／／唉！長興庄！／我等深愛个恁靚个土地上／唯有忠義在火肚著到剝剝作響／肉身經過砲彈千焠百煉／昇華成忠義个圓身／像一面鮮紅个旗仔／在台灣歷史恁冷个泥灰肚／熱熱烈烈／昇起

●

1895 年，台灣客家／用竹篙逗菜刀／加上硬頸精神／這時節，我等就準備行過／台灣歷史个大風大浪／／到裡尾，留下肉身／分台灣大地做肥料／留下英魂，親像山櫻花／飄滿客家鄉土 〔註40〕

陳寧貴說：「『面對——臨暗』，1895 年，日本愛接收台灣，因為中日甲午戰爭清朝戰敗，台灣割讓分日本，客家族群，北部个桃園、新竹、苗栗个客家人，毋願意分日本人統治，聯合起來打響乙未戰爭，南部个六堆組織，乜同時起

〔註40〕 陳寧貴：〈面對——臨暗〉，《文學客家》第 3 期，2011 年 1 月，頁 20～27。

來反抗，南部个乙未戰爭乜打響起來」〔註41〕。陳寧貴以充滿劇動張力的詩語言，整理回顧110多年前乙未戰爭中的六堆客家抗日保衛戰，巧用意象喻寫歷史情境，以六章詩語摹繪出六幅永恆歷史印象。

〈面對——臨暗〉首章以將「風雨雷電裡的大地飛鷹」與「刀弓箭雨裡的我等」做意象疊合，既素描出亂世戰爭的氛圍，更也凸顯客家族群的英勇形象；次章〈1895六堆保衛戰〉以「劍」喻「艦」，藉「像震天撼地雪亮之劍／刺入南台灣」的穿刺性語彙，形塑日軍第二師團在海軍艦隊護送下，登陸屏東枋寮的銳利氣勢與殺戮意象，並透過「佢等貼出告示——／擎白旗迎皇軍者相安無事／反抗者誅殺至雞犬不留」具體恫嚇告示內容，既呼應前述「耀武揚威」日軍形象，也照應後敘「準備一下手板就收服台灣全島」，凸顯「利劍穿刺南台灣」詩境；在第三章〈西勢——忠義亭〉中，作者嘗試透過劇動文字鏡頭重建歷史畫面，透過「悶雷／正愛對天邊烏雲中／驚心滾動出來」營造暴風雨逼近前的抑重驚懼氛圍，並藉由「台灣大官人／既經全部遠走高飛」與「南台灣六堆人民个緊急會議／在熱血中緊滾」的官民交相對照，除批判唐景崧、丘逢甲等大官在歷史當下的儒弱避走，更透過仿若身歷其境的現場摹寫，重建出庄民在歷經主戰、主和交辯後的勇戰轉折；第四章〈下六根——步月樓〉分四節敘寫下六根步月樓保衛戰，從首節日軍桑波田第三中隊以絕對優勢傲慢逼近下六根，到次節反抗軍開砲發難，乃至第三節反抗軍在對峙中甚至開砲倒打自己人的激烈戰況，到末節庄民血染庄土，婦孺倉皇撤守，作者以「金鬧鬧个新日頭」、「盡久無發威个雄獅」、「大地種滿／保村護土个紅花」這三組強烈意象語彙，拼貼形塑成步月樓保衛戰的永恆圖像；第五章〈長興庄——火燒庄〉分六節敘寫長治鄉長興村的抗日戰役，首二節以「用三面鐵桶包圍方式／腥風血雨強攻而來」，從觸覺、嗅覺與視覺營造日軍肅殺態勢。第三、四節則在飛灰煙硝火海戰場中，細膩捕捉大總理邱鳳揚強忍喪子之慟，率長興民奮戰到底的風範。第五、六節則將「日軍還像破堤大水湧來／將全部長興庄淹忒」與「像一面鮮紅个旗仔／在台灣歷史恁冷个泥灰肚／熱熱烈烈／昇起」疊合成一幅永恆歷史圖像；末章以「用竹篙逗菜刀／加上硬頸精神」

〔註41〕張國良編寫：〈客語詩人陳寧貴訪談錄〉，國立屏東教育大學客家文化研究所，2012年6月27日。資料來源：「陳寧貴詩人坊」。檢索日期：2013年6月7日。網址：http://ningkuei.blogspot.tw/2012_06_01_archive.html

爲 1895 的客家抵抗行動特點作註腳，但更以「留下肉身／分台灣大地做肥料／留下英魂，親像山櫻花／飄滿客家鄉土」註腳其在台灣歷史的意義價值。透過意象的連結，陳寧貴的乙未戰役客家抵抗歷史圖像裡，纓紅的山櫻花年年盛放，永恆標誌在有意義的空間地景裡。

（三）血緣尋根與情感認同

客家族群一直是被壓抑的邊緣隱性族群。戰後國民政府遷台，客家族群面對擁有政治統御強勢的外省族群與人口強勢的閩南族群，相對弱勢，再加上官方強力的嚴禁母語，致使客家族群普遍自卑客籍身分與客家口音。這種情形一直到解嚴後國家政策趨向開放多元，日漸甦醒的客家族群意識，讓客家族群隱形甚至變形多年之後，終於將目光移回自己，珍視自己的族群顏色。

曾貴海自第一本詩集《鯨魚的祭典》（1983）關注「動植物的世界」與「高雄」，到《高雄詩抄》（1986）聚焦「高雄」，雖幾乎未觸及作家個人的來源處，但〈出鄉〉：「那味道／那些血淚乾了的／好幾世代的愛」〔註42〕〈老農〉：「田地仍展露泥香味的肉體／誘惑往下挖掘的鋤頭」〔註43〕卻隱約洩漏了作者對所來處的眷戀。這種隱約情感在第三本詩集《台灣男人的心事》（1999）漸趨明朗，詩集開卷首篇〈鄉下老家的榕樹〉：「我四處遊蕩／偶而老遠回來／攜帶思念上樹／躺臥在童年棲息的枝幹／讓你摸摸看看」〔註44〕標示出所來處的意義性，而〈向平埔祖先道歉〉：「台灣平埔，我們的遠祖／完全從平原消失了／／只能由人類學的研究報告／嗅探某些河洛客家後代」〔註45〕則是首篇觸及平埔、河洛、客家族群身分認同。到了第四本詩集《原鄉‧夜合》（2000），也是曾貴海唯一客語詩集，可視爲這位作家客家族群書寫的經典。透過前述曾貴海創作脈絡的觀察，阮美慧以「鮭魚溯源返鄉」註腳《原鄉‧夜合》，她說：「我們從他的詩作中，可以見到『地方意識』不斷攀升，並透過實際行動的實踐，深化其『地方』的空間意涵，從高雄追溯至原生地屏東，出版《原鄉‧夜合》（2000），如鮭魚溯源返鄉一般，探究其生命本源之處，從血緣、身分、族群等回溯個人及族群的生命史，建立自我內在更龐大的生命地圖。」

〔註42〕 曾貴海：〈出鄉〉，《鯨魚的祭典》，高雄：春暉出版社，1983 年，頁 29。
〔註43〕 曾貴海：〈老農〉，《鯨魚的祭典》，頁 60～61。
〔註44〕 曾貴海：〈鄉下老家的榕樹〉，《台灣男人的心事》，頁 2～3。
〔註45〕 曾貴海：〈向平埔祖先道歉〉，《台灣男人的心事》，頁 45。

〔註46〕對於自己來源處的回溯，曾貴海透過〈平埔福佬客家台灣人〉呈現出人與自己身分認同的再思考，〈平埔福佬客家台灣人〉寫道：

> 有人問我係麼介人／我馬上回答係客家人／／從小佇客家庄到大／阿姆對竹田溝背客家庄嫁過來／當我三十零歲／堂伯同我講／阿公係河洛人分過來个／我當場感覺到蓋尷尬／／五十歲出頭／自家正查出阿婆係平埔族／一粒炸彈炸開血緣个地雷／／有人再問我係麼介人／我還係講客家人／毋顧有兜歹勢／／有一日發夢／看到三個祖先／佔著圓身三個部分／牽手唱歌跳舞飲酒／伊等喊我小猴仔／汝係平埔福佬客家台灣人／／四百年歷史像一條索仔／纏著我身上／平埔福佬客家結結相連〔註47〕

整首詩以順時序排列，標示出作者族群血脈身分在「從小」、「三十零歲」、「五十出頭」不同生命階段的揭露。在這首詩裡，母親是竹田溝背客家人，阿公是河洛人被客家人領養，阿婆則是平埔族，因此「我」本身就成了平埔福佬客家人。詩中作者更回溯得知血脈身分後，情感從尷尬到認同的轉折，對於「有人問我係麼介人」，生長客庄的作者，總是不加思索「我馬上回答係客家人」，等到得知擁有河洛血脈後，根深柢固依父權界定祖籍的傳統意識使然，「我當場感覺到蓋尷尬」，乃至查出也兼有平埔血統，「一粒炸彈炸開血緣个地雷」，以致「我還係講客家人／毋顧有兜歹勢」，顯現出對自我身分認同的困惑。

　　這種困惑終於在第五節一場寓意深刻的夢境中得到解釋，作者夢中「看到三個祖先／佔著圓身三個部分／牽手唱歌跳舞飲酒／伊等喊我小猴仔／汝係平埔福佬客家台灣人」，夢境是深層意識的展現，曾貴海以落地生根斯土，生命亦住的土地思維，跳脫傳統僵化的父系「祖籍意識」框架迷障，反以具「土地之愛」意象的「母性意識」思考自己的身分認同，以詩詮釋具在地認同的身分溯源；曾貴海在末節展現的是剝除僵化父權迷思，效法母土之愛，擁抱多元族群的開闊境界。呂興昌說：「台灣的歷史，包括它的詩如果能常常用這樣的心情去互相欣賞、互相結合、互相包容、互相鼓勵，我相信台灣的

〔註46〕阮美慧：〈從地方到家園——曾貴海詩作中南台灣「在地感」的書寫與轉化〉，黃文車主編：《2013屏東文學學術研討會曾貴海研究論文集》，頁206。

〔註47〕曾貴海：〈平埔福佬客家台灣人〉，《原鄉‧夜合》，高雄：春暉出版社，2000年，頁72～74。

多元文化會有更多正面的新發展。」〔註 48〕稱讚詩中多元族群胸懷給予社會的正面意義，而阮慧美則說：「因為，在身分認同上，他為生長在客家村為客家人，但日後居住、工作環境所接觸的人，大多為福佬人社群，而近年來，他又追溯自己祖先具有平埔族的血液，這樣混融的（hybrid）成長背景，使他在自我及文化的認同上，更具開闊的胸懷，涵納各種不同的文化元素，累積出他深厚的創作能量與動力，豐富其創作生命。」〔註 49〕強調血統身分多元認同，深化了曾貴海詩作豐富厚度。筆者則認為這首詩內蘊豐厚，一則梳理了作者生命歷史裡關於「我是誰？」的提問，二則透過釐清「我是誰」，構築以「土地之愛」為核心價值的文學創作與社會行動，三則發揮文學積極性社會責任，勾勒理想家園藍圖。

　　曾貴海〈平埔客家阿婆〉既是移墾史詩，更也是族群認同詩：

> 年夜飯後／大家爭等看舊相簿／忙亂中／一張老照片輕輕飄落／孤孤單單跌落佢腳邊／／一張老婦人家个相片／係麼人呀／消失个平埔族个老婦人家／流落佇客家人屋家／變做我阿婆／／六千年前，台灣南島民族／這兜大海个人魚／用獨木船劈開海浪／槳去夏威夷紐西蘭同復活島／建立玻利尼西亞海洋民族／／佇四百年以前个台灣土地上／伊等係大地山河个自然人／沒分文明个瘟疫傳染／踆著日頭同月公个光暗／腳底黏著地泥生活／／一百零八年前，這兜台灣平埔族／不知不覺失去踪影／變做沒歷史記憶个人群／／今暗晡，時間會足兼過年檻／歷史不得不放棄一些負擔／佢拿著平埔客家阿婆个相片／攬著一大堆家族相簿／真驚這兜台灣客家个記憶／也會像平埔族／變做歷史个負擔／分人擲去時間个大海〔註 50〕

〈平埔客家阿婆〉一詩，透過一張老婦人照片，作者回溯平埔族群歷史，嘗試整理那如繩索般將台灣、平埔族、阿婆與自己纏在一起的血脈歷史。曾貴海說：「我 11 歲時，我內嬤就過世了。後來我找到她的照片，看她的樣子完全是平埔族的樣子，她姓孫，娘家在新埤建功，那裡是平埔族的大本營。我印

〔註48〕　呂興昌等作：〈客家、河洛詩二重奏〉，《風格的光譜》，台南：國家台灣文學館籌備處，2006 年，頁 40。

〔註49〕　阮美慧：〈從地方到家園——曾貴海詩作中南台灣「在地感」的書寫與轉化〉，黃文車主編，《2013 屏東文學學術研討會曾貴海研究論文集》，頁 205～206。

〔註50〕　曾貴海：〈平埔客家阿婆〉，《原鄉・夜合》，高雄：春暉出版社，2000 年，頁59～61。

象中，她是個平埔族失散的靈魂，嫁給我阿公當童養媳。」〔註51〕整首詩分六節進行，首節以「年夜飯後／大家爭等看舊相簿」的熱鬧氛圍開啟詩的畫面，卻以「一張老照片輕輕飄落／孤孤單單跌落佢腳邊」映襯出照片中人物之孤單無重量；第二節承續首節氛圍，揭露照片人物身分，以「消失个平埔族」、「流落佇客家人屋家」、「變做我阿婆」註腳相片中老婦人一生，簡單幾筆便不動聲色的勾畫出漢人移墾台灣史中，平埔族嫁入客家，隱沒了其族群身分的往昔歷史。當初施琅頒布渡台禁令，只有單身漢被允許移墾台灣，於是來台者多數與台灣平埔婦女通婚，故有「有唐山公無唐山婆」俗諺，此乃漢人移墾史之一頁，但也在父權意識思維下，平埔婦女的存在被刻意淡化遺忘，而終成一張孤單無重量的老照片；第三節作者回溯六千年前的南島語族移民歷史，值得注意的是曾貴海所採，乃是以台灣為主體起點，南下往南太平洋、東印度洋拓展建立的波利尼西亞海洋民族；第四節以「伊等係大地山河个自然人／沒分文明个瘟疫傳染／跈著日頭同月公个光暗／腳底黏著地泥生活」遙想四百年未被漢人文明踏足前的平埔族群生活。文句間，透過「文明个瘟疫」／「大地山河个自然人」對照，既喻示「漢文化」／「平埔文化」的強烈反差，更也展現作者的價值判斷；第五節將時間拉到一百多年前，作者以「不知不覺失去踪影／變做沒歷史記憶个人群」說明平埔族群在歷史上的消失，是進行在「不知不覺」之中，語氣雖平靜淡定，卻也點出關於消失的最核心的問題，以致在末節中，曾貴海從平埔阿婆嫁入客家，隱沒了其平埔身分，進而思考客家文化是否將不知不覺消失的命運。相對於作者獨自「攬著一大堆家族相簿／真驚這兜台灣客家个記憶／變做歷史个負擔／分人擲去時間个大海」的憂心，「不知不覺」來自普遍客家族群面對強勢文化的全盤接受，並逐漸遺落客族文化與母語而不以為忤。曾貴海透過一張平埔阿婆照片起興，以母語書寫回溯族群身分與血緣認同，冷靜凝視，條理呈現，寓意無比深沉。

（四）空間原鄉與文化原鄉

　　「原鄉」，是文學創作歷久彌新的主題。張寧〈尋根一族與原鄉主題的變形〉說：「原鄉往往是一種被對象化了的複雜的情感意象——它是家、是祖先流動的血脈，是一種根植在每一個『原鄉人』生命中的文化記憶，也許用佛

〔註51〕莊紫蓉：《面對作家——台灣文學家訪談錄（三）》，台北：財團法人吳三連台灣史料基金會，2007年，頁313。

洛依德的觀點來看是一種回歸母體欲望的象徵。原鄉從一開始便是由一種異己的力量——找尋原鄉的人構成的，沒有這種來自他鄉的距離，便也就無所謂原鄉的主題了。」〔註52〕對於客家族群而言，一般認知的「原鄉」，是指來台祖大陸祖籍地，陳運棟《台灣的客家人》說：「清代台灣客家人，絕大部分來自粵東的潮州、惠州及嘉應州等州府，及閩西的汀州府。」〔註53〕將範圍集中在粵東嘉應州和閩西汀州府一帶，這些地區四周群山環繞、山多田少、多雨潮濕。客家人四百年來作為移民族群的歷史宿命，緬懷歷史原鄉早已成為血脈裡的共同情懷，這可從台灣的客家聚落多地處內陸山城的類似地理環境，以及稱過世為「轉原鄉」可窺知一般。

　　然則，曾貴海卻將所有的原鄉之愛獻給生長原鄉。他說：「對我來說，我的『原鄉』就在我生長的家鄉——佳冬、六根莊。」〔註54〕曾貴海客語詩集《原鄉·夜合》封面內頁所附1966年李秀雲所攝「佳冬西柵城門」跨頁老照片，照片左側印有大大一行字，寫著「獻給原鄉佳冬六根庄同佬阿姆」，很明顯的，曾貴海的「原鄉」並非大陸祖籍地，而是標誌著成長印記的故鄉佳冬。《原鄉·夜合》完全聚焦佳冬六根庄，從多個主題展開，書寫面向包括客庄建築與文化（如：〈故鄉个老庄頭〉），形塑客庄婦女圖象（如：〈去高雄賣粄仔个阿嫂〉、〈背穀走相趣仔細妹仔〉、〈阿桂姐〉、〈夜合〉），農家生活紀實（如：〈割禾仔〉、〈秋夜放田水〉），家鄉童年記憶（如：〈熱天當畫〉），家鄉人物誌（如：〈發香先生〉、〈肖應〉），乃至家鄉歷史回溯（如：〈下六根步月樓保衛戰〉）、政治傷痕記憶（如：〈冬夜个面帕粄——記白色年代〉、血緣追溯（如：〈平埔客家阿婆〉、〈平埔福佬客家台灣人〉）等。曾貴海的「原鄉」書寫完全聚焦「佳冬」，其血脈溯源亦追隨土地情感，上溯至母系平埔血緣，呈現出在地認同的原鄉思維。如同李喬所言：「台灣的漢人承續了漢人文化中的一些『文化傳統』——例如『原鄉崇拜』。『原鄉崇拜』是台灣福佬、客家二族群，尤其客家族群最大『問題』——僵化的物理世界的『原鄉觀』，不但阻礙了『精神原鄉』的提升追求，也橫斷了『在地認同』的自然發展。」〔註55〕彭瑞金則更一步指出曾貴海《原鄉·夜合》的核心精神在於：「一則用來匡正某些人

〔註52〕　張寧：〈尋根一族與原鄉主題的變形——莫言、韓少功、劉恆的小說〉，《中外文學》212期，1990年1月，頁155。

〔註53〕　陳運棟：《台灣的客家人》，台北：台原出版社，1998年，頁52。

〔註54〕　徐碧霞：〈客語詩人訪談紀錄〉，《台灣戰後客語詩研究》，頁309。

〔註55〕　李喬：〈序——尋找文學原鄉〉，曾貴海：《原鄉·夜合》，頁11。

對『客家』一詞的胡思亂想，『客家』不是什麼炎黃貴冑。再者，原鄉情不是用來懷古戀舊，它是人與自己居地的再思考。」〔註56〕同樣強調曾貴海在地認同的「原鄉」觀。

　　「原鄉」追尋是人類境況（human condition）的本能與宿命，意味著對已然消逝或尚未出現的烏托邦理想的追尋建構的需求。〔註57〕這種對於烏托邦桃花源世界的想像、追尋與幻滅，陳寧貴〈原鄉〉反思歷史原鄉情懷只不過是虛無的桃花源神話：

　　總是藏著 ／ 一個緊停動个秘密 ／ 禪思个螢火煽動著 ／ 蓋像尋覓前世
　　个記憶 ／ 荒誕个意象 ／ 也像半夜突然出現个一羣咳嗽 ／ 咳醒身體深
　　處 ／ 區區折折个桃花源 ∥ 已經夢遺个另一小世界 ／ 流連在虛無个神
　　話肚 ／ 隔著一層放大个朦朧 ／ 檢查人間个滄桑〔註58〕

詩分兩節，首節透過「緊停動个秘密」、「禪思个螢火」、「前世个記憶」、「荒誕个意象」、「區區折折个桃花源」語彙的並列，拼貼出作者的「原鄉」意識裡那夜半身體深處乍然湧現的渺遠荒誕桃花源印象；次節則透過「虛無个神話」、「放大个朦朧」指出原鄉的想像與追尋，只不過是一個被放大的朦朧與虛無的神話。

　　曾貴海《原鄉·夜合》書寫生長地方佳多六根客庄；陳寧貴〈原鄉〉指涉所謂大陸「原鄉」只不過是「已經夢遺个另一小世界」並且「隔著一層放大个朦朧」的荒誕虛無神話；對於利玉芳而言，廣東、梅縣是歷史的原鄉，情感上認同的「原鄉」則是家鄉屏東內埔。利玉芳《向日葵》「原鄉系列」探討過去書中的「原鄉」面貌，呈顯她對生長原鄉與歷史原鄉的愛，她說：「我在《向日葵》詩集中所收錄的「原鄉系列」，是我想知道過去書中所紀錄的『原鄉』面貌到底是什麼，到中國旅遊後寫下的。大部分記述客家的書中所提到的客家人的『原鄉』，多指中國大陸的廣東、梅縣……等地，因此我想去看看客家人在這些地方的生活情形，而有了這些旅遊紀錄。」〔註59〕又說：「我想，

〔註56〕　彭瑞金：〈原香——序曾貴海客語詩集《原鄉·夜合》〉，曾貴海：《原鄉·夜合》，頁8。
〔註57〕　王德威：〈原鄉神話追逐者〉，《小說中國》，台北：麥田出版社，1993年，頁249。
〔註58〕　陳寧貴：〈原鄉〉，龔萬灶、黃恆秋編選：《客家台語詩選》，新莊：客家台灣雜誌社，1995年，頁67。
〔註59〕　徐碧霞：〈客語詩人訪談紀錄〉，《台灣戰後客語詩研究》，頁308。

追溯台灣客家人的來源是無法避免討討論自中國遷移來台的歷史，廣東、梅縣……等地也許可視為客家人的『歷史原鄉』，但不一定就是每個人的故鄉或家鄉。」〔註60〕為完成父親尋根心願，利玉芳1994年陪父親參加客家原鄉旅行團，抵達梅州市蕉嶺時，特意脫隊走訪位於叟樂的利家祖祠，並透過大陸紀行詩「原鄉系列」書寫對歷史原鄉的反思。利玉芳客語詩〈拜挪〉呈現對生長原鄉與歷史原鄉的愛：

> 聽講羅浮山个大廟盡有靈 ／點香拜神明 ／神个目珠擘金金 ／坐到正
> 正等𠊎同佢講細話 ／／𠊎講 ／𠊎適海峽該片來 ／翻山越嶺歸原鄉 ／𠊎
> 麼个都毋敢想 ／淨淨愛求一項 ／保庇𠊎等平平安安轉台灣 ／／原鄉个
> 百姓上萬上億 ／生活清苦賺錢不容易 ／分佢兜人食祿同福氣〔註61〕

這是一首由土地家鄉之愛，擴大昇華到母性之愛的原鄉尋根紀行詩。全詩分三節，首節由羅浮山高遠大的景切入，點出原鄉場景。由羅浮山——大廟——神明——目珠——𠊎——講細話，鏡頭巧妙運轉，由高而低，由大而小，漸次拉近，終至距焦到站在神明前的詩人的「講細話」，全然是視覺的摹寫；第二節由視覺轉為聽覺，將「講細話」放大為讀者可聽可知。為了尋根，利玉芳渡過海峽千里跋涉的走進了歷史書中客家人的原鄉，詩人此刻點香祈願，在神明面前清楚坦現自己情感的歸向是「保庇𠊎等平平安安轉台灣」，詩行至此，詩之情境是詩人對生長家鄉的土地之愛，然則在第三節中，願神明保佑生活清苦的原鄉百姓「分佢兜人食祿同福氣」，則是將愛家鄉的個人之愛，擴大到愛世人的母性之愛，詩之鏡頭再次拉大拉遠到整個原鄉上萬上億百姓。

利玉芳〈圓樓底下个𠊎〉則由大陸原鄉客家特有防禦性圓形建築，思維兩岸攻防關係：

> 圓樓底下个𠊎 ／像企在巨人个面前 ／刓刓圓个每一扇窗仔 ／像一隻
> 一隻利利个目珠 ／𠊎个行動 ／分你看到清清楚楚 ／／莫防𠊎恁多 ／𠊎
> 毋係割人个風 ／也毋係燒人个火 ／一旦賺入汝个圓圈 ／就變成一隻
> 蜊蛴 ／陷在你个八卦陣裡肚 ／吐詩〔註62〕

此詩首節以景入詩，先重點式點出客家圓樓團結與防禦的建築特色，並給予

〔註60〕 徐碧霞：〈客語詩人訪談紀錄〉，《台灣戰後客語詩研究》，頁308。
〔註61〕 利玉芳：〈拜挪〉，《向日葵》，台南：台南縣文化局，1996年，頁120～121。
〔註62〕 利玉芳：〈圓樓底下个𠊎〉，《向日葵》，頁139～140。

圓樓以有著一隻一隻利眼的巨人此一龐然形象；第二節則展開多重意象書
寫，站在圓樓底下的「我」身分多重，既是探訪原鄉的客家人，也是來自對
岸的台灣人，更是一位觸覺敏銳的詩人。當利玉芳站在這龐然建築之下，先
是體驗到歷史原鄉圓樓建築呈現的歷史文化，但也繼而意識到自己是身處大
陸巨人利眼窺視下的台灣人，如同陷入八卦陣的蜘蛛，然則詩人的本質，詩
心被這景象所召喚，不由自主地吐出詩句。利玉芳〈門紅〉則經由大陸原鄉
門紅，召喚出生長家鄉門紅記憶：

> 門楣頂貼等五張紅紙 / 聽講就係五隻獅仔 / 每一家 / 都有醒眼个獅
> 仔 / 掌門 / 將苦難災禍擋在外背 / 請五福臨門 // 吾伙房个廳下門 /
> 也貼等五張紅紙 / 原來這兜獅仔 / 係適大陸坐船仔過來个 / 到今雖
> 然有兩百零年了 // 獅仔个本性無改變 / 不管汝歇个土磚屋 / 佢歇个
> 洗石屋 / 佢歇个樓屋 / 都係共樣个心情 / 老老實實掌屋〔註63〕

此詩以眼前之景起興，繼而由景起情，乃至情與景交融，在「變」與「不變」
中呈現了族群之愛。詩人造訪大陸原鄉，眼前所見是不同於台灣家鄉洗石屋
的原鄉客家土磚屋，但卻又相同是貼著客家門楣象徵五福臨門的門紅。遙想
兩百多年前祖先坐船到台灣，而今時間與空間的阻隔，兩岸生活條件早已有
落差變化，但客家歷史文化的情感與本質卻又是不變的，客家人老老實實勤
樸守家的族群特質，跨越了時間與空間的限制，在兩岸持續傳承著。利玉芳
〈掛紙〉藉歷史原鄉掃墓凸顯客家文化：

> 出世做山中人 / 過身又歸還山 / 歇山毋使高 / 有風有水 / 鳥仔飛來
> 同你唱歌 // 一年一次等春分 / 跋山个路人頭磬磬 / 核等三牲果品 /
> 核等一擔相思情 / 一步一步去探親 / 除草正知自家人 / 掛紙正知子
> 孫心〔註64〕

此乃詩人大陸原鄉掃墓祭拜祖先之詩，全詩分兩節，首節以「山」、「風」、「水」、
「鳥」點出客家人世居山城之生活樣貌；次節則摹寫春分山上掃墓，子孫們
肩上擔著三牲果品，絡繹上山之景。詩之末句「除草正知自家人 / 掛紙正知
子孫心」則透過掃墓前的「除草」與「掛紙」這兩項祭拜前置作業，以「自
家人」、「子孫心」凸顯了族群之愛與慎終追遠的客家文化。利玉芳〈娘酒〉
詩寫喝了大陸原鄉娘酒，醉在寶島的搖籃裡：

〔註63〕利玉芳：〈門紅〉，《向日葵》，頁 126～127。
〔註64〕利玉芳：〈掛紙〉，《向日葵》，頁 135～136。

娘酒——真好聽个名仔 / 佢个成份 / 百分之三十阿爸个話 / 百分之
三十有阿姆个乳香 / 伸个百分之四十 / 係淖淖个原鄉情 // 包裝到恁
靚个娘酒 / 盡之羊人 / 香醇甘甜个味緒 / 俚飲息把就醉醉仔 / 醒後
/ 自家正知 / 係眠在寶島个搖籃裡肚〔註65〕

利玉芳說：「每個人對『原鄉』的定義也許不同，如果你問我的『原鄉』在哪
裡？現在我個人是在台灣。因為我出生在台灣的屏東內埔，這是我的家鄉，
也是我的原鄉。」〔註66〕利玉芳原鄉尋根之路，喝了歷史原鄉濃濃的娘酒，
醉後進入夢中的，卻是自己生長的原鄉台灣。

二、客家婦女圖像

地方感的產生或再現，往往跟記憶糾纏在一起，記憶容或是片段性、私
密性或隨機性的，但也可能是集體性的。〔註67〕客家婦女，是六堆地方經驗
與意義的重要精神指標。客家婦女身上所體現的刻苦耐勞、堅忍勇敢特質，
是支撐整個客家文化底層的主要力量，曾貴海說：「以客家人的角度來說，客
家人這個族群，只要女性存在，這個族群的生命就能延續下去。不一定要男
性。」〔註68〕顯見客家女性在客家族群的重要位置。本小節將從「勞動身影」、
「家庭情感」探討戰後屏東客籍現代詩作家筆下的客家婦女圖像。

（一）勞動身影

客家人是一個勞動的族群，而婦女則是客族最大勞動力量來源，「從歷史
上看，客家人多聚居貧瘠的山區，山多田少，謀生不易，所以男子往往遠出
他鄉工作，山村裡種田、家務、教養子女的工作，都由婦女一手承擔，她們
是勞動婦女的典型。在長期的勞動裡，鍛鍊出勤儉刻苦、堅韌卓絕的性格，
她們可以說是『中國最優越的婦女典型』。」〔註69〕曾貴海則說：「這個民族
就是勞動的民族，大人、小孩、男性、女性都是勞動者。提供這個民族勞動

〔註65〕利玉芳：〈娘酒〉，《向日葵》，頁137～138。
〔註66〕徐碧霞：〈客語詩人訪談紀錄〉，《台灣戰後客語詩研究》，頁308。
〔註67〕范銘如：〈當代台灣小說的「南部」書寫〉，《文學地理：台灣小說的空間閱讀》，
台北：麥田出版社，2008年，頁241。
〔註68〕呂興昌等作：〈客家、河洛詩二重奏〉，《風格的光譜》，台南：國家台灣文學
館籌備處，2006年，頁20。
〔註69〕蘇兆元：〈國際人士心目中的客人〉，謝樹新主編：《中原文化叢書》第4集，
台北：中原雜誌社，1971年，頁109。

的最大力量，就是女性。……女性的勞動量是男性的 2 到 3 倍。……她們的生命力不是那麼簡單就可以消滅，在非常困苦、沒有營養、孤單的新地方，她們也可以生存下去。」〔註 70〕所以當他如鮭魚返鄉般溯源生命，嘗試建構佳冬原鄉圖像時，終究明白，從在開卷詩〈故鄉个老庄頭〉展開原鄉空間場域之後，從〈去高雄賣粄仔个阿嫂〉、〈背穀走相趜仔細妹仔〉、〈阿桂姐〉到〈夜合〉、〈清早个圳溝湣〉、〈割禾仔〉，原鄉圖像是一幅幅客家婦女勞動形貌的浮現。彭瑞金評《原鄉・夜合》：「構成詩集的主要部分是輯一的客家人物誌，而他又把客家人物誌以〈夜合〉為總題的客家婦女誌，做為緬懷客家聚落歷史的軸心，這就形成這本詩集最令人激賞的有機組合，表面上，他筆下的這些婦女各有的不同營生之道，……。我想詩人刻意要傳達的，正是這種勞動非苦，勞動是香的客家思想、客家生活觀。」〔註 71〕直指客家婦女是曾貴海《原鄉・夜合》價值核心的標誌。

〈去高雄賣粄仔个阿嫂〉是《原鄉・夜合》繼開卷詩〈故鄉个老庄頭〉帶出六根庄空間感之後的第一幅人物素描，曾貴海寫道：

> 打早五點半 / 火車嘿仔嘿个對枋寮尾站 / 跈海面出來个日頭駛入佳
> 冬 // 幾儕庄肚阿嫂 / 矇著面戴笠嬷 / 肩頭擔竿干抆著半夜做好个粄
> 仔 / 蹬著濛濛个天光出門 // 兩隻擔仔放滿 / 面帕粄芋粄年粄白頭公
> 粄同龜粄 / 去高雄早市擺攤仔 // 沒禮拜沒年節 / 每日暗晡收攤後 /
> 正挨等月光歸來 / 煮分大細食〔註 72〕

曾貴海的詩作總是緊扣土地與人民的生活，他說：「創作是不能離開土地和人民的生活的。另外，我在詩中經常探討人的存在意義、人的溫度，這些是我常思考的問題，經常在沉澱後回溫。」〔註 73〕在此詩中，作者從時間軸著墨，凝視記憶中客庄清晨，在濛濛熹微背景裡，幾位蒙面戴笠阿嫂，擔著半夜做好的客家粿粄，趕搭早班火車往高雄早市擺攤。透過這畫面，掀開記憶中客庄一日生活始頁，再由「每日暗晡收攤後 / 正挨等月光歸來 / 煮分大細食」，凸顯客家婦女如何從夜半到清晨乃至日落月升，日復一日、年復一年的透過勞動的身影，肩負起客庄族群的生活運作。這些客家婦女並不因白天矇面戴

〔註 70〕 莊紫蓉：《面對作家──台灣文學家訪談錄（三）》，頁 314～315。
〔註 71〕 彭瑞金：〈原香──序曾貴海客語詩集《原鄉・夜合》〉，曾貴海：《原鄉・夜合》，頁 7～8。
〔註 72〕 曾貴海：〈去高雄賣粄仔个阿嫂〉，《原鄉・夜合》，頁 6～7。
〔註 73〕 徐碧霞：〈客語詩人訪談紀錄〉，《台灣戰後客語詩研究》，頁 305。

笠而面目模糊，相對的，整首詩透過「肩頭擔竿干挾著半夜做好个粄仔」、「蹬著濛濛个天光」、「挾等月光歸來／煮分大細食」，人物動作與晨昏時序變換的拼貼組合，作者家鄉客庄婦女特有神韻在時序裡的勞動身影被鮮明呈顯，客庄常民生活一隅，以及佳冬地景也被側面呈現。

曾貴海〈背穀走相趨仔細妹仔〉則透過「背穀」凸顯客家婦女即便還是細妹仔，就已具備勞動的強健腿力：

> 一九五〇年左右／窮苦年代个收成季節／細人仔會去田坵撿穀串／／
> 大人割忒禾仔／大家坐佇田滣打嘴鼓／有一擺／細矱仔向細妹仔挑
> 戰／背穀袋走相趨／／我看到庄肚个一個細妹仔／背著歸袋穀／大屎
> 窟煞猛搖／兩隻硬撐个腳／拚命走／／拚命走／伊个腳步／蹬佇路面
> ／像一只大鐵錘／一步一步錘響地面／咚咚咚咚咚／看到偃手上禾
> 枝跌落地泥／／目瞪瞪看著伊／半笑半口虐／赤腳馬踏行歸來〔註74〕

曾貴海詩中勞動與美麗兼具的客家婦女，往往有雙強有力的腿，他說：「我的客語詩，寫女孩子的腿很粗壯有力，這是不是美感？那是一種勞動與力量的美感。所以，美感的範圍很廣，不過。如果失去真實體驗，只是 copy，那就沒有意義。」〔註75〕在這首詩，作者嘗試透過捕捉 1950 貧窮年代收成季節的歡樂記憶畫面，藉「背著歸袋穀／大屎窟煞猛搖／兩隻硬撐个腳／拚命走／／拚命走／伊个腳步／蹬佇路面／像一只大鐵錘／一步一步錘響地面／咚咚咚咚咚」充滿剛健力度的腿部肢體動作與音響摹寫，以及「半笑半虐」的臉部自信表情，與「赤腳馬踏行歸來」的灑脫動作，凸顯這位客庄女孩剛柔並濟的獨特之美。此外，作者運用「細妹仔」、「歸袋穀」（整袋穀）、「大屎窟」（大屁股）、「煞猛搖」（拼命搖）、「硬撐个腳」（強有力的腳）這些「昔時禾埕、田埂邊與隔壁鄰居聊天清談的話語，平凡而俚俗的語言被嵌入了詩句，非但無一絲粗俗、反而巧妙地增潤了語言運用的自然，另一方面也呈現出畫境與詩意。於是，俚俗的語言進入了詩境，描繪力極強、於是一幅健壯、忙碌、富生命力、農村底層拼命工作婦女！大腳板『細妹仔』鮮活浮現在我們眼前。」〔註76〕作者形塑客庄女孩身影時，不刻板雕繪明眸皓齒，卻從過去生活經驗中，抽取一頁頁真實畫面，於是這美麗就顯得格外從容真實。

〔註74〕曾貴海：〈背穀走相趨仔細妹仔〉，《原鄉·夜合》，頁 8～9。

〔註75〕莊紫蓉：《面對作家——台灣文學家訪談錄（三）》，頁 362。

〔註76〕鍾榮富：〈論曾貴海詩作的語言、觀點、主題〉，《不斷超越的詩章——曾貴海作品研究》，頁 33。

創作不能離開土地和人民的生活。〔註 77〕在曾貴海筆下，客家女性從容眞實之美被浮雕在勞動生活背景裡，曾貴海〈阿桂姐〉透過往昔農村挑糞水澆菜勞動，形塑客家女性獨特之美：

> 庄肚个高女生／最靚个阿桂姐／日珠會眨星仔花∥笑起來／像一蕊又一蕊初開个曇花／兩粒深深个酒窟／迷到後生仔半夜發顛∥像眠倒个山峰个身材／像紮入泥肚个樹根个腳筋／像雪白浪花个皮膚／係飲地下水食在來米／變大變靚个美人呀∥有一日／我佇伯公樹下看書／伊對屋家遠遠行來／肩頭孩著兩桶屎／擔竿隨著伊个腳步／左搖右擺踏著地泥面／桶仔內半滿个尿水／幌出來∥潑落路面／潑到伊个黑褲伊个赤腳∥我放下書／兩隻目珠盯著伊／看伊行入菜園舀尿淋菜／眞像鼻毋到尿味香∥四十年後／伊帶做大學校長个老公行去菜園〔註 78〕

《原鄉・夜合》對客家婦女的意象有突破性的建構，鍾榮富說：「欣賞曾貴海的詩作，我們發現客家婦女那種矯健不服輸的意願和刻苦自己的精神，使客家婦女的形象無論從外貌的健美，而至於內在的質樸柔約，宛然擬塑了另一種兼修之美德，如此自然的敘述，客家婦女的美不需要雕琢，質樸的文字恰當地描述鄉村少女的豐盈。」〔註 79〕〈阿桂姐〉這首詩，書寫記憶角落（伯公樹下）的年少詩篇，作者嘗試重建記憶中庄內最美高中女生阿桂姐形象，詩分七節，前三節以如星輝閃爍的明眸、如曇花盛放的笑容酒窩，如橫臥的山嶺般令人遐想的豐盈身材、如浪花般的雪白肌膚，以及如樹根般紮入土裡的強健雙腳，形塑阿桂姐令人嚮往的美貌。但這些體膚上的美麗，並不足以完全呈顯作者記憶中阿桂姐美麗的獨特，於是作者透過記憶的餘光，帶領讀者進入昔日情境裡的「有一日」，詩的畫面裡，美麗的阿桂姐，挑著兩桶屎，搖搖晃晃的走過少年作者面前，作者清楚看到桶裡屎尿潑灑出來濺在穿著高校制服的阿桂姐的光腳，但阿桂姐顯然不以爲忤，走進菜園舀尿淋菜，作者刻意以「眞像鼻毋到尿味香」，讓詩的畫面停駐在充滿嗅覺的印象裡，屎尿在泥土裡轉化成滋養的肥料，屎尿也在阿桂姐腳上轉化成土地母性的意象。詩之末節「四十年後／伊帶做大學校長个老公行去菜園」，這位昔日挑糞澆菜的

〔註 77〕徐碧霞：〈客語詩人訪談紀錄〉，《台灣戰後客語詩研究》，頁 305。

〔註 78〕曾貴海：〈阿桂姐〉，《原鄉・夜合》，頁 10～12。

〔註 79〕鍾榮富：〈論曾貴海詩作的語言、觀點、主題〉，《不斷超越的詩章——曾貴海作品研究》，頁 33。

美麗高校女生，如今已是大學校長夫人，作者透過私密記憶之眼，以詩中之「我」，旁觀見證了這位客家少女阿桂姐美麗與勞動力兼具的客家婦女質樸形象。

六堆客家集體經驗的地方感，體現在溝圳洗衣婦女的歲月身影裡，曾貴海〈圳溝歲月〉：

> 彎腰，低頭／斗笠蓋住歲月／客家老婦的身子／依然健壯有力的站穩溪流／／時間穿越雙腿／彎曲的指頭／洗過初為人婦的羞怯／洗過人母的辛酸／洗過祖母的慈念／／上一代的衣服／換成下一代的衣服／人世間附著的污染／一點一滴的清洗／披曬在陽光下／／偶而，從口袋掏出來的書信／偷偷塞回孫兒女的手中〔註80〕

曾貴海眼中的客家婦女圖像，是用對生命的執著、對家庭的愛、對生活的勞動建構起人生，他說：「我的父親在我八歲時過世，母親撫養我跟兩個弟弟、一個妹妹長大。……母親是個很堅強的女性，就像一般生活、現實生活中的客家女性一樣，具有幾項明顯特質：（1）從早工作到半夜，除非生病，否則不會休息。印象中的客家婦女可以一肩挑起重達 100 公斤的米袋，仍不會喊苦，有生之年不停地勞動。（2）具有保護自己的孩子的強烈本質。……我對於客家婦女的印象是：用對生命的執著、對家庭的愛、對生命的勞動等等來建構人生。」〔註81〕曾貴海以〈溝圳歲月〉命題，賦予抽象「歲月」以「溝圳」具象，透過「健壯有力的站穩溪流」老婦洗衣的身影，勾畫出客族集體記憶裡，客家婦女站在時間溪流裡的勞動身影。不管是晨光裡挑擔賣粄的阿嫂，或是稻田背穀走相趨的細妹仔，抑或是挑糞水澆菜園的阿桂姐，曾貴海素描客家婦女，總是聚焦那「健壯有力」雙腳，這些婦女站在時間的溪流裡，面貌並不因頭巾斗笠隱蔽而模糊，曾貴海以醜為美，將客家婦女內斂不張揚的獨特女性美，體現在「彎曲的指頭」彎腰低頭勞動的歲月身影裡。任勞任怨的客家婦女，儘管纖纖雙手已因長年勞動而變形，但強健有力的腳依然穩穩地站在歲月溝圳裡，「洗過初為人婦的羞怯／洗過人母的辛酸／洗過祖母的慈念」，從上一代到下一代，如樹根紮入泥土般，始終堅守崗位。這首詩不僅書寫了客族集體記憶中的客家婦女形象，更也重現了舊日客庄常民生活的樣

〔註80〕 曾貴海：〈圳溝歲月〉，《南方山水的頌歌》，高雄：春暉出版社，2005 年，頁 90。

〔註81〕 徐碧霞：〈客語詩人訪談紀錄〉，《台灣戰後客語詩研究》，頁 307。

貌，並凸顯了年輕人口外移，老人留守農村老庄隔代照顧兒孫的農村真貌。

（二）家庭情感

　　客家女性的美，展現在勞動的歲月身影裡，更展現在含蓄執著的家庭情感裡。曾貴海〈夜合——獻分妻同客家婦女〉：

> 日時頭，毋想開花 / 也沒必要開分人看 // 臨暗，日落後山 / 夜色跈
> 山風湧來 / 夜合 / 佇客家人屋家庭院 / 恬恬打開自家个體香 // 福佬
> 人沒愛夜合 / 嫌伊半夜正開鬼花魂 // 暗微濛个田舍路上 / 包著面个
> 婦人家 / 偷摘幾蕊夜合歸屋家 / 勞碌命个客家婦人家 / 老婢命个客
> 家婦人家 / 沒閒到半夜 / 正分老公鼻到香 // 半夜 / 老公捏散花瓣 /
> 放滿妻仔圓身 / 花香體香分毋清 / 屋內屋背 / 夜合 / 花蕊全開

　〔註82〕

〈夜合〉選自曾貴海客語詩集《原鄉・夜合》（2000），是一首以「夜合」為意象，對客家婦女的外在形象與內在素質進行審美頌歌之詩，因此作者在主標題「夜合」之後加上次標題「獻分妻同客家婦女」。「夜合」又名「葉香木蘭」，是屏東平原客庄常見的屋下前後花樹，被視為客家族群之花。夜合其性白天閉闔，黃昏開始緩緩綻放，到了半夜才完全盛開；其味淡雅幽香，含蓄而不張揚；其色純白無瑕，恬然而潔美。「夜合」之自然屬性，暗合了詩人心中的女性美原型，更與詩人記憶中的佳冬客庄婦女形象疊合為一。

　　曾貴海說：「客家人最愛四種花：含笑、桂花、夜合、樹蘭。我原本在寫《原鄉・夜合》這本客語詩集以前，並沒有特別偏重男性或女性的描寫。但不知為什麼，寫到後來，腦海中全是客家女性的身影。」〔註83〕作者印象中的客家女性，是「用對生命的執著、對家庭的愛、對生活的勞動等等來建構人生。傳統的客家女性是很壓抑情愛的人性，把自己的情愛放在黑暗裡。」〔註84〕客家女性這種生活勞動與壓抑之內美，詩人在夜合花身上找到了隱喻的可能。曾貴海以「夜合」入題，詩一開頭就點出客家女人如夜合一般的含蓄美。既審美形塑客家女性，更隱約透露閩客族群審美分野，「福佬人沒愛夜合 / 嫌伊半夜正開鬼花魂」，夜合是福佬人不喜愛的花種，因為它在晚上才盛開。可

〔註82〕 曾貴海：〈夜合——獻分妻同客家婦女〉，《原鄉・夜合》，頁 15～17。
〔註83〕 徐碧霞：〈客語詩人訪談紀錄〉，《台灣戰後客語詩研究》，國立成功大學台灣
　　　　文學系碩士論文，2005 年，頁 307。
〔註84〕 徐碧霞：〈客語詩人訪談紀錄〉，《台灣戰後客語詩研究》，頁 307。

是這種夜放屬性的花卻是客家婦女內斂自持美的隱喻。在寫作技巧上,「〈夜合〉清楚的描繪出客家女性的特質,運用象徵和譬喻的手法,展現了客家女性那種堅強勤苦又溫柔羅曼蒂克的形象。」〔註85〕曾貴海詩擅長將意象與時間流線交疊揉合以烘托主題,此詩既實寫夜合花,也虛寫客家女性:「客家庄的自然、人文與生活環境是很重要的文學創作搖籃。記得我的家鄉屏東佳冬種植很多夜合花,那是種特殊的花朵,在白天是開著的,黃昏才開始開放,到了半夜完會盛開,加上夜合的花是白色的,的確容易讓人有花魂的聯想。我在〈夜合〉這首詩的最後一段對男女之間的描寫,也是借用夜合花半夜盛開意象。在詩一開始就是人跟花的雙重交錯。」〔註86〕透過「日時頭」、「臨暗」、「半夜」這三個標示「夜合」植物特性的時間切面,將「夜合」從「毋想開花 / 也沒必要開分人看」到「惦惦打開自家個體香」,乃至「花蕊全開」之花影,與白天「包著面」、「勞碌命」、「老婢命」、「沒閒到半夜 / 正分老公鼻到香」的客家婦女身形交錯重疊縮合在一起,更以「花香體香分毋清 / 屋內屋背 / 夜合 / 花蕊全開」透過嗅覺與視覺摹寫,將客家女性白日勞動矜謹內斂,夜裡面對男女之情的溫柔、舒展與魅力,以夜合之盛放,精準生動呈現,花與人遂融而為一。

客家婦女堅毅耐勞的勞動力,其實是含蓄執著家庭情感的轉化呈現,利玉芳〈阿嫂个裁縫車仔〉素描自家阿嫂:

> 阿嫂个裁縫車仔 / 一面車布唇 / 一面喂喂喂喂政府萬萬歲 // 逐擺阿嫂喚我寫信仔 / 裁縫車仔會讓出半張桌 / 吩咐行台北食頭路小倈仔 / 愛聽頭家娘个話 / 愛忍耐學捖些把手藝來 // 裁縫車仔係阿嫂个嫁妝 / 做過幾下身藍衫 / 也做過花理繽紛个洋裝 // 逐日聽捖送信仔來 / 裁縫車仔就會自動恬忒 / 日望望兮看外背 / 倈仔有寄掛號信歸來麼〔註87〕

整首詩擷取了客庄婦女的生活片段,並由小見大的呈顯了客庄婦女做裁縫經濟副業、客庄年輕人口外移,以及當前的政治氛圍。不識字的阿嫂,靠著結婚時的嫁妝做裁縫補貼家用,時間也在裁縫車的輪轉中,從做藍衫的傳統年代,流轉到做洋裝的時髦現代。年輕人都離鄉背井往北打拚,賺了錢寄掛號

〔註85〕 鍾鐵民:〈我看原鄉夜合〉,曾貴海:《原鄉・夜合》,頁2。

〔註86〕 徐碧霞:〈客語詩人訪談紀錄〉,《台灣戰後客語詩研究》,頁309。

〔註87〕 利玉芳:〈阿嫂个裁縫車仔〉,《夢會轉彎》,頁130。

信回家補貼家用。末節「逐日聽捯送信仔來／裁縫車仔就會自動恬恬／日望望分看外背／徠仔有寄掛號信歸來麼」，讓詩之畫面停佇在阿嫂望向屋外神情，側面凸顯阿嫂含蓄執著的家庭情感。

　　相較於曾貴海詩中所形塑客家婦女傳統勞動美與含蓄美，利玉芳詩中的客家女性，則在傳統美中兼具現代反省。例如，〈鞋〉表現客家女性的浪漫深情：

> 係因為你愛著風景／倻正樂意陪伴你去旅行／莫為著倻專工選好行
> 个路／莫單淨看倻行路个姿態／莫單淨聽倻行路个聲音／／希望是你
> 行過淨多風景／吔母係倻行過盡多風景〔註88〕

利玉芳詩善於取材生活中隨處可見之物品，塑造鮮明生動意象。此詩便是以「鞋」為喻，透過鞋的獨白，將男女之間無悔情感的付出與相隨，做了動人的比擬書寫。在這首詩中，具女性柔情意象的鞋／我，自願當愛的追隨著，陪著所愛／你走過人生風景。整首詩展現了細膩婉約的客家女子特質。「我」在愛情中有意識地淡化自己行路的姿態與聲音，只為凸顯你行過的人生風景，這情境正象徵著傳統客家婦女雖肩挑家庭重擔，卻自甘隱身男人背後，將榮光歸給男人。然則利玉芳〈鞋〉中這看似柔順的傳統美，並非出於無意識的柔順本質，而是有個自信自覺的「我」思考於其中。

　　利玉芳總嘗試在傳統與現代間，省思客家婦女角色定位，例如〈最後个藍布衫〉從傳統客家婦女藍衫身影入題：

> 日頭烈烈像燈光／滾滾个河壩硴大鼓／我看著／一位著藍衫个伯母
> ／一步一步行上風中个舞台／／白芒花沒忒藍色个影子／紙遮仔搖啊
> 搖／擎到我記性个莊肚／／伯母用衫袖拭汗水／雙手合十拜伯公／祈
> 求投生仔遽遽大／保庇其孫子愛聽人話／保護金門做兵个徠仔平平
> 安安／保佑佇南洋戰場一直無歸个老公／／我看著／褪色个衫袖／流
> 兩行目汁／／寬寬鬆鬆个藍／實在係一領／束縛婦人家元身个大襟衫
> 〔註89〕

這是一首充滿戲劇張力的客家婦女圖像的記憶書寫，利玉芳讓詩之鏡頭，由俯視而平視，由遠景而近景，最後聚焦於褪色藍衫上那兩行淚珠。整首詩有視覺摹寫（烈烈日頭、白芒花、紙傘、穿藍衫的伯母、記憶中的庄頭），有聽

〔註88〕利玉芳：〈鞋〉，《向日葵》，頁114。
〔註89〕利玉芳：〈最後个藍布衫〉，《夢會轉彎》，頁132。

覺摹寫（滾滾河水），更有人物之動作與獨白，以及作者現代觀點之旁白。透過人物對伯公祈願的獨白，我們看到的是客家人對伯公信仰的依賴、客庄養豬傳統經濟副業、日治時期南洋之役造成的寡居婦女，這些都是利玉芳記憶中的家鄉圖像，而這家鄉記憶圖像的主角，便是傳統客家婦女，一襲藍色大襟衫下，裹著的是撑起整個家庭的堅毅身子，她們的一生都奉獻給先生、兒子和孫子。然則就詩人從一旁觀之現代角度，卻不免有「寬寬鬆鬆个藍 ／ 實在係一領 ／ 束縛婦人家元身个大襟衫」之嘆。

利玉芳〈蓮霧樹下〉則從勞動美與貞節美摹繪客家婦女：

> 背囊使毋得越來越傴 ／ 愛聽聱仔个話 ／ 看一下日頭底下行來行去个影仔 ／／ 土地共樣愛我 ／ 知總个石頭會讓路 ／ 故所我從來毋會跌倒 ／／ 蓮霧樹係我个笠嬤、我个遮仔 ／ 成時一陣清涼湧過來 ／ 恬恬仔安慰我 ／／ 钁頭鏟草 ／ 順續斬斷我絲絲个青春 ／ 撈肥料袋袛肚 一團一團个閒話 ／ 倒出來 ／ 鏟一撩 太平洋戰場項 尋毋捌个骨灰 ／ 加一杓生生分老公 歸屋下个夢 ／ 孤恓同糞土攪共下 ／ 埋入樹根 ／／ 等堆肥轉化養分 ／ 該日 ／ 結又甜又大粒个楊果 ／／ 恓來恓去 ／ 天公伯正式落雨哩 ／ 我打開冷冷个飯包 ／ 盡像鼻捌楊果打花个香味 [註90]

此詩以第一人稱視角切入，將場景聚焦於客家農村經濟作物蓮霧園樹下一隅，讓勞動中的客家婦女自己發聲。詩中透過女主人翁的意識流動，將這客家婦女過往的生命經歷，濃縮於某個勞動白晝裡的片刻。丈夫日治時期被徵召去打太平洋戰爭生死未卜，傳統認命的客家女人挑起了維持家庭的重擔，青春在望夫、勞動扛家計、庄裡閒話中漸漸流逝，樂天知命的客家婦女，依然堅守則本分，從親近土地中得到精神的慰藉。整首詩於充滿視覺與嗅覺美的「天公伯正式落雨哩 ／ 我打開冷冷个飯包 ／ 盡像鼻捌楊果打花个香味」中，畫下句點，餘韻無窮。

利玉芳客語詩〈新丁花〉寫對客家人生男做新丁粄的重男傳統感到壓力：

> 莊頭作福 ／ 伯公神壇桌項 ／ 乳菇粄打紅花 ／／ 賴仔好做種 ／ 供妹仔莫在意 ／／ 雖然這係汝分安慰 ／ 但係有身項分肚筍 ／ 像一粒地球分重量 ／ 有息把墜下來個壓力 [註91]

這首客語詩〈新丁花〉寫出懷有身孕的詩人，在面對客家人重男輕女的傳統

〔註90〕利玉芳：〈蓮霧樹下〉，《夢會轉彎》，頁135。
〔註91〕利玉芳：〈新丁花〉，《淡飲洛神花茶的早晨》，頁113。

象徵新丁花時，雖被安慰「賴仔好做種／供妹仔莫在意」，但心中壓力仍重到如同孕肚挺著一個地球的重量，重到有些許下墜的壓力，可視之為女性書寫，女性對傳統壓力的思索，這首詩以懷孕女體所感受的重量，呈現內心承受的壓力。

三、客家生活場域

地方乃經驗容器的不懈堅持，強力造就了地方令人難以忘懷的本性。〔註92〕客家生活場域的建構，是客家族群書寫的重點，曾貴海說：「將種種故鄉的時空記憶以敘事來抒情，如同一則政治隱喻。空間取景十分獨特，從其中的記憶與日常生活的實踐，可以看出一個族群在國族與文化認同上的趨向。」〔註93〕以下將從「生活空間」與「客家食物」探討戰後屏東客籍作家，筆下的老庄頭、大禾埕、稈棚、敬字亭，以及對客家食物的依戀。

（一）生活的空間

家屋是記憶回想的魂繞空間。曾貴海〈故鄉个老庄頭〉以簡樸親切的語彙，透過描繪故鄉老建築，側面凸顯昔日客庄生活步調與氛圍：

> 還小時節老人家常常講起／三山國王个山神／騎白馬飛天衝去隔壁庄／踏爛伊等个庄廟壇／原來，我等拜个係戰神／／家鄉下六根庄个圓形村落／起滿土磚屋紅磚屋同端正个大伙房／外面圍著樹林麤竹河壩／庄肚路面只有四公尺闊／屋家粘屋家／家門對家門／庄路對廟中心向四邊伸出去／伸到東西南北柵門口／柵門附近還有五仔鎮營神／歸只庄仔像一只軍營／保護庄內緊張个客家移民親族／三百年前左右來到這裡／／一代一代傳落去／漸漸个，有人搬去柵門外／一九九〇年以後／東柵門漘後，鄉公所對面／剷開三條隔沒五十公尺个大路／舊式客家建築一隻一隻倒塌／鄉親佇巷仔內行出行入／謹謹慎慎過日子／等有錢時節起洋樓〔註94〕

《原鄉‧夜合》是佳冬「原鄉」記憶與客家意象書寫之客語詩集，曾貴海在此詩集的後記自序：「近年來常回到我的生長原鄉佳冬、六根庄，追尋家族及

〔註92〕Tim Cresswell 著，王志弘、徐苔玲譯：《地方：記憶、想像與認同》，頁 139。
〔註93〕余昭玟：〈曾貴海敘事詩的歷史記憶與抵抗美學〉，《2013 屏東文學學術研討會曾貴海研究論文集》，頁 152。
〔註94〕曾貴海：〈故鄉个老庄頭〉，《原鄉‧夜合》，頁 2～3。

族人的生活史。」〈故鄉个老庄頭〉作爲詩集開卷詩，意義深遠，是「現代洪流衝擊下的精神心靈的原鄉舊夢」〔註95〕的體現，作者以佳冬聚落建築爲意象，除了想重構心中的原鄉記憶，更想透過聚落建築場景之摹繪，凸顯下六根庄民團結奮鬥的客家移民特質。此詩第一節從佳冬三山國王廟之神話傳說寫起，以「我等拜个係戰神」（我們拜的是戰神）爲佳冬聚落歷史中的戰鬥精神定下基調，遙遙呼應本詩集第18首之〈下六根步月樓保衛戰〉壯烈抗日歷史。第二節以「歸只庄仔像一只軍營」承續第一節之「戰神」基調，工筆細緻摹繪下六根庄在聚落建築上所呈現的「戰鬥」特質。詩人先聚焦於庄落中心點之三山國王廟，而後鏡頭逐漸拉遠，讓畫面漸次往外圍擴散，於是我們依序看到了「土磚屋紅磚屋同端正个大伙房」→「樹林醬竹河壩」→「東西南北柵門口」→「五仔鎮營神」，就這樣一圈又一圈、一圍又一圍，緊緊密密的，「屋家粘屋家」、「家門對家門」，形成一個圓形的聚落。在這裡，詩人僅僅透過聚落建築的舖寫，便淋漓鮮活的將下六根庄民的團結戰鬥移民性格展露無遺。第三節則話鋒一轉，將時間拉回現實，「舊式客家建築一隻一隻倒塌」標示的是客庄建築的汰舊換新？還是客庄精神的蕭條凋零？彭瑞金指出《原鄉‧夜合》：「透過詠史，懷舊的詩句，詩集試圖重構一個客家庄落生活風貌的用心，其實是有昨是今非的感傷和深層回憶甜美的交揉。」〔註96〕在此詩中，作者運用了大量的數字變化，從「三山國王廟」、「下六根庄个圓形村落」、「庄肚路面只有四公尺闊」、「庄路對廟中心向四邊伸出去」、「五仔鎮營神」、「歸只庄仔像一只軍營」、「三百年前左右來到這裡」、「一代一代傳落去」、「一九九○年以後」、「劃開三條隔沒五十公尺个大路」、「舊式客家建築一隻一隻倒塌」，數字不只是數字，數字標示了佳冬移民史的意義，數字的變化也標示了聚落變化凋零中的今昔對比，「現代文明有如一隻隱形的巨獸，無聲無息地撼動傳統生活的社會結構與生活哲學，象徵團結群居的柵欄已失去意義，典型的『固村封守』格局逐漸瓦解，代之而起的是洋樓林立。」〔註97〕面對已然消逝的生長原鄉昔貌，作者透過書寫，構築起客庄的意象，讓它永恆於詩的國度。

〔註95〕 林秀蓉：〈從六堆到大武山——試論曾貴海屏東詩寫〉，《2013屏東文學學術研討會曾貴海研究論文集》，頁83。

〔註96〕 彭瑞金：〈原香——序曾貴海客語詩集〉，曾貴海：《原鄉‧夜合》，頁7。

〔註97〕 林秀蓉：〈從六堆到大武山——試論曾貴海屏東詩寫〉，《2013屏東文學學術研討會曾貴海研究論文集》，頁82。

陳寧貴〈大禾埕〉素描客庄重要生活場域大禾埕：

> 大禾埕盡像人生介舞台／蓋多戲佇這位／一遍又一遍演出／／農忙時
> 節／晒穀晒豆晒到人面像紅面番鴨公／大人同細人講唔莫亂走／當
> 當晝晝鬼上樹／／平常時節／細人行大禾埕搞聊／散落一地／歡歡喜
> 喜介腳步聲／／暗晡頭時節／大人端凳來大禾埕／講頭擺生趣事情／
> 汝一言我一語盡像畫符詁／月光聽到笑迷迷／／有時節大禾埕麼介也
> 沒／一個九十歲老伯婆／坐在屋簷唇看大禾埕／緊看緊大／緊看緊
> 空〔註98〕

整首詩分五節進行，首節以「人生介舞台」定位大禾埕是個記憶的意義空間，收納農家時序生活裡的各種圖像。緊接著二到四節，透過大禾埕在「農忙時節」、「平常時節」、「暗晡頭時節」這幾個時間軸裡的田庄生活摹寫，嘗試建構作者記憶中的家鄉意象，大禾埕是農事空間，農忙時節大人一面頂著烈日曬穀曬豆，一面驅趕曬成紅面番鴨的嬉鬧孩童；平常時節大禾埕是小孩的遊戲場，收納了孩童們跑跳玩樂時「歡歡喜喜介腳步聲」；到了傍晚，大禾埕是大人們戶外乘涼聊天的休憩空間。陳寧貴說：「我寫客家詩最大的回饋，就像在外面遊蕩久了，回到家裡的那種感覺——感覺回到心靈的故鄉。」〔註99〕然而這麼一個曾經容納「一遍又一遍演出」的心靈故鄉大禾埕，曾幾何時成了只剩老人留守的空蕩舞台，末節透過「坐在屋簷唇看大禾埕／緊看緊大／緊看緊空」的畫面，作者寓含在其中的原鄉失落感躍然紙上。

「稈棚」是客家族群的生活場域重要一景，利玉芳〈稈棚〉寫道：

> 禾埕尾的稈棚／係田舍人收藏个作品／係心舅毋使愁个火種／／一陣
> 風吹來／有犁耙翻土个黃泥味／有春天蒔秧个臭青／有日頭／搓草
> 觸田流个汗騷／／疊到高高个稈棚／知得／放忒擔竿个心情／係水牛
> 保足个草糧／／稈棚下／係雞母帶子／絡食个天堂／係細人仔／掩目
> 避屋个好所在〔註100〕

〔註98〕　陳寧貴：〈大禾埕〉，《台灣客語詩集1》，資料來源：「陳寧貴詩人坊」。檢索日
　　　　期：2013年6月7日。網址：http://ningkuei.blogspot.tw/2012_06_01_archive.html

〔註99〕　張國良編寫：〈客語詩人陳寧貴訪談錄〉，國立屏東教育大學客家文化研究所，
　　　　2012年6月27日。資料來源：「陳寧貴詩人坊」。檢索日期：2013年6月7
　　　　日。網址：http://ningkuei.blogspot.tw/2012_06_01_archive.html

〔註100〕利玉芳：〈稈棚〉，《夢會轉彎》，頁134。

〈稈棚〉全詩分四節進行，首節從視覺角度切入，將場景設定於客庄農村重要生活空間「禾埕」一隅疊得高高的稈棚。稈棚靜靜佇立於禾埕尾，不但成了農家秋收冬藏的偉大作品，提供精神上的視覺審美感受，更也提供物質上的實質奉獻，它是客家媳婦燒水煮飯、張羅一家溫飽不可或缺的火種。次節則延續首節「火種」二字所引發的燃燒氣味之想像空間，從嗅覺角度切入到原本處於靜止狀態的稈棚，於是在一陣風吹拂之下，不但所輕揚起泥土的「黃泥味」、稻秧的「臭青」、農夫的「汗騷」氣味，更透過層次分明的氣味，帶出農村一年農事時序裡的忙碌景象，有初春水牛拖犁翻田鬆土；有農夫低彎腰身移秧插苗田中；有烈日之下農民揮汗拔草田中。稈棚雖靜靜不語，它身上的氣味，卻訴說了農家一年的農事。第三節則將被觀察、被觀賞的稈棚，轉換為主動角色，疊得高高的稈棚，「知得」（知道）農夫肩頭重擔放下時的輕鬆，稈棚的「高」反襯出農夫重擔「放下」的輕鬆，農夫的辛勞，稈棚它知道。水牛在歷經拖犁翻土辛勞之後，此刻飽食草糧的悠閒，稈棚更知道。第四節詩人再度以視覺角度俯視稈棚下的活動，有母雞帶著剛孵化的小雞於稈棚下啄食穀粒，更有小孩們圍著稈棚玩著捉迷藏遊戲，「稈棚」不再只是農村風景圖像而已，「稈棚」標示著農村所有生命與生活的持續運轉。

利玉芳〈瓦窯〉透過夫家瓦窯書寫，寓寄屏東家鄉之思：

> 熟識个人喊佢瓦窯／這係涯嫁來莊下以後／分涯毋感覺著生分个所在／／祖公留下來个這塊土地／佢識無日無夜在燒自家／燒紅盡多个台灣瓦／／現在／星頂个風景／分溜苔磧等大家个記憶／雖然窯肚个火已經烏黑／涯等莊內个人也毋記得／薄薄个紅瓦／疊在牆角下任在佢生溜苔／牽牛花手牽手同佢攬緊緊／感覺著佢个手脈文文仔跳／柳樹也同佢抵日／親像聽著佢勻勻个透氣个心／／識生產台灣瓦个瓦窯／像三月聞得泛紅个木棉花／蓋等台灣紅又紅个土地 [註101]

這是一首結合自然與農村生活，成功的將瓦窯此一物象運用在詩裡，並巧妙的將溜苔、牽牛花、柳樹等植物的生態變化擬人化，深具土地之愛與母性感知的詠物詩。詩人透過歌詠夫家祖公留下之瓦窯，除側寫了詩人的家鄉情懷，更也凸顯對台灣這塊土地之深摯情感。詩人年紀輕輕便嫁到台南下營，遠離

〔註101〕利玉芳：〈瓦窯〉，《向日葵》，頁 115～116。

了屏東家鄉，她說瓦窯「這係俚嫁來莊下以後／分俚毋感覺著生分个所在」，昔日熟悉的農村生產活動「瓦窯」，在這異地給予了詩人一份家鄉的親切感。眼前夫家這座瓦窯，曾經歷多少歲月無私的燃燒自己，爲台灣這片土地勞瘁奉獻。而今靜靜佇立一隅早爲世人所遺忘，但台灣這土地仍記得它的好，牽牛花手牽手把它攬得緊緊，柳樹也體貼的爲它遮日，彷彿聽見它昔日的心跳。瓦窯是一棵三月開得泛紅的木棉花，覆蓋著台灣紅又紅的土地。利玉芳〈敬字亭——童年懷舊〉則透過書寫文化建築敬字亭追溯童年記憶：

> 宗牆背　燈籠花樹下／有一粒紅磚仔疊起來分圓爐／做得燒字紙∥
> 童年／將拗彎分紙飛機／將斷線分紙鳶仔／將漏水分紙船／毋搞分
> 紙遮仔、紙花／擲入圓爐裡肚／同西片落山分日頭／借一把火／燒
> 分造字大人〔註102〕

利玉芳說：「對我來說，客語屬於回憶、追溯過去的印象；華語則是現在的生活與生命經驗。」〔註103〕敬字亭是客家惜字敬字文化的象徵，在這客語詩中可以看出詩人客庄童年生活記憶中，敬字亭所扮演的腳色，舉凡用過玩壞的紙飛機、紙鳶仔、紙船、紙傘、紙花，都在日落玩罷的傍晚時刻，放進敬字亭燒掉。另外，利玉芳客語詩〈膽膽大〉透過寫八七水災的童年記憶，側面凸顯昔日農村生活樣貌：

> 八七水災該年／我還細／印象迷迷濛濛／規園仔芎蕉樹拗斷利利／
> 第一次看著颱風介壞脾氣∥大水柴　橫橫杈杈／杈杈橫橫　擋大橋／
> 親像乞食仔怙介杖仔／放分河壩沖走去／阿爸蒔禾頭／仰般收割爆
> 米花／阿伯種柚仔／仰般摘著粒粒土石∥天時㫧放晴／有麼個就食
> 麼個／炒蘿蔔　乾煲蕃薯湯　綁番豆∥大水沒忒膝頭／腳月爭束束無
> 觸地／心肝浮浮冇冇毋實在／睡木睡到半夜發晴盲／好在阿母燒暖
> 个乳姑掩過來／同我惜　同我膽膽大　膽膽大〔註104〕

〈膽膽大〉是一首童年家鄉記憶書寫，1959 年 8 月艾倫颱風來勢洶洶，所經之處無不汪洋一片。整園香蕉樹被攔腰折斷、稻禾泡水龜裂、柚子園被土石給淹沒。任勞認命的農家，颱風天「有麼個就食麼個」（有什麼就吃什麼），簡簡單單的地瓜湯配炒蘿蔔乾與花生，日子仍得照常運作，倒是年僅八歲的

〔註102〕利玉芳：〈敬字亭——童年懷舊〉，《淡飲洛神花茶的早晨》，頁 111～112。
〔註103〕徐碧霞：〈客語詩人訪談紀錄〉，《台灣戰後客語詩研究》，頁 294。
〔註104〕利玉芳：〈膽膽大〉，《夢會轉彎》，頁 138。

利玉芳，被這大水驚嚇到半夜作噩夢，幸有母親的溫暖胸脯還抱過來，溫柔的撫拍著「別怕，別怕」。詩人透過迷迷濛濛的印象，嘗試捕捉童年八七水災肆虐家鄉的情景，並也側面凸顯了當時農家生活之樣貌。

（二）食物的依戀

曾貴海《原鄉・夜合》透過記憶重新建構原鄉佳冬生活圖像，開卷詩〈故鄉个老庄頭〉架構原鄉傳統客庄格局空間，為整本詩集勾畫出場域背景，然後從次首詩〈去高雄賣粄仔个阿嫂〉開始，「藉著強調傳統格局的空間，及在此空間裡人物所使用的物品、所吃的食物、所做的活動，來表現客家人特殊的族群本質。」〔註105〕在作者建構原鄉歷史與形塑客家女性圖像的同時，也帶出作者對客家傳統食物的情感依戀。在〈去高雄賣粄仔个阿嫂〉裡，濛濛晨光中，庄內阿嫂們肩頭擔著的是半夜剛做好的「面帕粄芋粄年粄白頭公粄同龜粄」〔註106〕，就是靠著販賣這些客家傳統粄仔，庄內阿嫂們補貼家用，撐起家計；〈冬夜个面帕粄——記白色年代〉雖重點在批判白色恐怖，但作者的記憶圖像卻是透過冬夜裡「一個細人仔摝一碗面帕粄」〔註107〕這畫面去凸顯。昔時客家人省吃儉用，面帕粄店雖客庄大街小巷林立，但只有在家人生病胃口不佳時，才會捨得買碗面帕粄給病患補充體力。「粄條是客家族群食物的代表，純粹的客家鄉村一定有粄條店。小時候經濟不好，客家人又很勤儉，平日能省則省，一碗粄條等於全家人一餐吃的飯，並不便宜。鄉村沒有大飯店，過年時粄條店又沒有休息，吃粄條當作一種享受。給生病後的人吃粄條，表示關心與照顧的心意。我最喜歡的食物就是粄條，尤其是湯的粄條，充滿米食風味。」〔註108〕看似尋常一碗面帕粄，帶出的卻是白色恐怖對榮華牯阿姆的打擊，更也側面凸顯客家族群勤儉本質下的特殊族群飲食活動本質。

蔡森泰〈蒸甜粄〉則藉由味覺捕捉憶寫童年家鄉過年前景象：

火墟筒、噗噗噗。面銑鳥、目紅紅。／大灶頭、攏樹頭。泝泝鬧鬧
燒竹頭。／阿婆蒸甜粄、偓來捧手燒。／阿姆煠豬肉、偓來捧手撈。

〔註105〕余昭玟：〈曾貴海敘事詩的歷史記憶與抵抗美學〉，《2013 屏東文學學術研討會曾貴海研究論文集》，頁152。
〔註106〕曾貴海：〈去高雄賣粄仔个阿嫂〉，《原鄉・夜合》，頁6。
〔註107〕曾貴海：〈冬夜个面帕粄——記白色年代〉，《原鄉・夜合》，頁41。
〔註108〕徐碧霞：〈客語詩人訪談紀錄〉，《台灣戰後客語詩研究》，頁311。

/甜粄香、饡灌腸、豬胆乾、桂花香。/故鄉个味緒，實在香。

〔註 109〕

蔡森泰透過第一人稱「佢」的視角，憶寫童年故鄉年節景象，從聚焦特寫「火塦筒」噗噗冒出黑煙的動態視覺摹寫展開詩境，而後鏡頭持續拉大拉遠，漸次納入忙碌的「大灶頭」下正燒著竹頭闢闢作響的竹頭，大灶頭一旁是正蒸甜粄的阿婆和正在煠豬肉的阿姆，以及雜在其中幫忙的童年作者。詩行至此，視覺摹寫空間人物完畢，嗅覺摹寫也被加入運用，於是「甜粄香、饡灌腸、豬胆乾」溢滿廚房灶下，並且與圍繞夥房四周的桂花香氣，縮合成作者記憶中的「故鄉个味緒」。故鄉的味道，不管是曾貴海筆下的面帕粄、芋粄、年粄、白頭公粄、龜粄，抑或是蔡森泰筆下的甜粄、饡灌腸、豬胆乾，透過對客家食物的書寫，最終要表現的是客家人勞動質樸的族群本質。

第二節　原住民族群書寫

屏東縣是全台原住民山地鄉最多的縣份，縣內共轄有八個原住民山地鄉（三地門、霧台、瑪家、泰武、來義、春日、獅子、牡丹），以及一個平地原住民鄉（滿州），縣內原住民人口約有五萬兩千多人，人口比例占全縣的 5.8%。溯源原住民詩歌的發展，口傳歌謠早在幾百年前便已迴盪原住民族高山深林，例如魯凱歌謠〈龍捲風〉：「到底是那個方向吹來的風/突然襲擊我的心//你是天空裡毫無牽掛的一片雲/只是用虛情假意的心對我們這個醜陋的人來表示」〔註 110〕，或北排灣歌謠〈深情〉：「眞心感謝你對我的深情關懷及包容/我願珍惜這份情/並付出眞情/願神祝福我倆相愛到永遠」〔註 111〕「皆爲年代悠久的傳統詩歌，具有樸實眞情的動人質感。」〔註 112〕。戰後屏東縣內幾位原住民作家，從最年長也創作量甚豐的奧威尼・卡露斯盎，到青壯輩只有少數單篇散作撒伐楚古，達卡鬧・魯魯安，以及久久醞釀一書的讓阿淥・達入拉雅之，這些原住民作家們的創作，「在

〔註 109〕蔡森泰：〈蒸甜粄〉，《佢係台灣客家人——斷絕中國奶水情》，屏東：屏東縣政府文化局，2002 年，頁 113。

〔註 110〕黃壬來主持：《屏東縣藝文資源調查報告書：文學類》，屏東：屏東縣政府文化局，2000 年，頁 100～101。

〔註 111〕黃壬來主持：《屏東縣藝文資源調查報告書：文學類》，屏東：屏東縣政府文化局，2000 年，頁 2016～207。

〔註 112〕傅怡禎：〈屏東地區新詩發展初探〉，頁 118。

相當程度上，都豐富了當代原住民文學書寫的面向，同時作者也展現了在書寫台灣時於人文與地理上的『高度』。」〔註 113〕以誠懇之詩，書寫族群眞實歷史，重塑族群所珍視的文化傳統之美，正是台灣戰後屏東原住民作家在台灣現代詩領域的貢獻。

一、歌頌原民文化傳統

　　台灣戰後原住民族的族群書寫，往往是一則一則動人神話故事的展開，述說著族群集體的夢。浦忠成〈原住民文學選擇的發展道路〉指出：「台灣原住民的口傳文學在幾十個世紀之先，就已經出現在此一壯麗的土地上，伴隨著原住民的先人度過漫長的歲月。嚴肅的神話傳說與各類奇妙怪異的故事、悠揚的民歌、智慧的格言和對於大自然虔誠的禱求，共同構成原住民傳統精神文化在生活實踐中的渾然機體。」〔註114〕它們的生成來自於「在長時期被求生存的困難和與自然作鬥爭的困難所壓迫著，生產力又是這麼低下的原始社會的人們，當他們用從勞動的雙手發達起來的日益聰慧的頭腦，開始一面勞動、一面思索、探求自然的奧秘，並且初步創造了一些最簡單的神話以爲解釋。」〔註115〕並且，「透過神話，現代的族人與祖先被聯繫起來了，神話中所傳達的文化訊息，成了後代子孫模仿祖先的重要媒介。神話給予原住民族的最直接影響，是他們文化是透過連續性的時間傳遞下來，因此具有悠久遠古的性質的保證，而由神話及衍伸出來的信仰與儀式，則給予族人可以上溯時間源頭的可能，『後者一代一代地把活人與死人聯繫在一起』，並形成了一種同時具備『同時性』與『歷時性』的系統。」〔註116〕於是原住民族的宇宙觀、宗教觀、道德標準、種族歷史傳統，以及對自然界的認識，以充滿劇情的方式呈現，並代代口傳延續。

　　台灣戰後屏東原住民作家以筆述代替口傳，透過現代詩這個載體，述說族群，嘗試復興傳統文化。奧威尼・卡露斯盎〈一首古老永恆的歌〉歌頌原民傳統文化智慧，珍視原民生命心靈永恆的歌：

〔註113〕董恕明：〈深幽的百合，燦爛的琉璃──綜論屏東原住民作家的漢語書寫〉，《2011屏東文學學術研討會論文集》，高雄：春暉出版社，2012年，頁285。

〔註114〕浦忠成：〈原住民文學選擇的發展道路〉，《原住民文化與教育通訊》第9期，2000年10月，頁2。

〔註115〕袁珂：《從比較神話到文學》，台北：東大圖書公司，1977年，頁284～286。

〔註116〕陳國偉：《想像台灣──當代小說中的族群書寫》，台北：五南圖書公司，2007年，頁363～364。

當還在搖籃被母親溫漾時，／母親常哼的那一首，／是父親吹奏過的一曲，／也是祖先早已編織的催眠曲，／總是／那一首古老永恆的歌。／／我總是尋尋覓覓，／無論是／在苦難的人生中／在孤獨的心靈裡，／在寒風淒夜的夢裡，／為的是／那一首古老永恆的歌。／／在朝陽裡祈求，／在夕陽下沉思，／在月光下仰望，／尋覓的，／總是／那一首古老永恆的歌。／／抑或／在萬籟寂靜的深夜裡，／仰觀星空的奶河，／在繁星點點中，／尋找的，／總是／那一首古老永恆的歌。／／在人生的狂風暴雨，／在生命湍急的流動中，／疑問的，／總是／那一首古老永恆的歌。／／當灰心失望，／或迷失心靈，／或心志懶散，／甦醒，／總是為了／那一首古老永恆的歌。／／當置身在，／飢寒交迫，／無以依邊的／境遇夢魘裡，／總是為了／那一首古老永恆的歌／／是蒼天星雲明月呢喃，／或山與海／寄情地親密聯絡；／是黎明的一線曙光，／或緩緩沉落於地平線的夕陽，／總是為了／那一首古老永恆／早已存在的歌。／／天地以寧靜永遠在訴說，／人間是如此般地喧囂在談論。／／當黃昏最後這一道彩霞，／是這般地寂靜、卻又短暫，／神祕得令人凝注、疑惑、留戀，／使得又再啟程，尋找／總是／那一首古老永恆的歌。〔註117〕

整首詩分十節進行，以複沓之筆，透過不同面向，呈顯「那一首古老永恆的歌」的歷史、面貌、意義及價值。首節點出這首歌的歷史性，它是祖先編織而成，打從作者尚在襁褓搖籃時，是母親常哼、父親常吹奏的一首催眠曲；從次節到第七節，鋪陳作者在艱難人生歷程裡，從「蒼天星雲明月」、「山與海」、「黎明的一線曙光」、「黃昏最後這一道彩霞」尋覓與迴盪這首歌。傅怡禎認為「這首歌是母親常哼、父親吹奏過、祖先早已編織的催眠曲，是一首外人無法介入的古老永恆之歌，它象徵著傳統與智慧、自然與浪漫、生命與尊嚴的族群宇宙觀，也是鼓舞原住民傳承祖靈文化的精神支柱。」〔註118〕奧威尼以極為詩意的情境，書寫出魯凱傳統口傳歌謠裡所蘊藏師法自然的智慧，如何在自己生命裡扮演起一盞明燈，指引方向。

〔註117〕奧威尼・卡露斯盎：〈一首古老永恆的歌〉，《神祕的消失——詩與散文的魯凱》，台北：麥田出版社，頁 27～29。
〔註118〕傅怡禎：〈屏東地區新詩發展初探〉，頁 160～161。

　　董恕明認爲奧威尼的作品「以詩人的抒情化史家工筆」〔註119〕，建構屏東魯凱族的地景地物與傳統文化。他的作品中，總是思索西魯凱祖先達瑞卡哦格勒如何帶領族人遷移並建立古茶布安部落，細膩捕捉與鋪陳內心對祖先及傳統事物的體察與感應。奧威尼・卡露斯盎〈矮人啊！我的祖先〉歌頌魯凱族古茶布安的祖先達瑞卡哦格勒，感謝他們留下的精神與傳統：

> 達瑞卡哦格勒，我的祖先啊！／你們何極偉大啊！當洪水時早已存在。／您們是來自東方的高山峻嶺，／都是有智慧的人，／個個都是有愛心的人，／和諧團結的民族，／令人神往的國度。／／達瑞卡哦格勒，我的祖先啊！／您們眞偉大啊！您們留下的精神。／您們教授給我們如何開採石板，／取材料，以及如何蓋石板屋。／您們爲我們取得五穀雜糧，／還教導我們如何生產。／達瑞卡哦格勒，我的祖先啊！／我們是何等地羞愧和無知。／當我們有了幸福的時候，／當我們有了榮耀的時候，／當我們被愛慕的時候，／我們永不會忘記您們留給我們的一切。〔註120〕

李維史陀（Claude Levi-Strauss）說：「神話的歷史表現出了既與現在分離又與現在結合的矛盾。二者分離是因爲，最初的祖先與現代人稟性各異：前者是創造者，後者是模仿者。二者結合是因爲，自從祖先出現以來，除了周期性地消除其特殊性的那些反覆出現的事件以外，沒有別的東西傳繼下來。」〔註121〕〈矮人啊！我的祖先〉整首詩分六節反覆詠歌致敬祖先，此處所錄爲歌謠首兩節，首節從時間性「當洪水時早已存在」和空間性「來自東方的高山峻嶺」形塑神話中祖先，並帶出族源歷史；次節一一細數祖先所傳承智慧遺產，感恩祖先教導「開採石板」、「取材料」、「蓋石板屋」、「取得五穀雜糧」，羞愧自己面對恩澤的無知，以及期許未來帶著祖先智慧尋得幸福、榮耀與被愛慕。

　　除了詩寫神話傳說，奧威尼的詩中總流露原住民獨特的生死觀，《神秘的消失——詩與散文的魯凱》自序：「在寫作僅僅十一、二年的生涯中，家

〔註119〕董恕明：〈深幽的百合，燦爛的琉璃——綜論屏東原住民作家的漢語書寫〉，《2011屏東文學學術研討會論文集》，高雄：春暉出版社，2012年，頁292。
〔註120〕奧威尼・卡露斯盎：〈矮人啊！我的祖先〉，《神秘的消失——詩與散文的魯凱》，台北：麥田出版社，頁160～161。
〔註121〕李維史陀（Claude Levi-Strauss）著，李幼蒸譯：《野性的思維》，台北：聯經出版社，1998年，頁297～298。

裡發生了重大的變化。我最小的男孩，一九九六年從學校回家的路上因車
禍過世，又一年一個多月，太太隨著小男孩而遠去，留下我和兩個小孩孤
零零地活著。這個失去親人的傷痛，不僅影響了我兩個小孩，也影響了我
後半生，人生本來有樂觀燦爛的一面，突然飄起濃濃悲觀的霧雲，使這本
書的生命觀總是在死亡的陰霾之下揮之不去。或許我正想要從祖先原始精
神文化裡，找出他們如何看待人生與死亡，然後從中懂得學習祖先如何珍
惜生命的精神，並且學習懂得如何從生命的角度看待人性，然後懂得如何
愛人。」〔註122〕奧威尼·卡露斯盎〈神秘的幽靈〉從原民精神看待死亡，
提醒生命勿執迷怠惰：

> 你是一位神祕的幽靈，／從來沒有人看過你的模樣，／只知道你是
> 予人恐懼，／猶如／我們對黑夜的神秘。//你駐足在每一棵生靈，
> ／每一草一木，／剛出土的嫩芽，／剛綻放的花朵，／繁茂的樹蔭，
> ／無一不被你威脅。//任何角落無不有你的伴隨，／在歡樂的宴席
> 上，／在回家的路上，／甚至於／在甜蜜的夢中，／你都在那裡暗
> 暗地窺探。//……你黯然淺笑，／當我們／在煙語酒話，／在醋心
> 妒意，／在深仇大恨，／而那是／你最諷刺的微笑。//你欣然微微
> 喜悅，／當我們懶惰得，／水邊口渴，／美食挑剔，或／對自身生
> 命稍有怠惰，／你的本質是否定生命。//當生靈／凋萎飄零，／枯
> 木朽壞，／肉爛腐臭，／這一切／都是你的手段。//穹蒼之下，／
> 看得到的，／摸不到的，／只要有生命的／都歸你所張羅，//必有
> 一天，／那時／我們必歸入塵土、石頭、岩壁，／安然駐足在永不
> 被侵犯的國度，／而永遠不屬於你，／生命必以另一種生靈存在。

〔註123〕

這首詩以原住民純真誠懇之筆觸，寫出死亡幽靈無所不在、無所不摧的各種
呈現面貌，思考生命勿陷入執迷怠惰，當大限來時，才能安然駐足在永不被
侵犯的另一個國度。王應棠〈奧威尼的天窗〉說：「透過生存與死亡相互交纏
的敘說，奧威尼的書寫從個人經歷依然夾帶著念茲在茲的族群滄桑。這樣的

〔註122〕奧威尼·卡露斯盎：〈自序〉，《神秘的消失——詩與散文的魯凱》，台北：麥
　　　　田出版社，頁9。
〔註123〕奧威尼·卡露斯盎：〈神秘的幽靈〉，《神秘的消失——詩與散文的魯凱》，台
　　　　北：麥田出版社，頁163～166。

悲憫其實也超越了個人與單一族群的宿命，他所哀悼的傳統生活世界在現代
文明衝擊下急遽消亡，卻經由記憶與想像交織成的文學烏托邦流傳永生。」〔註
124〕指出奧威尼的書寫，勾勒出原民傳統裡獨特的生死觀，創造了文學的烏托
邦。

　　讓阿淥・達入拉雅之書寫排灣族群，〈霧頭山的故事〉透過取火神話傳說
凸顯排灣文化：

> 傳說中／那一個霧頭山／是連接夢的會合處／是 likekesen〔註 125〕
> 放置手杖的地方／是雲豹曾經翻越過的山川／／在霧頭山的夢裡／那
> 一個霧頭山／是連接起古道的交岔口／東邊的鋒刃／將太陽切成兩
> 面／西邊的鋒刃／做成刀鞘／刻上百步蛇甕／／在大武山的口述／那
> 一個狀似刀鋒的山／山羌躍過／問說／濃密的煙在哪裡／神奇的發
> 源地／巴達因是傳承火源的所在之處〔註 126〕

神話傳說的重點往往不在凸顯個人，而是關於世界及人類的起源，星辰的
運動，植物、天氣、日月之變化，火的發現，有用的技術的發明，甚至是
對死亡的神秘的解釋。根據排灣拉瓦爾神話傳說，「昔時發生大水本番避難
登上 kadumuan（霧頭山），然因無火而傷腦筋時，碰巧來了一隻大蒼蠅，
看到牠頻頻搓腳，便模仿牠摩擦木頭，竟起了火，這就是我們的祖先發明
火之起源。」〔註 127〕〈霧頭山的故事〉整首詩分三節進行，在讓阿淥運筆
下，霧頭山籠罩在虛實交融疊映的濃密神話傳說氛圍裡。此詩首節作者以
虛擬空間「連接夢的會合處」、「likekesen 放置手杖的地方」、「雲豹曾經翻
越過的山川」標出霧頭山的地理場域；次節運用轉化修辭，透過霧頭山夢
中日出東方光影之擬想，賦予霧頭山以排灣百步蛇甕圖騰佩刀意象。佩刀
是排灣男子外出基本配備，配掛於腰間，可用以披荊開路、分食獵物與製
作工具，可說是排灣男子第二生命，配刀有兩種，一種是無紋飾的工作刀，

〔註 124〕王應棠：〈代序──奧威尼的天窗〉，奧威尼・卡露斯盎：《神秘的消失──詩
　　　　　與散文的魯凱》，台北：麥田出版社，頁 13。
〔註 125〕likekesen（力克克斯）：排灣族女性族名。是古代從巴達因古社前往東部比魯
　　　　　舊社管理土地的族人，是頭目 parameram 家族的祖先。讓阿淥・達入拉雅之：
　　　　　《北大武山之巔──排灣族新詩》，頁 87。
〔註 126〕讓阿淥・達入拉雅之：〈霧頭山的故事〉，《北大武山之巔──排灣族新詩》，
　　　　　台中：晨星出版社，2010 年，頁 87。
〔註 127〕小島由道著，蔣斌主編：《番族慣習調查報告書》第 5 卷，台北：中研院民族
　　　　　學研究所譯，2003 年，頁 121。

另一種則是裝飾繁複的禮刀，禮刀鞘尖端部分，皆呈現百步蛇頭型輪廓〔註128〕，是排灣族人傳家寶物；末節透過山羌越過身影，除帶出神話傳說中山羌涉水取火意象，並將詩之鏡頭最終聚焦在神話傳說族源之地霧頭山上的「巴達因」（Padain）。

讓阿淥《北大武山之巔——排灣族新詩》以詩筆重新建構排灣傳統文化圖像，其書寫策略除了在卷三「巴達因頌」〈巴達因頌〉、〈原來〉、〈布拉冷安之路〉、〈晨光〉、〈霧頭山的故事〉、〈北大武山之巔〉、〈原本　最初的吸吮〉、〈馬勒夫勒夫〉透過神話傳說形塑族群地景的歷時性文化意涵；更也在卷一「外祖父母的哀歌」〈外祖父母的哀歌（一）〉、〈外祖父　你的祖父是什麼樣的祖父〉、〈外祖父母的加持〉、〈你們說的是誰〉、〈拉哩阿勞的故事〉、〈外祖父母的哀歌（二）〉透過人物誌的書寫形式，凸顯排灣族群文化傳承中的共時性。從小由外祖父母帶大於射鹿部落的讓阿淥‧達入拉雅之，透過〈外祖父的加持〉藉追緬外祖父所承傳部落生活智慧，歌頌排灣狩獵文化傳統：

> 外祖父在叢林裡有蜂蜜窩／他說是和上帝一起管理的／他說著　走去採蜜／／外祖父在郊外有設陷阱／他說我是為我的孫子預備的／他說我們去巡視／／他總是在他的腰帶子〔註129〕裡放入菸葉／外祖父的鬍鬚已經染白／外祖父不常穿內褲／外祖父蹲坐的時候　陰囊吊著可以清楚的被看見／他就這樣說／我們先祭祀祈願一下／／他抓著我們的手輕吻／再把我們的手拉去撫摸他的陰囊／然後開始祈願／他說／我的孫子會拿到甜美的蜂蜜／會抓到竹雞／會抓到山羌　還有山豬和熊／經過加持以後／你將來會比我更有能力和運氣〔註130〕

〔註128〕百步蛇是台灣南部中低海拔山區裡，毒性最強的蛇類之一。排灣族人稱百步蛇為 kamabanan 或 vulung，意思是「長老」和「蛇精靈」。這種俗稱「翹鼻蛇」的蝮蛇，頭大呈三角形，鼻吻上端翹起，再加上身體兩側整齊排列的黑褐色三角形花紋，使其外形顯得極其突出，因而奠立了牠在排灣族人心目中，既獨特又神聖的地位。資料來源：楊寶欽：〈排灣、魯凱族百步蛇紋圖騰藝術〉，《藝術論衡》第 3 期，1997 年，頁 49～64。

〔註129〕腰帶子：排灣族語稱 karai，有二種解釋：一即排灣族族人出外工作時或狩獵時繫在腰際的帶子，可裝入菸斗、火柴、陷阱套繩等；二是名詞，指男性的陰囊。讓阿淥‧達入拉雅之：《北大武山之巔——排灣族新詩》，頁 19。

〔註130〕讓阿淥‧達入拉雅之：〈外祖父的加持〉，《北大武山之巔——排灣族新詩》，頁 19。

整首詩分五節進行，透過一幅幅栩栩如生的外祖父與孫子互動生活圖像，從採蜜、捕獵到儀式文化與原民傳統衣著，摹繪出作者心中所追緬的射鹿文化與生活智慧的傳承。首節鋪設出外祖父領著孫子們走入叢林採蜜圖景，透過外祖父「他說是和上帝一起管理的」話語，體現原住民教育後代虔敬自然的傳統文化；次節摹繪外祖父領著孫子們前往郊外巡視捕獸陷阱，外祖父「他說我是為我的孫子預備的」話語，更呈顯文化的世代傳承；第三節以染白的鬍鬚，腰際繫著裝菸葉的袋子，以及蹲坐時清晰可見的陰囊，摹寫外祖父原住民男子下裝布塊僅遮住前方的後敞褲穿著與耆老形貌；第四節「他就這樣說 ／ 我們先祭祀祈願一下」以簡要之筆，呈顯外祖父領著孫子準備進行祭祀祈願；末節外祖父為孫子進行加持儀式，「他抓著我們的手輕吻 ／ 再把我們的手拉去撫摸他的陰囊」除意味生殖崇拜，更有族群生命智慧延續的傳承意義。

　　台灣戰後屏東作家受生活環境族群混居明顯之影響，非原住民族群亦關注原住民文化，例如，路衛《履韻》輯一「問澗讀嵐」錄有十首結合屏東山地風光與原住民傳說故事詩作，其中聚焦排灣文化者包括〈U 形背籃〉藉 U 形背籃歌頌原住民文化、〈拉維亞的一季〉〔註131〕寓屏東山地河谷芒草山景以排灣愛情傳說、〈瑪嘎蓋〉〔註132〕寓三地門鳳蝶以瑪嘎蓋美麗傳說、〈達法蘭的先知〉〔註133〕重寫三地門達法蘭部落（又譯達瓦蘭）的排灣神話傳統、〈鬼湖〉〔註134〕遇鬼湖以山花奴奴與他羅瑪琳愛情傳說中。路衛〈U 形背籃〉寫道：

> 我們的家當 ／ 只是一隻 U 形背籃 ／ 在我們出門之前 ／ 炊具 米酒和檳榔 ／ 全部交由 U 形背籃包辦 ／／ 我們不愁吃的 ／ 山已為我們備好了地糧 ／ 肥美的甘藷 芋頭 ／ 隨地都可享有 ／ 我們不必耽心喝的 ／ 山已為我們準備了地泉 ／ 清澈的泉水 ／ 到處都可飲用 ／／ 每當橢圓的 U 形背帶 ／ 繞過我們的前額和雙肩 ／ 一股生命的引力 ／ 便自振奮的心底升起〔註135〕

〔註131〕路衛：〈拉維亞的一季〉，《履韻》，屏東市：海鷗詩社，1988 年，頁 11～12。
〔註132〕路衛：〈瑪嘎蓋〉，《履韻》，頁 13～15。
〔註133〕路衛：〈達法蘭的先知〉，《履韻》，頁 16～17。
〔註134〕路衛：〈鬼湖〉，《履韻》，頁 18～20。
〔註135〕路衛：〈U 形背籃〉，《履韻》，頁 5～6。

整首詩以第一人稱口吻分三節進行，首節以「我們的家當／只是一隻 U 形背籃」，以及背籃裡的炊具、米酒和檳榔，塑造原住民山林生活形貌；次節以「山已爲我們備好了地糧」、「山已爲我們準備了地泉」凸顯原民生活在山林自然的無盡藏；末節聚焦特寫原住民「橢圓的 U 形背帶／繞過我們的前額和雙肩」形象，並以「一股生命的引力／便自振奮的心底升起」，賦予 U 形背籃充滿生命能量意象。筆者認爲路衛藉〈U 形背籃〉凸顯原住民取用皆源自山林的生活形貌，的確是個有力的切入點，筆者多年前曾進行「排灣人文采風調查計畫」〔註 136〕，即相當驚艷於原住民嚮導一路披荊開路攀坡在前，一面從容沿途摘取迎面所遇食物，回程原本空蕩的背籃早已塞滿劍筍的神奇能耐，U 形背籃遂輻射出旺盛生命力的豐厚意蘊。

繼《原鄉‧夜合》（2000）書寫客家族群之後，曾貴海說：「我個人的溯源之旅，應從客家的支脈源起，然後沿著福佬、平埔的流域轉進，最終到達了與我的血統無關的近鄰台灣山居原住民。」〔註 137〕，《神祖與土地的頌歌》（2006）便是溯源的終點標記，他自序：「做爲一個社會運動者，我有很多機會與原住民的知青共處與對話，更早以前我早已成爲原住民音樂的俘虜。近年來從平埔到山居原住民的處境，更激發我探索閱讀原住民幽秘文化的廣闊世界。」〔註 138〕於是透過三首長詩書寫，展開對鄒族、布農族和排灣族祭典、神話、信仰與生活文化的探索之路。

曾貴海《神祖與土地的頌歌》共收錄四首長詩，開卷詩〈向平埔祖先道歉〉原收錄於《台灣男人的心事》詩集，這首詩是作者在懷念平埔阿婆的心靈通路指引下，「開啓他與台灣原住民族精神魂體貼近對話的線圖」〔註 139〕；〈搖撼阿里山的 Mayasvi〉〔註 140〕聚焦鄒族戰祭；〈高山閃靈的 Pasibutbut〉〔註 141〕摹寫布農族小米播種祭；〈南方山岳子民的 Maleveq〉書寫排灣五年祭。曾貴海說：「鄒族的戰祭是台灣人的戰鬥靈魂，戰魂是保護族人和土地的靈魂。布農是很有哲學感的民族，也是很好的戰士，是很幽微，很謙卑的民族，

〔註 136〕 杜奉賢、鍾宇翡等：《茂林國家風景區──排灣人文采風調查計畫》，茂林國家風景區管理處，2004 年。
〔註 137〕 曾貴海：《神祖與土地的頌歌》，高雄：春暉出版社，2006 年，頁 1。
〔註 138〕 曾貴海：〈自序──感謝山神〉，《神祖與土地的頌歌》，頁 1～2。
〔註 139〕 楊翠：〈怒放的刺桐花──序《神祖與土地的頌歌》〉，曾貴海：《神祖與土地的頌歌》，頁 3。
〔註 140〕 曾貴海：〈搖撼阿里山的 Mayasvi〉，《神祖與土地的頌歌》，頁 7～17。
〔註 141〕 曾貴海：〈高山閃靈的 Pasibutbut〉，《神祖與土地的頌歌》，頁 19～26。

他們唱的歌就是大自然的歌聲，代表細膩幽雅。排灣族則代表藝術、浪漫。這些大概包含了台灣原住民的三個屬性，就從這三個祭典表現出來，我寫的這些就差不多了，可以做階段性的結束。」〔註142〕

作者以此「獻給一直被壓迫而逐漸失去美麗靈魂的原本居住在這片土地的快樂住民。」〔註143〕，透過原住民文化圖景的展現，以文學回返美好的精神原鄉。

曾貴海〈南方山岳子民的 Maleveq〉以排灣五年祭為主軸，長詩分「A」、「B」兩章，摹繪出排灣族群文化圖像。曾貴海說：「我要將原住民最寶貴的、台灣人應該去欣賞的、屬於台灣的最原始的文化，寫下來。也讓原住民認知到自己的文化是很寶貴的，不能讓它失去。……這是我寫原住民長詩的動機。排灣族的祭典，日本人認為是全世界十大祭典之一，故事很豐富，所以我的詩寫那麼長，不是我故意要寫長詩，而是它的文化就是那麼豐富。我寫的時候，沒有特別追求文字的美，主要是忠實，當然文字本身也有美感，但是交代事實的部分，就不必特意用很美的字來表現。」〔註144〕五年祭（maleveq）乃排灣族傳統祭儀中最重要的部落祭祀，它代表著排灣族人對祖靈的追思與感謝。傳說中，居住在大武山上的祖靈或神祇，會從大武山南下來，從巴武馬群開始，沿路拜訪各部落，並為各部落帶來福祉，然後又折回大武山，來回總共需五年的時間。於是排灣族民們，每五年舉行一次五年祭，他們由巴武馬群開始，錯開祭日，依循著昔日祖先遷徙路線，往南排灣與東排灣一路祭祀下去，約耗時一年時間才抵達最南端的部落，然後又依原路線折回大武山。來程要舉行前祭，回程要舉行後祭。在排灣族人的思維裡，不論是死去或外出的族人，在五年祭這段時間內，都會回到自己家中，大家聊聊這五年來各人生活的情形。因為五年祭具有強大的部落整合團結功能，根據耆老們說法，五年祭在日治時期曾被禁止，目前雖仍有五年祭，但系出巴達因（padain）的瑪家鄉，已不再舉行此一祭儀，而屬拉瓦爾群（raval）的三地門鄉則從未有五年祭。〔註145〕〈南方山岳子民的 Maleveq〉「A」章寫道：

〔註142〕莊紫蓉：《面對作家——台灣文學家訪談錄（三）》，頁350。
〔註143〕曾貴海：〈自序——感謝山神〉，《神祖與土地的頌歌》，頁2。
〔註144〕莊紫蓉：《面對作家——台灣文學家訪談錄（三）》，頁349～350。
〔註145〕鍾宇翡：〈排灣族的神話與傳說〉，《茂林風景區排灣人文采風調查計畫》，茂林國家風景區管理處，2004年，頁46～47。

讓我們從冬日的地球俯視東方海洋／北半球的氣流鼓動千萬頃波濤／帶動洶湧的黑潮漩渦／流向優美宛如翡翠魔域的南台灣／中央山脈從這裡隱入大地／天空隆起南北大武山

順著海流進入排灣的領地／大武山所誕生的子民／茂密的森林庇護著令人顫慄的勇士／曾經以獵取人首為最高榮譽的剽悍民族／每當晨曦打開眼眸／就開始勞動唱歌到夜晚／台灣山林間最優雅的藝術族群

每一個聚落都留傳著祖靈的神話／相信太陽在陶壺裡產下了卵／孵化成排灣的男女祖先／女祖與百步蛇交合繁衍出後代子孫／從此，太陽神陶壺和百步蛇／像族人們的寶貝琉璃珠／美麗的珠子映照著神話永不褪色的光輝／映照著祖先們傳承的歷史／映照著族人浪漫又綺異的情愛傳奇／煽動排灣族人的靈魂火花／孕育出藝術子民的心靈圖譜

族群逐漸在台東 Padain 和大武山麓繁衍／有一天，靈界女神 Drengerh 深深的被族人吸引／排灣青年 Lemej 被召喚到冥界／乘著小米梗的煙霧／升空去學習生命祭儀／第一次學會了選用祭儀用的祭品／第二次學會了各種糧食的播種方法／第三次學會了巫婆養立的禮儀／第四次學會了結婚的儀式／第五次學會了祈求人間幸福的秘密／Drengerh 終於在某個太陽將隱去的黃昏／牽起 Lemej 的手相擁狂舞／盡情的喝下排灣人釀製的愛神之酒／在夜晚流動的雲頂緊抱彼此的愛／結成神人的天地姻緣

當 Lemej 想帶他們生下的五女一男回到人間／兩人徘徊在雲層的邊界／相約每五年相會一次的誓約／每五年一定要降臨情人的山谷

當槭樹和欒樹染紅山巒／風從山頂雲端吹向部落／族人在三個月前就已開始準備祭禮／迎接乘著小米梗煙霧的神與祖靈降臨／族人們預備食物和祭禮／整修祖靈回到部落的道路／製作祖靈祭的刺球和刺球桿／送相思木到每一位女友家中表達心意

神聖的祭典將跟隨深秋來到／夜晚的星星像暗戀的情人眼睛／掛在伸手就能摸得到的夜空／最閃亮的那顆就是她吧／但是她真的知道被思念的心情嗎

祭典過後，將在世襲階級的配婚下 ╱成爲另一個男人床褥邊的伴侶 ╱帶著永遠深藏內心的哀傷陪嫁

淡淡的憂傷隨著祭典的到來 ╱佔據部落男女的情懷 ╱將失去戀人的日子也逐漸逼近

每到夜晚，部落的角落幽幽的響起 ╱鼻笛忽起忽落的哀怨 ╱妳聽到了那顆流淚的心嗎 ╱妳聽到了埋藏許久的情意嗎 ╱妳聽到了終生不變的慕戀嗎 ╱一遍又一遍的傾訴青春暗鬱的旋律 ╱直到淚水沾滿鼻笛和臉頰 ╱直到山谷的夜晚無法承受憂傷的沉重〔註146〕

〈南方山岳子民的 Maleveq〉「A」章由十節構組，曾貴海以空間書寫作爲切入策略，「先將攝影機的鏡頭對準島嶼自然空間，再聚焦到各部落的具體生活空間，帶出自然時間、四時節氣的流變，然後轉入部落族人的故事，詮釋部落『始祖傳說』中的自然觀與哲學觀，繼而透過對於祭典儀式細節的刻劃，展現部落文化精神圖景。」〔註147〕首節從自然空間與自然時間切入詩境，以地球上空的宇宙大視野爲視角，聚焦冬日地球的東方海洋，俯角鏡頭漸次挪移拉近，詩之鏡頭漸次納入北半球氣流所鼓動的千萬頃波濤，順著波濤帶動起的黑潮漩渦，詩之畫面流向濃綠「優美宛如翡翠魔域的南台灣」之後，旋即著陸登岸直攀上中央山脈的南北大武山。作者於此跳脫刻板國境之南的地理空間觀念，而以南台灣作爲台灣空間敘述的起始點，凸顯南台灣成爲地方地理空間的中心主體性。

次節讓詩之空間順著洋流進入排灣領地，去拜訪大武山茂密森林裡的子民，此處作者從「獵人頭」與「勞動唱歌」凸顯排灣族群剽悍而優雅的族群特質；第三節以排灣族「太陽卵生說」與「蛇生說」展開祖源神話〔註148〕，藉以凸顯蘊藏太陽神崇拜、陶壺崇拜、百步蛇崇拜的族群神話，如同寶貝琉璃珠一般閃爍熠耀光輝，孕育出台灣山林間最優雅的藝術族群；第四、五節則進入神話時空，將目光凝視大武山的巴達因，娓娓敘說排灣五年祭起源神話裡，排灣青年 Lemej 受靈界女神 Drengerh 召喚，升空學習生命祭儀，並進

〔註146〕曾貴海：〈南方山岳子民的 Maleveq〉，《神祖與土地的頌歌》，頁 27～32。

〔註147〕楊翠：〈怒放的刺桐花——序《神祖與土地的頌歌》〉，曾貴海：《神祖與土地的頌歌》，頁 7～8。

〔註148〕根據李亦園之研究，祖源神話在排灣族中心區域中是以「蛇生說」和「太陽卵生說」爲主。資料來源：許世珍：〈台灣高砂族的始祖創生傳說〉，《民族學研究所集刊》第 2 期，1956 年，頁 171。

而締結神人天地姻緣的祖源神話；第六節以充滿視覺與觸覺的「當械樹和欒樹染紅山巒／風從山頂雲端吹向部落」此一自然時序，呈現排灣族群在五年祭前三個月即開始準備，包括整修祖靈回到部落的道路，製作祖靈祭的刺球與刺球桿，以及送相思木到每位女友家中；第七到末節，作者營造出深秋星夜部落角落響起的哀怨鼻笛，既帶出排灣五年祭後的世襲婚配傳統，更側面凸顯相較於靈界女神 Drengerh 與排灣青年 Lemej 的五年一次誓約，部落青年男女卻只能將情懷永藏內心。彭瑞金〈解讀曾貴海的詩路〉說：「取材原住民神話，也是他的土地關懷加上族群關係詩想的延伸。」〔註149〕〈南方山岳子民的 Maleveq〉「A」章透過五年祭所蘊含的神人愛情神話，除對照族人即將面臨愛情失落，凸顯排灣族人在神話映照下的浪漫綺異情懷與世襲婚配的反思，更也側面呈顯作者的土地族群關懷。

　　〈南方山岳子民的 Maleveq〉「B」章由「五年祭開始當天」展開祭典摹寫，並在祭典結束下山前一晚的祖父叮嚀畫下句點。「從自然空間、自然時間，而進入部落文化祭儀中文化時間的描寫，破除近現代貧瘠的空間意識與線性時間意識，展現出台灣原住民族原初的、更具能動性的時空觀。」〔註150〕〈南方山岳子民的 Maleveq〉「B」章同樣以十節進行，前半章一到六節聚焦五年祭儀中呼喚祖靈 Tesmas、仿百步蛇娛神樂舞、刺球儀式，以及祭典酒宴，摹繪出天／地／人合一的文化境地：

> 五年祭開始的當天／當太陽從北大武山升起的剎那／所有族人在頭目及男女巫師的帶領下／起身向北大武山方向呼請祖靈 Tesmas／「五年祭的日子到了，恭請神靈下凡來／請贈與我們豐盛的獵物慶祝五年祭／大家來效法祖靈的英勇事蹟／請祖靈來人間觀看刺球／請天上至高至上的神下凡」

> 巫師呼喚神靈結束後／族人在祭壇外繞成圓圈跳舞娛神／整個隊伍像排灣先祖百步蛇的身影／連環的舞影就如在地上爬行的百步蛇／族人化身為蛇的每一段寸結／彎腰前進仰頭呼喝／連續的跳動人蛇一體的舞步／迎接祖靈使祖靈愉悅並保佑豐收／「呼喚天神和祖靈

〔註149〕彭瑞金：〈解讀曾貴海的詩路〉，曾貴海：《孤鳥的旅程》，高雄：春暉出版社，2005 年，頁 100。

〔註150〕楊翠：〈怒放的刺桐花——序《神祖與土地的頌歌》〉，曾貴海：《神祖與土地的頌歌》，頁 13。

／報告相約的五年祭已到／請神靈來凡間參加族人的活動／請祖靈以歡樂的心情參加祭典的舞蹈／不要客氣的站在一旁觀看而已」

第二天的刺球儀式即將開始／參加的族人們輪流唱著英雄頌／互相炫燿自己的英勇／勇士們持竹竿槍等待刺向命運之際／巫師們帶領大家做刺球前的祈福／「祖靈與我們同在／讓我們一同向他們祈求恩賜／祈求祖靈帶來種子供人播種繁衍子孫／願天神來到人間賜給我們豐盛的恩典」

祭司拋出第一個祭球時／整個祭場已經陷入瘋狂的歡動／拋出去的第一球是「被割下人頭的屍體」／刺中的人必須請巫師做法解運／其後的每一球都是吉球／代表健康幸運的球被刺中時滿場驚呼／代表獵物豐收的球被刺中時滿場驚呼／代表多子多孫的球被刺中時滿場驚呼／代表作物豐收的球被刺中時滿場驚呼／代表英雄勇武的球被刺中時滿場驚呼／原來是用來刺穿敵首的竹竿槍／在祭壇外的空中急速穿梭擺動著持槍者的祈望／擁擠在一起搶刺空中的命運之球／預測未來五年的吉凶與福份

刺球儀式之後所有族人一起歡唱跳舞／讓惡靈們感受族人的幸福快樂／不敢隨意帶來厄運和詛咒／祭典的酒宴在第三、四天開始／男女老少卸下五年時光和憂苦／唱著歌跳舞／跳著舞唱歌／大口大口的飲下山田小米釀製的醇酒／直到大家醉臥在星夜寂靜的山谷

老人們一直唱著平常不准唱的神曲／歌頌神的賜福和恩寵／回想先祖們的榮光／談論族群的傳說和家族的故事／直到第五天才停止歌唱

回到排灣族社的青年 Tjagarhaus ／被東方射出的強烈陽光灼醒了沉醉的眼皮／他回到頭目家去找祖父道別／祖父把他帶到椅背雕有人蛇頭像的椅子上／「你的名字就是我們聖山大武山的名字／也是 Lemej 和 Drengerh 第三個孩子的名字」／然後以異常細微又浪漫憂傷的口氣告訴他／「小時候，五年祭還沒有受到外人入侵時／你們的祖父母以優美的歌聲唱遍所有的祭歌／一齊跳舞讓整座山在歌聲舞步中搖撼／所有的男女沉醉在酒與星月的真情時光／我看見大家只留下遮蔽的衣布／裸露著上身和晃動的遮布／就像大地上毫不掩

飾的盛開花朵／我看見許多青年男女在當夜的狂歡中／成為彼此相守一生的夫妻」

祖父說完又牽著他的手／撫摸巨大的屏風木雕和室內壁雕／Tjagarhaus 的手被黏在那些雕刻紋樣上／那麼古老又遙遠的感情／傳向年輕的手和心靈深處／Tjagarhaus 驚慌的震顫著／久久不能收回已經貼在祖靈圖像上的手掌／祖父又帶著他靜靜的站在屋內立像之前／「屋內的壁雕人像和屋外的立像／一個一個都是你們的祖先／這幾天回到部落共享五年祭／也將帶來了往後的祝福與保佑／年輕人，你看到的和觸摸的不只是雕像吧？」

下山的前一晚他整夜靜臥山坡／默默的恭敬送將回到大武山和天界的神祖／他回家向祖父要了一張靠背椅子和連杯／椅背雕了一個年代久遠的祖先像／祖父緊握著他的手／交給他一串不曾看過的祖傳琉璃珠／那就是傳說中的太陽之淚吧／看著他胸前印著 coca cola 和華文的 T 恤／環視部落仰看藍天

你們一定要回到族人的聖地／你們終究要回到族人的聖地／那裡是族人生命的起點與終點／那裡充滿祖靈的祝福與土地的愛〔註151〕

祭典是原住民最從要的主體，曾貴海說：「透過原住民祭典，可以看出他們的信仰、社會結構、風俗、階級、愛情觀、人和人的關係、以及社會團結的力量在哪裡。……五年祭不只浪漫，還有很多智慧。現在五年祭時，旁邊擺上卡拉 OK，唱流行歌、台語歌、rock and roll，漢人把他們當作沒有關起來的動物園觀光，我沒辦法接受這樣的歷史發展，特別是原住民命運的發展。於是，就想到用原住民祭典為主題，寫出原住民最重要的主體。」〔註152〕〈南方山岳子民的 Maleveq〉「B」章首節從空間性摹寫切入，太陽如鎂光燈般照射在北大武山這座山林大舞台，正式揭開為期五天的五年祭展演序幕。排灣族人們在頭目及巫師帶領下，恭請祖靈 Tesmas 自北大武山下凡蒞臨；次節透過「族人在祭壇外繞成圓圈跳舞娛神／整個隊伍像排灣先祖百步蛇的身影／連環的舞影就如在地上爬行的百步蛇／族人化身為蛇的每一段寸結／彎腰前進仰頭呼喝／連續的跳動人蛇一體的舞步」藉族人妖媚迷人的人蛇一體舞姿摹寫，演繹出南方熱帶雨林的神秘語境，展現出

〔註151〕 曾貴海：〈南方山岳子民的 Maleveq〉，《神祖與土地的頌歌》，頁 33～40。
〔註152〕 莊紫蓉：《面對作家——台灣文學家訪談錄（三）》，頁 349。

排灣族祭典中的身體美學；第三、四節摹寫祭典第二天的刺球儀式裡的瘋狂歡動與獵人頭傳統象徵；第五、六節進行祭典第三、四天的酒宴摹寫，男女老少卸下五年時光和憂苦，「唱著歌跳舞／跳著舞唱歌／大口大口的飲下山田小米釀製的醇酒／直到大家醉臥在星夜寂靜的山谷」，「歌頌神的賜福和恩寵／回想先祖們的榮光／談論族群的傳說和家族的故事」，營造出天／地／人合為一體的烏托邦國度圖像，但也在「直到第五天才停止歌唱」畫下歡樂五年祭典的句點，將詩境帶回部落現實。

「B」章從第七節開始進入後半章，詩境聚焦五年祭的第五天，第七節以「回到排灣族社的青年 Tjagarhaus／被東方射出的強烈陽光灼醒了沉醉的眼皮／他回到頭目家去找祖父道別」揭開「離家與返鄉」的家園重建主題。簡銘宏說：「曾貴海意圖在『離家與返鄉』的論述框架下，為平埔族以外的原住民群重建家園。如果說在『離家的敘事，想要傳達原住民族群在歷史記憶與社會現實交錯的集體失憶、失落。那麼在『返鄉』的敘事中將實踐其理想家園的概念。因此，個人在『返家』過程中重新尋找自我和家園的定位，藉此釐清『既彼又此』認同上的混雜。」〔註153〕同樣是從東方射出的強烈陽光，此時山林舞台卻正是離愁別緒更濃，五年下凡一次的祖靈將返回大武山和天界，短暫返鄉的青年也將再別。透過祖父「異常細微又浪漫憂傷」的口吻，除揭示「你的名字就是我們聖山大武山的名字／也是 Lemej 和 Drengerh 第三個孩子的名字」，珍視血脈所流動是大武山所孕育的部落人／神之子魂體，彰顯出鮮明的土地生活空間意涵，更敘說緬懷部落傳統歷史記憶與唏噓今昔之慨；第九節作者以族群世代傳續意味濃厚的「祖父緊握著他的手／交給他一串不曾看過的祖傳琉璃珠／那就是傳說中的太陽之淚吧」與「看著他胸前印著 coca cola 和華文的 T 恤／環視部落仰看藍天」並置，營造強烈衝突反差印象，彰顯部落傳統文化不敵強勢文明侵襲的悲哀。「蘊含著祖父擔憂搬演族群主體建構的舞台逐漸崩塌。曾貴海詩中的『大武山』，猶如排灣族的『大地之母』，是繁衍增生族人世代的主體形象，也是一個被征服、被剝削的客體形象，具有主體／客體之間逆反的雙重意涵。」〔註154〕然而指出敗象並非本詩的主旨，楊翠說：「曾貴海展現了他對『悲觀性』的深刻認知，也展現了他獨特的向陽觀點；部落傳統文化確然

〔註153〕 簡銘宏：〈試探曾貴海詩中的原住民書寫〉，《台灣文學學報》18 期，2011 年6 月，頁 134。

〔註154〕 林秀蓉：〈從六堆到大武山——試論曾貴海屏東詩寫〉，《2013 屏東文學學術研討會曾貴海研究論文集》，頁 94。

已經殘破貧瘠，然而，對他而言，只要母土空間仍在，自然神靈恆存，人類就有新生的希望。」〔註155〕換言之，整首詩除了書寫部落文化如何在自然空間、自然時間座標中自我展演之外，更重要的是探問部落文化失落與重生的課題：「曾貴海以詩句勾勒出一個烏托邦；世代之間的精神傳遞、離鄉族人的歸返家園，是族群文化得以延續並且再生的關鍵。」〔註156〕於是詩之末節，透過祖父的叮嚀「你們一定要回到族人的聖地／你們終究要回到族人的聖地／那裡是族人生命的起點和終點／那裡充滿祖靈的祝福和土地的愛」，透過年輕世代的離而知返，回歸土地之愛，實現部落的重生。

二、省思強勢文明衝擊

　　戰後原住民作家族群書寫，緣自強勢文明衝擊下的自然原鄉破敗，以及族群在異域的隱形或變形。陳國偉《想像台灣——當代小說中的族群書寫》說：「對於年輕一代的原住民來說，漢人社會所展現出來的誘惑，……一步步地將他們引誘入漢人社會的大染缸中，而失去了本真，這在解嚴之後崛起的原住民文學中，也成為一個相當重要的主題。」〔註157〕魯凱作家奧威尼，身上流著舊好茶「史官」血脈，因痛苦醒悟到魯凱文化在「強勢文明侵凌弱勢原始」潮流下的逐漸消失，於是揮別待了30年的平地，於45歲回歸部落原鄉當文化解說員，並進而思考以文字記錄魯凱文化資產的可能性。〔註158〕奧威尼〈失落的家園（巴里烏）〉寫道：

　　　　只願做寄人籬下的移民

　　　　只懂得做文明工具的勞碌人

　　　　只會做出賣時間的奴僕

　　　　一代迷失心性的人〔註159〕

〔註155〕楊翠：〈怒放的刺桐花——序《神祖與土地的頌歌》〉，曾貴海：《神祖與土地的頌歌》，頁13。

〔註156〕楊翠：〈怒放的刺桐花——序《神祖與土地的頌歌》〉，曾貴海：《神祖與土地的頌歌》，頁15。

〔註157〕陳國偉：《想像台灣——當代小說中的族群書寫》，台北：五南圖書公司，2007年，頁363～364。

〔註158〕舞鶴：〈魯凱人奧威尼‧卡露斯盎〉，奧威尼‧卡露斯盎：《雲豹的傳人》，台中：晨星出版社，1996年，頁IV。

〔註159〕奧威尼‧卡露斯盎：〈失落的家園（巴里烏）〉，《雲豹的傳人》，台中：晨星出版社，1996年，頁11～12。

〈失落的家園（巴里烏）〉詩分三節，三節末句依序各爲「一代失去良心的人」、「一代失去愛心的人」、「一代迷失心性的人」，均最後聚焦「人」一字。王浩威〈番刀出鞘——台灣原住民文學〉指出：「台灣原住民的族名中，不論阿美、布農、泰雅、排灣等十一大族的任一族，這些族名在他們自己的語言意義上就是『人』這個意旨所指稱的意符。在外來的文化還沒進入以前，這種天地之間存有的自信也就是最初的尊嚴，是自己擁有自己的名。」〔註160〕台灣原住民自十六世紀開始，歷經荷蘭人、西班牙人、鄭成功、清廷、日本、國民政府等新舊統治勢力的壓迫與驅趕，猶能遺世獨立，但戰後強勢文明的入侵，卻讓原住民面臨空前傳統文化與價值的崩壞，成爲什麼樣的「人」，對失落的族群而言，是關係滅族絕種的嚴肅課題。奧威尼以「只願」、「只懂」、「只會」充滿狹隘侷限意味的強烈口吻，聚焦原住民新生代如何被都市文明吸攝，自甘投身自己變成「寄人籬下」、「文明工具」、「出賣時間」、「迷失心性」全無自主尊嚴可言的勞碌移民奴隸的可悲處境。那些悖離母親家園的族人們，淪落成爲「只願做寄人籬下的移民／只懂得做文明工具的勞碌人／只會做出賣時間的奴僕」，作者悲吟的豈止是那失落的家園而已，族人們的迷而不知返，才是更大的失落啊。所以奧威尼提起詩筆，憶寫失落的美麗部落原鄉，摹繪心中永恆的夏日百合花，奧威尼·卡露斯盎〈夏日裡的百合〉：

> 跨過重重的鴻溝／橫越層層的山脈／冒著許多人生的暴風雨／爲尋求夏日裡的百合花／／魯敏安長青的五葉松／古茶布安聳立的蒲葵樹／低呢瓦依堅韌的紅櫸木／險難的斷崖處，夏日裡飄香的百合花／／阿低細是貴族的／低妮拉尼是英雄的／碧諾拉拉卡尼是獵夫的／／夏日的百合花是那高貴的情操／猶如旭日的伯樂散〔註161〕

詩中所言「夏日裡的百合花」，指的是美麗部落山河的一切人、地、物與傳統文化精神，魯敏安（古好茶）的五葉松、古茶布安（舊好茶）的蒲葵樹、低呢瓦伊（向西方中途站）的紅櫸木，象徵貴族的阿低細（大冠鷲）羽毛、象徵英雄的低呢拉尼（小橘子）花冠、象徵獵人的畢諾拉拉卡尼（染紅的百合花），以及像旭日般的魯凱女性，這些都是奧威尼對失落的美麗部落山河的回頭一瞥。

〔註160〕王浩威：〈番刀出鞘——台灣原住民文學〉，《台灣文化的邊緣戰鬥》，台北：聯合文學出版社，1995年，頁175～176。

〔註161〕奧威尼·卡露斯盎：〈夏日裡的百合〉，《雲豹的傳人》，頁5～7。

在原住民的族群書寫裡，都市作爲最具現代性象徵的強勢文明空間，是年輕一代原住民捨離自然原鄉、悖離族群文化的陷溺場域。遠離自然山林，謀生於都市叢林，原住民的都市夢並不如想像中容易，受限於教育不高與不諳爭取權益，於是終究淪爲被剝削的勞工底層，而女性則出賣肉體淪爲玩物，同樣被異化在現代性社會中。達卡鬧・魯魯安〈好想回家〉便寫出原住民在都市被異化爲「物」的處境：

> 原住民在都市中流浪／本來就沒有太多的夢想／特殊的血液留在身
> 上／不知明天是否依然／……年輕人賺錢待在工廠／小女孩被迫壓
> 在床上／瞭解到生存並不簡單／不知道明天是否依然〔註162〕

陳國偉《想像台灣——當代小說中的族群書寫》說：「這些原住民在體驗了現代性後，反而失去了所有，原來他們在原始的生活體系裡，在他們的大自然身體中，他們能夠和祖先連結在一起，而尋找到自己的位置，獲得他們作爲一個人的資格。但是他們在進入都市後，並沒有眞正進入一個現代性的『進步』情境，反而……被異化爲『物』，成爲運作漢人社會體系、供給產能的『勞動機器』，或是提供漢人男性洩慾，只剩餘身體意義的『性愛機器』。」〔註163〕於是自然原鄉的回歸便成爲最終的救贖。

原住民投身疏離的都市，隱形或變形於異域，再回頭，失落的部落原鄉，遠逝的部落長者，模糊如烏雲籠罩的雨中河。讓阿淥・達入拉雅之〈雨中河〉：

> 昨日／你說／記得回去拿我放在工寮的頭飾／於是我回到雨中河／
> 渡過河流／而我要回頭時／你已經在我心裡橫越／然後離開了古道
> ／／今日／你說／你看平地對我們極爲有利／我前往繁華的城市／尋
> 找我們的利／而我要回頭時／你急於在找尋你的接班人／然後離開
> 了人世／／自從你離開之後的那天起／天空就已經是灰濛濛一片／河
> 中的雨仍未曾停歇／／不知你是否還記得那些日子的每天傍晚／你在
> 庭院時說過的傳說故事／然而你就像是雨中的河／我們越看越模糊
> 不清／／那麼／難道你眞的走了／我從床上醒來／鋼筋水泥外依舊尚
> 未光明／／那雨中河要到何時　烏雲才會散去〔註164〕

〔註162〕達卡鬧・魯魯安：〈好想回家〉，孫大川主編：《台灣原住民族漢語文學選集——詩歌卷》，頁 169〜171。

〔註163〕陳國偉：《想像台灣——當代小說中的族群書寫》，台北：五南圖書公司，2007年，頁 380。

〔註164〕讓阿淥・達入拉雅之：〈雨中河〉，《北大武山之巔——排灣族新詩》，頁 55。

這首詩呈顯作者身在城市塵網，卻心懷部落原鄉的心理割裂狀態，詩中藉由今日之「我」與遠逝之「你」的往昔對話回溯，讓詩之鏡頭往復穿梭今昔時空之間，心象意識忽今忽昔，忽實忽虛，時空彼此交融，呈顯部落原鄉的魂縈夢牽。遠離意味悖離，悖離部落投身城市，然則那昨日「放在工寮的頭飾」，以及「那些日子的每天傍晚 / 你在庭院時說過的傳說故事」，意味著樂土的失去，今日是「我前往繁華的城市」、「鋼筋水泥外依舊尚未光明」，呈顯原住民繁華城市夢醒之後，面對鋼筋水泥叢林，想望日益模糊的部落原鄉。詩之末二節，藉「那麼 / 難道你真的走了 / 我從床上醒來 / 鋼筋水泥外依舊尚未光明 // 那雨中河要到何時　烏雲才會散去」，摹繪出一幅喻示意味濃厚的圖像，象徵部落傳統文化的「你」已遠逝，部落原鄉那條溪流也灰濛濛一片，越看越不清楚，而「我」正從異域床上「醒來」，醒悟「鋼筋水泥外依舊尚未光明」，這心緒正如〈迷霧森林〉：「永恆的詩篇 / 靜默在迷霧的森林 / 蟄伏 / 等待 / 我們把心找回來」〔註165〕祈願雨停烏雲散去，重新把那斷裂的傳統給接續上去。

讓阿淥‧達入拉雅之〈回家的路〉質疑漢化與現代化對原民傳統文化衝擊，寫出珍視原民文化的族群覺醒意識：

> 如果不再有碎石路 / 那麼 / 還有哪一條路可以直上天際 // 如果不再有芒草的指引 / 那麼 / 我們是否還找得到回家的路 // 如果不再有吟唱的曲調 / 那麼 / 我們還會有動人的旋律嗎 // 如果不再有人曉得呼喊 / 那麼 / 明日族人還知道要如何團結嗎 // 如果不再有人搗紅藜 / 那麼 / 還會有人知曉食物的做法嗎 // 如果水泥取代石板做成了屋瓦 / 那麼 / 我們的呼吸是否還會順暢 // 如果山不再有雲霧飄渺 / 那麼 / 一路上你不會感到孤單嗎 // 山上的路沒有盡頭 / 但是回家的路只有一條 / 是通往心靈的一條碎石路 / 可以找到最真實的方向
>
> 〔註166〕

回家的路究竟是哪一條？「讓阿淥‧達入拉雅之身繫族群與部落的光榮傳統，但面對漢人社會與現代化的衝擊，除了繼續在自己的國度流浪、唱別人的歌、

〔註165〕讓阿淥‧達入拉雅之：〈迷霧森林〉，《北大武山之巔——排灣族新詩》，頁66
～67。

〔註166〕讓阿淥‧達入拉雅之：〈回家的路〉，《北大武山之巔——排灣族新詩》，頁49
～51。

過著別人的生活之外，該如何取回自己的主體性與發言權，重返榮耀，成爲原住民族群新世紀的重要課題。」〔註167〕讓阿淥說：只有碎石路可以直上天際；只有芒草的指引可以找到回家的路；只有吟唱的曲調才是動人的旋律；只有曉得呼喊才知道如何團結；只有搗過紅藜才知曉食物的作法；只有石板做成的屋瓦呼吸才會順暢。作者從物理空間的原始碎石、芒草空間，到文化空間的吟唱、呼喊，乃至飲食住屋空間的紅藜、石板屋，透過一層又一層的堆疊，構築出他心靈中的一條回家的路。

　　被異化的原民一代，正如同衣袍已被縫上不屬於自己的圖騰，撒伐楚古〈戲袍〉寫道：

> 類似　尚在襁褓時候吧 / 又迴盪的記憶　是當時擺盪著的我的搖籃 / 耳際悠悠飄來的吟詠 / 孩兒啊　母親爲你織一條長長的布 / 它　將會是你茁壯後的衣袍 // 多年之後的破曉前吧 / 母親　替我披上了那件袍子 / 仔細地打量觸摸時 / 袍子已綴上了美麗的圖案 // 母親說　那是遠古以來世世代代傳述祖先們敬畏天地 / 也苦戀著萬物的故事 / 也記錄了歷代先民堅守著地域臨界的傳奇 / 當然　布的經緯線上也細密地刻畫了母親育我的心情 // 也許那將是我永遠無法去解讀的心情 / 只因自己忠實地遺傳了祖先強壯的體魄 / 並且有一顆熾熱衝動和年輕所組合而成的生命力 / 披上了衣袍　猶記　耳畔傳來母親已在遠處的叮嚀和喃喃自語 / 終至　逐漸模糊 / 從此　就這樣告別了寧靜的山谷 // 獵場上 / 揮動著獵刀 / 袍子隨著飛快的身手　也在那般地遼闊起舞 // 直到有一天 / 喘息之間　從山谷中傳來間歇的嗚咽 / 那是呼喚　那是哀號　定神之後　又跌落在山谷早已荒蕪的驚駭 / 枯槁的獵場　空泛地像極了一座死寂的疆域 / 強烈的驚駭　一次又一次地重擊在那早已老邁的胸膛 / 羞愧地低著頭　蜷縮著佝僂的軀殼 / 驚嚇的眼神　穿透明鏡似的淚眶窺視著自己 / 污穢的油漬夾雜著塵垢　黏膩著附著在衣袍 / 美麗的圖案　模糊也蝕化了那可是被褻瀆的祖先容顏 / 經緯線上　森冷地硬生生地被縫上了不屬於我的圖騰 / 衣袍裡 / 尚裹著遊絲般微弱的殘喘　枯瘦的臂隻　乾癟的腳踝 / 尷尬地裸露在衣袍破敗的缺角　還含羞帶怯呢 // 鈍挫地像是廢鐵

道具的獵刀架盛了長矛 / 昭告了它的頹敗 / 鷹羽 世代武士的象徵

/ 隨風依然還在飄盪 / 只是 那樣的擺盪 / 恰似已被遺棄的戰旗 /

幽魂似地 正控訴著自己何以仍在飄搖 / 而伴著它的 / 竟是戰慄的

啜泣和永無止境的黑夜〔註 168〕

〈戲袍〉透過原住民傳統衣袍為主要敘述軸線，既是勾畫作者個人生命歷程的回憶錄，更是側面凸顯部落文化失落的懺悔錄。整首詩採順時筆序，帶出「衣袍」在作者「尚在襁褓時候」、「多年之後的破曉前」、「熾熱衝動和年輕」，乃至「老邁的胸膛」人生不同階段裡的面貌與意義。在襁褓時期，衣袍意味母愛，悠悠耳際的吟詠，融合母親一邊織布一邊推動搖籃，擺盪成歲月裡迴盪的記憶；多年之後，衣袍上的美麗圖案，經緯著母愛與族群之愛，卻是年少無法去解讀的心情；年輕時候，衣袍意味征袍，遺傳強壯熾熱與衝動的年輕生命力，告別寧靜的山谷。詩之末二節，作者勾畫出一幅部落毀敗之象，黑夜的荒蕪山谷、死寂獵場迴盪著「嗚咽」、「呼喚」與「哀號」，一位身軀「枯瘦」、「乾癟」的老邁原住民，「驚駭」、「羞愧」的俯視著身上已油漬塵垢附著、圖案模糊蝕化的衣袍，一旁獵刀架上長矛已鈍，鷹羽如幽魂般隨風飄搖，書寫出被異化的原民一代的徬徨與失落。

伊誕・巴瓦瓦隆〈我是誰〉則道出被異化只剩軀殼的原民一代的憂傷與期許：

夕陽彎彎 / 照在那山那水 和那些淡淡的軀魂 / 殼子如我被照其間

// 我要再甦醒 / 接納 認同 肯定 / 在彎彎的路上找盼望〔註 169〕

〈我是誰〉簡短小詩分兩節進行，首節以夕陽之景比興，美好的原住民傳統文化，正如同那黃昏餘暉，照映在熟悉的「那山那水和那些淡淡的軀魂」，絕美但轉瞬將逝，詩句中借景抒情，婉轉呈現族群命運走入黃昏的傷逝感懷；次節語境轉折，以「我要再甦醒」化傷懷為期許，從「我是誰」這個核心命題出發，去尋索「接納 認同 肯定」，即便原住民族群認同之路，本就崎嶇顛躓，但只要心中有盼望的火種，接納、認同、肯定之路，便終可達致。於是伊誕・巴瓦瓦隆〈尋根〉寫道：

〔註 168〕撒伐楚古：〈戲袍〉，孫大川主編：《台灣原住民族漢語文學選集——詩歌卷》，頁 161～164。

〔註 169〕伊誕・巴瓦瓦隆：〈我是誰〉，《靈鳥又風吹——伊誕的畫與詩》，屏東：行政院原住民委員會文化園區管理局，2010 年，頁 45。

　　這是崎嶇漫長的路／我佇立其間／像一隻歸回原始繭蛹的蝶／找尋
　　起初的神祕花羽／／這是一處高山幽谷／我孤身邁進／通往親覓土地
　　的美麗傳說／找回心愛的神聖記憶〔註170〕

接納、認同、肯定的原民文化尋根，本就是條踽踽獨行的崎嶇漫長之路，當
大部分的山地青年不自覺的向都市流動成異化的新一代的時候，伊誕選擇回
歸原始初出之高山幽谷，如蝶一般找尋生命繭蛹的神祕來處，將原住民神話
傳說傳統文化找回。

　　曾貴海〈延遲到訪的歷史〉則寫出失落的原民一代的徬徨：

　　某個幽靜得連空氣都會掉落的清晨歷史到竹林的／小屋探訪我他帶
　　來了一串台灣特有種的百合／盛開的花瓣仍殘留了魯凱族女神族留
　　下的芬芳／／……／／「妳們很少真實的記錄上岸者的歷史真相／一波
　　又一波豪暴的風雨落向沉溺的原住民族／掠奪者和妳們共同奪藏了
　　他們的心／割棄了他們母語的舌頭／監禁了他們的祖靈／獵殺了他
　　們土地上的百步蛇先祖／他們到現在仍然徬徨的尋找所有的失落」
〔註171〕

曾貴海散文〈高屏溪的夜晚獨白〉曾如此寫道原住民族群：「從玉山流到出海
口，一共有一百七十一公里的路程，我一面流一面聽河岸人民的談話聲，發
現有五種以上的族群住在岸邊；布農族和曹族，魯凱和排灣住在山區，那些
純樸無辜的原住民，令我無限同情，他們與我的互愛，代代不變。從他們的
遠祖開始，我看著他們一代一代遺傳下來，每個男女都曾赤裸沐浴在我的血
液裡，沒想到近年來卻將面臨滅族的惡夢。你說人間公平嗎？」〔註172〕〈延
遲到訪的歷史〉長詩透過第一人稱「我」與「您」（歷史）的對話，嘗試尋思
浪濤上島嶼歷史真貌，詩之第九節聚焦原住民族群，「歷史」以先知口吻，指
出島嶼的身世從來都被掠奪者以虛構的文字所掩蓋隱藏，上岸者的歷史真相
很少被真實記錄，原住民族群的「沉溺」、「失落」現況，來自掠奪者與「你
們」（作者）一連串的共謀，從「奪藏了他們的心」，到「割棄了他們母語的
舌頭」，乃至「監禁了他們的祖靈」，甚至「獵殺了他們土地上的百步蛇先祖」，
為了企圖從內心、母語、祖靈信仰、百步蛇圖騰文化這些根源處，將原住民

〔註170〕伊誕・巴瓦瓦隆：〈尋根〉，《靈鳥又風吹——伊誕的畫與詩》，頁32。
〔註171〕曾貴海：〈延遲到訪的歷史〉，《浪濤上的島國》，頁86。
〔註172〕曾貴海：〈高屏溪的夜晚獨白〉，《留下一片森林》，台中：晨星出版社，2001
　　　　年，頁62〜63。

族群從歷史的一頁隱形乃至消失。作者透過「歷史」的口吻，指出救贖族群陷溺失落之道是「妳們必須一點一滴一字一句一代一代的寫下去」，透過語言文字接續母語的舌頭，釋放心靈中被監禁的祖靈，重新摹繪土地的百步蛇圖像，讓百合花永遠飄香太平洋的浪花上。於是，作者詩筆終於聚焦到母親語言的傳承，才是族群命脈延續的核心所在。

第三節　閩南族群書寫

　　閩南族群，又稱河洛人或台灣人。閩南族群語言，稱閩南語、河洛語或台語。台語，從廣義而言，包括所有台灣各族群語言在內，如閩南語、客語與原住民語言；狹義的台語的指閩南語。如前所述，族群書寫並不必然意味母語書寫，但以母語書寫卻是族群書寫的重要語言策略，如同客家作者進行客語書寫、原住民作家進行原住民語書寫，透過母語使用乘載族群文化內涵。閩南族群進行台語書寫，其內容偏重本地的歷史回顧與鄉土關懷，所欲彰顯的不只是閩南族群之愛，而是整個台灣島嶼的國族之愛，而這也正是閩南語詩的特色，以及為何又稱台語詩的關鍵。以下就從「歷史回顧」、「鄉土關懷」這兩大主題，探討台灣戰後屏東閩南族群作家現代詩中的族群書寫。

一、歷史回顧

　　「歷史回顧」是戰後屏東閩南族群作家族群書寫的重要主題之一，而土地認同與國族之愛，則是「歷史回顧」主題的核心內涵，長年旅居生活日本異鄉的沙卡布拉揚，以〈阮的祖國〉書寫出長懷台灣祖國的土地情懷：

> 台灣呵──阮的祖國！／雖然阮猶更咧浪跡佇天涯海角／假使汝若
> 有大困難的一工／需要著阮逐個的熱血／熱血即刻奉獻予汝！／需
> 要著阮逐個的硬骨／硬骨即刻奉獻予汝！／安呢阮著有從來無的歡
> 喜與安慰／會當為著汝來結束著阮的流浪／阮逐個的熱血含骨灰／
> 唔是會滋養著咱綠色的大地！／阮的祖國呵──／阮的大地呵──
> ／台灣！／台灣呵──阮的祖國〔註173〕

〔註173〕沙卡布拉揚：〈阮的祖國〉，李勤岸等著：《台灣詩神》（番薯詩刊7），台北：台笠，1996年，頁172～173。

沙卡布拉揚（A.D.Sakabulajo），一個長期被臺灣文學界忽視的名字，不過在台語文學界、沙卡多年來堅持以台語文創作，也讓他得以透過書寫表達自己的理念與想法。〔註174〕其〈阮的祖國〉以樸素的閩南語，寫出天涯遊子的他，隨時願意在祖國台灣有任何困難時，以硬骨、熱血與骨灰，奉獻祖國、滋養綠色台灣大地，詩末反覆詠嘆「阮的祖國呵──／阮的大地呵──／台灣！／台灣呵──阮的祖國」，流瀉濃厚土地之愛。

　　身體裡流著平埔、河洛、客家血脈的曾貴海，藉〈渡鳥〉回溯先民渡台歷史，對照台灣現況，呈顯島嶼之愛：

> 赤跤 e 祖先伶三百外年前／沿路閃過死亡 e 追殺／Ka 運命交予一個叫台灣 e 島國／／2009 春天／有人偷偷仔 ka 我問講台灣敢 koh 會蹛得／伊準備欲搬徙去別人起造 e 國家／／我看著伊目睭內 e 鳥仔影／咱祖先來到台灣無偌久／心內想 kong ／這應該是咱永遠 e 家園／免 koh 再流浪 e 福地／／攑頭看著一隻鳥仔／無聲無說射去海面／伊 e 叫聲消失伶空中／這敢是運命永遠無法度解脫 e 旅途〔註175〕

〈渡鳥〉選錄自曾貴海台語詩集《畫面》（2011），對於自己台語詩創作動機，曾貴海自剖：「在有些場合，不少民眾曾向我提出內心的不安與恐懼……而提出這些疑惑的人，大多數使用 HoIo 台語，這也是我以 HoIo 台語作為書寫符號，生產文本的原因之一。同時，我也試圖運用 HoIo 台語生產具有藝術美學的作品，那也是我生命中的部分景色。」〔註176〕文中明確指出，嘗試透過具藝術美學之台語詩創作，反映當代台灣人的內心的多重鏡像，以及呈現自己福佬血統這一塊生命中的部分景色。

　　此詩以〈渡鳥〉命題，喻寫台灣人在歷史裡，如同鳥一般的飄泊宿命。〈渡鳥〉詩分四節，首節下筆簡要，但寓意深沉，作者以「赤跤」、「閃過死亡 e 追殺」，回溯三百多年前，先民用窮困、險難、運命搏鬥，譜寫成的渡台歷史，呈顯島嶼台灣之愛；次節將時空切入「2009 春天」，有人偷偷告訴作者，準備搬徙他國，藉以側面凸顯 2008 年二次政黨輪替後，社會瀰漫著的不安定氛圍；

〔註174〕黃文車：〈大母山的孤鷹──沙卡布拉揚台語詩中的地方記憶〉，《2014 第四屆屏東文學學術研討會文學地景與地方書寫》，國立屏東大學，2014 年，頁174。

〔註175〕曾貴海：〈渡鳥〉，《畫面》，高雄：春暉出版社，2009 年，頁 61〜62。

〔註176〕曾貴海：《畫面》，頁 123。

第三節透過眼前實像「伊目睭內 e 鳥仔影」與心中虛像「咱祖先來到台灣無偌久／心內想 kong／這應該是咱永遠 e 家園／免 koh 再流浪 e 福地」對照，昔日祖先用血汗所求取的家園福地，而今渡鳥卻必須離棄；末節以實寫虛，透過「攑頭看著一隻鳥仔／無聲無說射去海面／伊 e 叫聲消失佇空中」，沉重詰問難道台灣人永遠無法擺脫流浪的命運？

　　同樣是回溯歷史與對照現況，李敏勇〈如果你問起〉寫道：「如果你問起／島嶼台灣的過去／我會佮你講／血俗目屎滴落佇歷史的腳跡／／如果你問起／島嶼台灣的現在／我會佮你講／腐敗的權力正對著心靈破壞」〔註177〕簡要卻鮮明地以「血俗目屎」與「腐敗的權力」勾畫對照出台灣島嶼今昔的歷史命運，〈殖民地囝仔〉則工筆細摹，透過家族祖孫四代生年，帶出島嶼台灣的歷史命運血淚：

> 阿公是殖民地的囝仔／／一八九五年／日本兵打開島嶼的鎖匙／從北台灣登陸／阿公佇島嶼的南邊／用哭聲開展人生／／殖民帝國的太陽旗／高高掛佇天頂／燈塔佇暗暝爲夜航的船隻照路／嘛爲帝國南進提示方向

> 阿爸是殖民地的囝仔／／一九一八年／明石總督入來統治台灣／噍吧年事件的尾聲猶未送／北難的受刑人在哭／爸爸出世的時陣印著陰影／／威爾遜的自決宣言掀開／獨立運動的世界史／咱的島嶼佇風雨中捲入去／太平洋戰爭的槍砲聲

> 我是殖民地的囝仔／／一九四七年／中國來的佔領軍／佇島嶼刻劃血跡／破碎的心被包佇歷史的紗布內面／死滅的靈魂升上天／佇高高的所在看我的新生命／白色的日頭旗／佇島嶼刻劃戒嚴的風景／綠色樹仔俗草未當生長／咱打拼突破壓制的牆仔俗籬笆

> 我的囝仔嘛是殖民地的囝仔／／一九七九年／港都美麗島事件大擄人／搜查每一吋的土地／民主運動的鑼聲擱再響起／佇家己的島嶼／我後代的小生命打開目睭／／綠色旗佇島嶼對抗白色日頭旗／紅色旗佇遠遠的彼邊／有人躊躇有人意志堅強／爲著脫離殖民地的歷史譜曲唱歌／不要做殖民地的囝仔

〔註177〕李敏勇：〈如果你問起〉，《美麗島詩歌──通行台語詩集》，台北：玉山社，2012 年，頁 19～20。

> 我的囝仔欲爲囝仔／結束殖民地的歷史／爲咱島嶼的獨立唱謳咾歡
> 喜的歌／佇新的世紀／獨立的囝仔一代傳一代／／我要爲我的囝仔的
> 囝仔／打開新的歷史／佇家己的島嶼自由思想／佇家己的島嶼自由
> 成長／沒驚惶充滿希望〔註178〕

〈殖民地囝仔〉選自李敏勇《美麗島詩歌──通行台語詩集》（2012）輯一「島嶼心境」，集中所錄十首詩，從〈心聲〉：「我只歌頌土地／如果我只會當愛一個對象／就是妳／──咱的島嶼」〔註179〕、〈如果你問起〉：「島嶼台灣的身世／深深印佇心內」〔註180〕、〈這一工，咱來種樹仔〉：「這一工／咱來種樹仔／每一個人／佇咱的土地／佇自己的心內」〔註181〕、〈國家〉：「我的國家／只藏佇我心內／／無鐵絲網／無警戒兵／／用樹葉編織的旗仔／飄動佇風中／／⋯⋯有鳥仔的歌唱佇樹林仔內底／對著風的節奏回應大自然的呼吸」〔註182〕、〈看一隻鳥仔〉：「伊的島嶼安安靜靜／只有風的聲音吹動草葉／伊的世界眞大／一枝草佇伊心目中是一欉樹」〔註183〕、〈佇悲傷中，愛佮希望的歌〉：「我看過留在學校牆仔壁的槍孔／記憶寫佇紅磚仔面」〔註184〕書寫島嶼過去殖民歷史傷痛，嚮往如鳥般飛出自由的天空，其中尤以〈殖民地囝仔〉所進行歷史回顧，最是具詩史之格局。〈殖民地囝仔〉從政治層面切入回顧台灣歷史，將個人家族譜系與台灣歷史裡的幾個重大轉折扣緊，凸顯大時代造化裡的小人物命運。於是，阿公是1895年日本殖民帝國始政的殖民地囝仔；1915年噍吧年事件發生，1918年阿爸在死難受刑人的哭聲中誕生，太平洋戰爭的槍砲聲轟隆不絕；出生於1947年的作者，在類殖民威權時代望眼盡是戒嚴風景；當1979年美麗島事件引爆民主運動時，作者的兒子也在此時來到世間；而今在被殖民四代之後，作者決心「要爲我的囝仔的囝仔／打開新的歷史」，建造一個免於驚惶，可以自由思想、成長的希望島嶼。

　　利玉芳〈海島〉撫今追昔，書寫族群歷史記憶：

〔註178〕李敏勇：〈殖民地囝仔〉，《美麗島詩歌──通行台語詩集》，頁28～32。
〔註179〕李敏勇：〈心聲〉，《美麗島詩歌──通行台語詩集》，頁28～32。
〔註180〕李敏勇：〈如果你問起〉，《美麗島詩歌──通行台語詩集》，頁21。
〔註181〕李敏勇：〈這一工，咱來種樹仔〉，《美麗島詩歌──通行台語詩集》，頁26～27。
〔註182〕李敏勇：〈國家〉，《美麗島詩歌──通行台語詩集》，頁22～24。
〔註183〕李敏勇：〈看一隻鳥仔〉，《美麗島詩歌──通行台語詩集》，頁33～34。
〔註184〕李敏勇：〈佇悲傷中，愛佮希望的歌〉，《美麗島詩歌──通行台語詩集》，頁35。

媽祖踮置鐵線橋／橋邊 e 赤查某 a 咸豐草／細蕊仔細蕊開白花／／清
朝文人郁永河／撐筏仔靠岸／台灣留詩篇／／昭和草淡 ga 滿四界／
廟前鋤掉／廟後生／／媽祖宮／層層疊疊三世紀／得著神州賞賜一塊
匾額／／神光海島／匾仔字斑斑駁駁／變古蹟／神若蹄佇古蹟內／海
島 e 光永遠袂落漆〔註185〕

利玉芳台語詩〈海島〉選錄自《夢會轉彎》（2001）主題五「台灣海島 e 光永
遠袂落漆」，生長於南部內埔客家農村的利玉芳，十九歲遠嫁台南新營當福佬
媳婦，故除創作華語詩，亦創作客語詩與台語詩，她說：「台語和客語，這是
我生活中溝通的常用語言，是父母的話，自然也選擇了容易表達的語言來自
我創作。」〔註186〕利玉芳台語詩作雖不多，但面向卻寬闊，有自然書寫（如：
〈手掌大 e 雲朵〉〔註187〕），有南方書寫（如：〈南方 e 秋天〉〔註188〕、〈夢
會轉彎〉〔註189〕），有生態環保關懷詩（如：〈水筆仔〉〔註190〕），均流瀉出
濃濃的台灣之愛。

〈海島〉書寫台灣這個海島的歷史記憶。詩分五節，首節透過咸豐草白
花盛放鐵橋邊媽祖廟前後此一現實物理空間場域的摹寫，讓空間中的歷史記
憶與記憶中的歷史空間疊合為一，詩境呈現強烈衝突印象；次節進入歷史空
間裡的台灣記憶與想像，作者想像著清朝詩人郁永河撐著小筏靠岸，吸攝於
眼前美景而留下《裨海紀遊》；末三節將詩之時空鏡頭挪回眼前，透過視覺的
逡巡，讓詩之鏡頭從蔓生的咸豐草，到廟裡斑駁匾額，整首詩的時空穿梭於
今昔之間，透過對照，凸顯出台灣島嶼的歷史身世。媽祖從清代以來便是台
灣這個海島居民的守護神，然而曾幾何時，這海島成了日本殖民地，媽祖宮
廟前廟後遍佈的昭和草，正是日本殖民時代的見證，日本時代雖已結束，代
表日本殖民意象的昭和草，卻仍是「廟前鋤掉／廟後生」，落地生根在台灣這
塊土地上。

〔註185〕利玉芳：〈海島〉，《夢會轉彎》，頁 120。

〔註186〕利玉芳：〈自序〉，《夢會轉彎》，頁 7。

〔註187〕利玉芳：〈手掌大 e 雲朵〉，《夢會轉彎》，頁 113。

〔註188〕利玉芳：〈南方大 e 秋天〉，《夢會轉彎》，頁 118～119。

〔註189〕利玉芳：〈夢會轉彎〉，《夢會轉彎》，頁 123。

〔註190〕利玉芳：〈水筆仔〉，《淡飲洛神花茶的早晨》，頁 109～110。

二、鄉土關懷

　　恆春作家黃明峯詩作往往流瀉濃厚的鄉土關懷之情。其第一本詩集《自我介紹》（2003）輯四「落山風若到恆春城」以十五首台語詩書寫家鄉恆春，透過人、地、事與物的摹寫，形塑記憶與想像中的鄉土恆春。例如，〈歌詩代代湠──致陳達老阿伯〉紀念民俗音樂家陳達：

> 今夜天星鬧滾滾／月娘家己照地光／隨口唱出思想枝／唱出汝作分歌詩／／歌聲浮動若海湧／月琴哀淒訴悲情／平埔調、五孔小調、牛尾絆亦有四季春／一首一首攏是汝蓮花化身分詩文〔註191〕

陳達與〈思想枝〉，是恆春重要人文地景記憶。黃明峯〈歌詩代代湠──致陳達老阿伯〉除以台語詩致敬陳達，更也具鄉土關懷內涵。詩分兩節，首節以視聽覺想像營造出時空情境，以高遠視角由仰而俯切入，詩之鏡頭從星輝熠耀當空，隨月華之光照，低俯挪移至地面，最後聚焦特寫「汝」（陳達），並由視覺摹寫切換爲聽覺摹寫，藉月下人物特寫，帶出〈思想枝〉歌詩之娓娓唱出；次節進行聽覺摹寫，將平埔調、五孔小調、牛尾絆、四季春等，一首接續一首無實體的「歌聲浮動」，轉化爲具象之「海湧」，賦予「月琴哀淒訴悲情」以湧動海浪之鮮明意象。於是恆春自然地景中的湧動海浪，被作者藉由詩歌巧妙疊映至陳達滄桑月琴歌詩中，空間地景、鄉土人物、傳統人文藝術，以及〈思想枝〉中的族群歷史記憶，層次豐富的融合爲一，形塑出恆春地景中的豐厚底蘊。

　　同樣是書寫陳達，黃明峯〈風聲──陳達之歌〉嘗試更細膩摹繪陳達歌詩中的歷史滄桑感：

> 風／對海吹來一首歌／歌聲是暮色的哭調啊／月琴對咧抽痛／寂寞的月娘照著古城／照著你／若海湧浮沉的人生／／人生眞笑詼／不時創治你／予你散赤歹過日／抑予你傳唱民謠作國寶／文化雄雄跳起來拍噗仔／順紲踢你一下／輾落去故鄉／／你的正目青盲／猶原繼續走唱／你的左目有光／閃過／看沒清楚是青春的面貌／抑是時間的無情／／世界凌治你／你笑笑啊／哺一口檳榔／唱出思想枝／／──思啊 想啊 枝……／／瓊麻有刺歸片山／雨絲綿綿四界散／一片秋色飄落地／風聲纏綿心肝底／／思啊 想啊 枝……／燈光青青人稀微／孤

〔註191〕黃明峯：〈歌詩代代湠──致陳達老阿伯〉，《自我介紹》，高雄：春暉出版社，2003 年，頁 80。

單形影月光暝　/ 走踏江湖這濟年　/ 人生滋味鹹酸甜　// 思啊　想啊

枝……〔註192〕

詩分八節，前四節特寫陳達，進行人物摹寫，首節由「風　/ 對海吹來一首
歌」切入，透過「暮色哭調」、「月琴抽痛」、「寂寞月娘」、「古城」等元素
的組合，摹繪陳達歌聲；次三節以「人生真笑詼　/ 不時創治你」與「你笑
笑啊　/ 唅一口檳榔　/ 唱出思想枝──」鮮活地呈顯出陳達笑看坎坷人生所
淬煉成的文化國寶地位；後四節先聚焦〈思想枝〉，透過歌謠「雨絲」、「秋
色」、「風聲」等唱詞，將詩境帶回恆春瓊麻整片山的昔日情境，詩末再次
聚焦特寫人物，藉「燈光青青人稀微　/ 孤單形影月光暝」映襯出陳達的一
生蒼涼。

　　〈孤單兮人影──懷念阿嬤〉則是透過懷念阿嬤，書寫出傳統生活的凋
零：

黃昏兮時陣　/ 鬧隆隆兮門口埕已經失去囡仔陣兮笑聲　/ 干單看著一

兮翹疴兮人影　/ 愈走愈遠愈消瘦〔註193〕

整首詩簡短四句，既記憶書寫懷念已過世阿嬤身影，更寓寄傳統鄉間閩南聚
落的走入凋零之景。昔日充滿孩童笑聲的門口埕，在象徵凋零的黃昏暮色中，
顯得更加空曠。作者讓高遠（上──下空間）、深遠（前──後空間）、平遠
（近──遠空間）三個視角依序出現，讓詩之鏡頭，從上景（黃昏日暮）俯
移至下景（門口埕），再由前景（門口埕）挪移並聚焦特寫後景（阿嬤），鏡
頭再由近景（阿嬤翹疴人影）隨詩句「愈走愈遠愈消瘦」而拉遠拉大，最終
將詩之畫面還原回復給暮色黃昏，蒼茫感逐盈滿詩境。傳統文化的凋零遺落，
正如同阿嬤越走越遠的翹疴身影，但未來新景卻也正如同那早已失去孩童們
笑聲的門口埕，空蕩蕩、鬧隆隆的擁抱著暮色的最後餘暉，詩境透顯作者寓
寄鄉土關懷於鄉間人物素描之深意。

　　人物素描是台語詩中書寫族群的重要切入點，食物則是另一個呈現族群
的切入題材。黃明峯〈冬粉鴨〉寫出族群記憶裡的兄弟情誼：

雲罩天星　/ 下大雨彼暝　/ 汝，佇下班，抑未休款　/ 就去買一碗冬粉

鴨　/ 叫阮趁燒食　// 看到汝澹漉漉兮外裳　/ 茫霧兮目鏡　/ 抑有這碗燒

〔註192〕黃明峯：〈風聲──陳達之歌〉，《色水・形影・落山風的聲──黃明峯台語詩
　　　　集》，屏東：屏東縣政府文化處，2014 年，頁 72～75。
〔註193〕黃明峯：〈孤單兮人影──懷念阿嬤〉，《自我介紹》，頁 86。

　　燒兮冬粉鴨／心內眞酸痛／／冬粉鴨，雖然內底只有兩塊肉／食起是
　　眞芳／冬粉鴨，結作歸芫兮冬粉／是汝阮兄弟兮情份／／燒燒兮冬粉
　　鴨／燒燒阮心肝／毋驚一葩青燈照孤影〔註194〕

詩分四節，首節以「雲罩天星／下大雨彼暝」進入記憶書寫，作者憶寫兄長
甫下班便顧不得休息，買了碗冬粉鴨要作者趁熱吃的往事；次節既寫人也寫
食物，透過兄長「澹漉漉兮外裳／茫霧兮目鏡」與「這碗燒燒兮冬粉鴨」的
對照疊合，凸顯兄弟情誼深厚；第三節先聚焦特寫冬粉鴨，以「冬粉鴨，雖
然內底只有兩塊肉／食起是眞芳」呈顯地方庶民美食的簡樸特質，而「冬粉
鴨，結作歸芫兮冬粉／是汝阮兄弟兮情份」則以物寫情，結成一團的冬粉，
正如同兄弟情感的凝聚；詩末透過「燒燒兮冬粉鴨／燒燒阮心肝／毋驚一葩
青燈照孤影」呈顯出一碗熱熱冬粉鴨所蘊含的兄長情誼，既暖熱了作者的內
心，更成爲面對未來挑戰的體內熱能。這種熱能正如同〈阿兄〉：「無聲無説
的山頭／抵抗／無情無義的風颱」〔註195〕一般，在生命時間裡巍然成一座抵
擋風雨的山。於是，「兄弟的情意透過『燒燒兮的冬粉鴨』，便已在不言中熱
絡交融。」〔註196〕黃明峯透過台語書寫「冬粉鴨」此一地方庶民美食，呈顯
出故鄉食物依戀中的兄弟情成分。

　　〈思念——滿州港口茶〉則以茶味凸顯地方味：

　　只有這款味／才是灣尾的個性／／曝日頭大漢／喝海風勇壯／在地的
　　氣魄／遐爾純／／遐爾芳／因爲用意志炒焦寂寞的時間／遐爾回甘／
　　因爲家鄉的記持／佇喙內杳杳仔淡／佇心內溫溫仔散／／海角的遊子
　　／請來喝一杯港口茶／化解年久月深／天邊的思念〔註197〕

〈思念——滿州港口茶〉選錄自黃明峯《色水‧形影‧落山風的聲——黃
明峯台語詩集》（2014）卷三「落山風的聲」，這本詩集是黃明峯繼華語詩
集《自我介紹》（2003）睽隔十一年之後所出版台語詩集。詩集分四卷，卷
一「色水」觀畫詩十首，捕捉屏東畫家畫作之美〔註198〕；卷二「形影」人

〔註194〕黃明峯：〈冬粉鴨〉，《自我介紹》，頁87～88。
〔註195〕黃明峯：〈阿兄〉，《色水‧形影‧落山風的聲——黃明峯台語詩集》，頁154。
〔註196〕林于弘：《台灣新詩分類學》，頁233。
〔註197〕黃明峯：〈思念——滿州港口茶〉，《色水‧形影‧落山風的聲——黃明峯台語
　　　　詩集》，頁120。
〔註198〕「色水」書寫對象包括：莊世和、沈國仁、何文杞、陳國展、高業榮、林順
　　　　雄、蕭志浩等屏東畫家畫作。

物素描十首，以詩致敬屏東藝術家〔註199〕；卷三「落山風的聲」十首詩書寫屏東人、事、物、地、景，例如〈南方之南〉〔註200〕詩寫李敏勇詩〈日頭的故鄉〉讀後感；〈虛線的所在〉〔註201〕書寫阿塱壹古道；〈歌開始的所在〉〔註202〕詩寫泰武國小古謠傳唱隊；〈恆春四季頌〉〔註203〕詩寫家鄉四季風情；〈落山風的聲〉〔註204〕書寫對家鄉土地的記憶與想像；〈讀冊〉〔註205〕詩寫台灣最南端的小學——墾丁國小鵝鑾鼻分校；〈跤印〉〔註206〕詩寫牡丹東源水上草原及回鄉服務的青年；〈疼惜〉〔註207〕書寫林邊新印象；〈思念〉〔註208〕書寫滿州港口茶；〈滋味〉〔註209〕書寫恆春農產蔥仔、檨仔、檸檬、蓮霧與鳳梨。卷四「故鄉戀情」以五十首簡短精妙的三行詩，內容除抒發人生況味，更以〈故鄉戀情 十首〉將出火、落山風、大武山、大尖山、關山黃昏、水雞石、風吹砂、滿州花海、四重溪溫泉等屏東地景風情納入詩筆之中。詩集〈後記——感謝再感謝〉寫道：「我欲感謝佇明峯生命中出入的人，因為恁，我的生活才有豐富迷人的色水；我欲感謝為台灣奮鬥的人，因為恁的形影，予台灣徛佇世界袂輸人；我欲感謝故鄉這

〔註199〕「形影」書寫對象包括：足畫家廖瑞金、民俗音樂家陳達、布袋戲藝師陳正義，和攝影家劉安明、李秀雲與林慶雲、古珠藝術家施秀菊，以及作家陳冠學與李敏勇。

〔註200〕黃明峯：〈南方之南〉，《色水·形影·落山風的聲——黃明峯台語詩集》，頁100～101。

〔註201〕黃明峯：〈虛線的所在〉，《色水·形影·落山風的聲——黃明峯台語詩集》，頁102～103。

〔註202〕黃明峯：〈歌開始的所在〉，《色水·形影·落山風的聲——黃明峯台語詩集》，頁104～105。

〔註203〕黃明峯：〈恆春四季頌〉，《色水·形影·落山風的聲——黃明峯台語詩集》，頁106～107。

〔註204〕黃明峯：〈落山風的聲〉，《色水·形影·落山風的聲——黃明峯台語詩集》，頁110～111。此詩原名〈落山風若到恆春城〉，原收錄於《自我介紹》，頁84～85。

〔註205〕黃明峯：〈讀冊〉，《色水·形影·落山風的聲——黃明峯台語詩集》，頁112～113。

〔註206〕黃明峯：〈跤印〉，《色水·形影·落山風的聲——黃明峯台語詩集》，頁114。

〔註207〕黃明峯：〈疼惜〉，《色水·形影·落山風的聲——黃明峯台語詩集》，頁116～117。

〔註208〕黃明峯：〈思念〉，《色水·形影·落山風的聲——黃明峯台語詩集》，頁120。

〔註209〕黃明峯：〈滋味〉，《色水·形影·落山風的聲——黃明峯台語詩集》，頁122～123。

片土地，毋管我佇佗位打拚，攏袂感覺孤單，因為，我的心內，隨時攏有，落山風的聲。」〔註210〕〈思念——滿州港口茶〉以滿州港口茶入題，作者意在以茶味凸顯地方味，藉「曝日頭大漢」、「喝海風勇壯」、「用意至炒焦寂寞的時間」摹寫茶味中所呈顯的「台灣尾的個性」，側面凸顯並形塑家鄉恆春地方族群特性。

第四節　外省族群書寫

離散（diaspora）源自希臘字根 diasperien，dia 是「跨越」，而 sperien 則是「散播種子」的意思。台灣戰後屏東現代詩作家的外省族群書寫，是離散、鄉愁，以及情感認同的體現。

一、時代離散

離散，是外省族群的印記與創傷。上海出生，卻於襁褓時期隨父母遷台的沙穗，其《護城河》（1993）第二輯「獻給父親」系列十二首詩作，是繼〈失業〉系列詩作之後，表現最為傑出，在詩壇很重要的作品。透過〈皺紋〉、〈鞋子〉、〈鈍刀〉、〈棉襖〉、〈地契〉、〈鄉音〉、〈祠堂〉、〈軍人〉、〈勳章〉、〈綁腿〉與〈操場〉這些詩作，張墫說：「沙穗寫這些詩時，是以個人的生命連接了國家的多難、民族的命運和時代的變遷。他擁抱了他父親的那個苦難的年代，關懷了中國近代的不幸。……他巧妙而嚴肅地替他父親記述了回憶錄式的傳記，也就是代他父親把話說出來，又透過其想像把實情實景貫穿得更為鮮活，由於他父親在那時代扮演了一個代表苦難的中國人的角色，沙穗稱職地掌握了這種在苦難中不屈不撓奮鬥不懈的精神，並由小我——他的父親與作者本人，發展至故鄉根源的懷念，乃至擴大到回歸國家民族大鄉土的大我懷抱。」〔註211〕指出其以小御大，從外省族群書寫照見大時代歷史的深刻意義。

沙穗「獻給父親」系列詩作，記錄著父親生命裡的北伐、抗戰、剿匪歷史。例如，〈鞋子〉以「父親說 六十年來 / 大江南北的 他甚麼也沒留下 / 只

〔註210〕黃明峯：《色水・形影・落山風的聲——黃明峯台語詩集》，頁 171。
〔註211〕張墫：〈抒情世界的新領主——簡介沙穗的詩〉，沙穗：《護城河》，屏東：屏東縣立文化中心，1993 年，頁 25～26。

留下了一雙鞋子 //這雙鞋子濺過長江的水 /也踩過黃河的沙粒 /這不是一雙普通的鞋子 /孩子 /普通的鞋子那會像我的臉一樣 /長滿了皺紋？」〔註212〕從父親留下的老鞋，照見大時代歷史；〈鈍刀〉則藉「三十年沒有染過敵人的血 /這把刀 /鈍了 //但你仍要留著它 /如我留給你的那雙長滿皺紋 /的鞋子不為甚麼 孩子 /只因為這把刀和我一樣曾年輕過 /曾濺過敵人的血」〔註213〕同樣照見大時代命運裡的個人生命經歷。而〈皺紋〉則正是父親皺紋裡的歷史印記：

> 如果說中國是一張滿是皺紋的臉 /這張臉 /也不知被割了多少刀 /
> 流了多少血？ //父親的臉也滿是皺紋 /這些皺紋都是 /北伐抗戰剿
> 匪的 /刀痕〔註214〕

沙穗此詩以皺紋寫歲月、寫歷史，透過父親臉上皺紋，連結北伐抗戰歷史。向明說：「沙穗這枝筆，把我們上一代的那張臉，那被一刀一刀割過，流過不知多少血的那張臉，那深藏著六十年來中國一顆一顆淚的臉上的皺紋，平實卻又驚心的展示出來。……讓人從經驗與情感中觸發貼身的傷痛。」〔註215〕滿目瘡痍的國家與滿佈皺紋的臉，在平淺的字句之中，被連結疊映成深邃的大時代歷史印象。

　　沙穗〈血衣〉雖未收錄《護城河》，卻同樣書寫出父親生命歷程裡標示的大時代圖像：

> 父親說 讀地理要先看地圖 /讀歷史 要先看這件血衣 /抗戰 剿匪
> 三十多年都寫在上面 /雖然沒有字 //但卻有不少紅色的標點 /袖子
> 是在上海破的 /領子是在廣州爛的 /扣子是在瀋陽掉的 /血 是在
> 徐州 /染的 //三十年沒再穿過這件血衣 /是希望能再保存三十年 /
> 血 雖然乾了 /衣 雖然舊了 //人 雖然老了 /父親說 /可以丟了青
> 春 /但不能丟了血衣 /因為—— /沾著的血 /不祇是他一個人的
> 〔註216〕

〔註212〕沙穗：〈鞋子〉，《護城河》，頁93～94。
〔註213〕沙穗：〈鈍刀〉，《護城河》，頁95～96。
〔註214〕沙穗：〈皺紋〉，《護城河》，頁91～92。
〔註215〕向明：〈我讀「皺紋」〉，沙穗：《護城河》「附錄」，頁184～187。
〔註216〕沙穗：〈血衣〉，李魁賢編：《一九八二年台灣詩選》，台北：前衛出版社，1983年，頁177～178。

〈血衣〉所標誌的，不僅僅是父親這位外省老兵的生命歷史，更也是中華民國的抗戰國族史，是族群的集體歷史記憶。透過父親血衣上所標示的「袖子是在上海破的／領子是在廣州爛的／扣子是在瀋陽掉的／血　是在徐州／染的」，趙天儀評曰：「『血衣』不但是父親一生的象徵，也是中國現代史的一種象徵。袖子破了，領子爛了，扣子掉了，都有其地理的位置和歷史的淵源，末了，才點出『血是在徐州染的』。以這來表現父親一生經過許多不同的戰役，包括了抗戰與剿匪。而徐州是自古以來兵家必爭之地，徐州會戰是大陸撤退以前一次最重要的戰役。『血衣』該是這一連串中國現代史的縮影。」〔註217〕指出此詩所蘊含歷史的關懷、現實的凝視與中國現代史的縮影。

李春生〈詮釋──那些築路開港的榮民〉書寫外省第一代撤退台灣，開墾歷史，老榮民為台灣奉獻一生：

> 你們底髮／已染成北方／淺淺的冬天／整個春／卻從你們臉龐／詮釋／／風風　雨雨／歲月　犁耕／你們底額／條條縐紋　也是／註腳／／肩負　鴉片戰爭以來／累積的災難／炸彈　砲彈　子彈……／在你們的背上　臂上　腿上／手上　腳上／寫下無數驚心動魄的故事／鏤刻寸寸歷史／（陽光下　那些傷疤／旗一樣　耀眼的閃爍）／／來自三山五岳／你們集合／集合　如羣山之矗立／矗立的羣山卻向你們低頭／奔往四面八方／你們開展／開展　如破濤之洶湧／洶湧的波濤卻畏怯地退讓／／隨著沉箱軋軋／把意志奠基於大海／隨著打樁丁丁／把信念根植於泥土／你們　以操縱過飛機、兵艦、坦克的手／操縱工程機械／創造一千八百萬自由人民的幸福／你們　以拉過砲拴、槍機的手／拉開三民主義建設的序幕／你們　每一種有力的姿勢／都是中國未來最美的縮影／／「老兵不死」／高山向你們低頭／大海為你們讓路／陽光　因你們／古銅色皮膚的映照／更熾　更麗　更亮了／為中國的明天／播下顆顆汗珠〔註218〕

〈詮釋〉詩分六節，前半章嘗試藉由「你們底髮／已染成北方／淺淺的冬天」、「你們底額／條條縐紋」、「炸彈　砲彈　子彈……／在你們的背上　臂上　腿上

〔註217〕趙天儀：〈簡介〉，李魁賢編：《一九八二年台灣詩選》，台北：前衛出版社，1983年，頁179。

〔註218〕李春生：〈詮釋──那些築路開港的榮民〉，《睡醒的雨》，屏東市：海鷗詩社，1988年，頁53～56。

／手上　腳上」，從榮民斑白髮絲、額上皺紋，以及佈滿身軀的彈孔疤痕，嘗試理解並還原那歲月變貌底下，所刻鏤的族群寸寸歷史與故園情懷；後半章回溯隨國民政府撤退來台的歷史記憶，並頌歌榮民們創業之功。榮民們來自三山五岳，卻奔往四面八方，榮民們「以操縱過飛機、兵艦、坦克的手／操縱工程機械」、「以拉過砲拴、槍機的手／拉開三民主義建設的序幕」，爲台灣建設奠下最堅實的基礎。出生山西垣曲，幼年即遭逢喪亂顛沛，十六歲便踏上流亡征途，輾轉來台最後落腳屏東的李春生，其詩作總盈滿心繫大陸故園的外省族群情感。〈詮釋〉一詩，雖然作者於詩後註記：「參觀榮民們參與的各項偉大建設，有感而寫。」並在《睡醒的雨・後記》將此詩歸類爲「政治詩」，自剖：「以『純詩』的方式來處理的『政治詩』，表示我對整個時代與人類的關切。」〔註219〕然則，筆者以爲，雖然來台榮民是兩岸政治時空下的歷史產物，但此詩更可視爲外省族群來台的拓墾史詩。詩中全無對政治現狀的不滿批判，而是榮民們如何在異鄉、在三民主義政治理念的引領下，胼手胝足爲今日進步台灣，打下現代化建設基礎的呈顯。詩中明寫榮民，實則寓寄作者基於族群認同而呈顯的同感共鳴情感。

二、故園鄉愁

　　台灣戰後屏東作家的外省族群書寫裡，除了刻鏤出大時代劇變下的離散，更也帶出外省第一代在命運離散下的亙古故園情懷。李春生〈睡醒的雨〉書寫夢回闊別 35 年的山西故鄉：

> 三十五年了／熟睡在故鄉老屋底／簷前石階下　那一場／連陰雨　常常／在我的夢裡醒來／／醒來　叮叮噹噹　敲打窗戶的／卻是艾妮絲的暴語／孩子們　瑟縮在／妻的懷裏／我知道　他們／不會夢見故鄉的八月／不會夢見那場連陰雨／／白露已到／是種麥的時候／聽說漫過龍羊峽大壩的洪峰／且奔騰而下　黃河啊／爲祖國三十年的災難發狂／如同我的思念／總是　如此／決堤〔註220〕

此詩選自同名詩集《睡醒的雨》第二輯「睡醒的雨」，集中收錄〈鏡子〉、〈無月的望〉、〈春望〉、〈睡醒的雨〉、〈暑讀唐詩〉、〈飲者之歌〉、〈澎湖〉、〈讀那個來自澎湖的女孩〉、〈凝目的頃刻〉、〈驚見大理〉等十首詩。〈睡醒的雨〉

〔註219〕李春生：《睡醒的雨・後記》，頁 222。
〔註220〕李春生：〈睡醒的雨〉，《睡醒的雨》，頁 36～37。

詩末後記：「一九八一農曆白露之後於屏東」，屬李春生中年時期作品。文
曉村評曰：「『睡醒的雨』十首，多屬思鄉懷故之作，非但語多感人，在詩
藝表現上，也是巔峯的佳構。」〔註221〕〈睡醒的雨〉詩分三節，首節讓時
空感由遠而近，透過時間總量名詞「三十五年了」，將詩境帶入夢境裡的昔
日空間記憶，並因時間的累積而反覆堆疊出思念的重量，而「那一場／連
陰雨」輕易穿梭於「熟睡在故鄉老屋底／簷前石階下　那一場／連陰雨」與
「那一場／連陰雨　常常／在我的夢裡醒來」之間，今昔時間與此彼空間，
透過「連陰雨」交會疊映成作者異域遊子的內心圖像；次節讓時空感由今
而昔挪移，眼前景「醒來　叮叮噹噹／敲打窗戶的／卻是艾妮絲的暴語／孩
子們　瑟縮在／妻的懷裡」與心中景「故鄉的八月」、「那場連陰雨」疊映為
一，但作者卻藉由「我知道　他們／不會夢見」否定推想，側面凸出作者獨
自領略思鄉情懷的滄桑感；末節藉由「白露已到／是種麥的時候」再次讓
時空感由近而遠，並且將抽象的思念轉化「聽說漫過龍羊峽大壩的洪峰／
且奔騰而下　黃河啊／為祖國三十年的災難發狂」此一滔滔洪峰視覺具象，
詩行至此，睡醒的雨遂隨作者心緒的湧動，終至被夾逼成可量化的思念洪
濤。

　　古繼堂評李春生詩：「感情真摯，格調清雅，平中見奇。詩中的故鄉之思，
親人之思，讀之感人至深，催人淚下」〔註222〕，李春生故園情思，總濃烈流
動於現實與記憶之間，〈鏡子〉一詩，從鏡子裡老年的我看到心繫的故鄉，家
鄉不可得，只得把自己的容顏變成家鄉：

　　　　眼中逸出／一個　那麼陌生的自己／坐在鏡中／與我打著招呼／／凋
　　　　零的稀疏／憤怒亦已斑白／再衝　也衝不起來了／它們僵臥／睡醒
　　　　／北方的冬天／風風　雨雨／埋葬在你的雙瞳／／淚乾的黃河／蜷曲
　　　　在寬闊的額上／歲月默默／在每一寸裏／深深播種〔註223〕

這首詩景中有情，情中有景，透過與鏡中的我的對望，鏡中的我既陌生又熟
悉，陌生的是白髮稀疏凋零，額上皺褶深種，然而從這陌生的自己容顏上，
卻又疊映出北方故鄉熟悉的冬天與黃河。故鄉早已失落，那麼就把自己變成

〔註221〕文曉村：〈走過歲月走進詩──評「海鷗詩叢」四書〉，《文藝月刊》232期，
　　　　1988年10月，頁48。
〔註222〕古繼堂：〈李春生與林玲──對永不分手的詩人伉儷〉，《海鷗》復刊9.10號
　　　　合刊，1996年2月，頁197。
〔註223〕李春生：〈鏡子〉，《睡醒的雨》，屏東市：海鷗詩社，1988年，頁28～29。

故鄉吧，那遠在千山萬水之外的北方故鄉冬天與黃河，其實早已在歲月的默默裡，深深播種在自己每一寸肌膚裡，與自己合而爲一了。整首詩中，鮮明書寫出外省第一代的深濃故園情懷。

　　故園圖像無所不在，在夢境、在鏡裡、在酒後朦朧中，如浪沟湧浮現，與作者進行生命對話。李春生〈飲者之歌〉今昔時空疊映交融，詩寫北方黃河故鄉之思：

> 千斛大麴／怎抵得半斤鄉愁／不醉／不醉／三十年／我是越飲越醒
> 的酒徒／／傾酒　成黃河的沸騰／所有的昨日／都在我血中澎湃／都
> 在我血中沟湧／朦朦朧朧／窗外　那株鳳凰／也是　槐／石榴／或者
> 柿樹〔註224〕

詩分二節，首節以數字「千斛大麴」、「半斤鄉愁」、「三十年」切入，透過實體量化，擬寫抽象鄉愁，並交融誇飾、映襯修辭，對比凸顯出鄉愁濃烈厚重更甚千斛大麴，所以越飲越清醒；次節將千斛大麴轉化爲昨日的沸騰黃河，飲後澎湃沟湧於作者血脈；詩末於朦朧醉眼中，眼前南台灣「窗外　那株鳳凰」與昨日北方故園「槐／石榴／或者　柿樹」疊映爲一，早已不分彼此。文曉村評曰：「詩人李春生根本不會喝酒，……詩人只是想借飲者之酒，以澆心中鄉愁的塊壘。……飲者在醉眼朦朧中，竟將此時此地窗外的鳳凰木，也看成故鄉的槐樹、石榴和柿樹了。而那象徵甜美的槐樹、石榴和柿樹，卻遠在千山萬水之外，只能在醉意朦朧的記憶中見之，正是人生的大悲苦！」〔註225〕於是，當個飲者遂成爲故鄉之思的永恆救贖。

　　自幼生長在華北魯南小鄉村的路衛，思鄉是走上詩人之路的誘因，他說：「民國三十八年來台之後，讀詩、寫詩，成爲一時特有的風尚。在這種風尚的背後，深深的埋藏著一群奔赴他鄉遊子的離愁和一串串數不盡的沉痛折磨，就這樣我在不知不覺中便一步步與詩的距離拉近。」〔註226〕遊子鄉愁抑鬱，遂成爲路衛詩作的主要音調之一，例如〈讀信〉寫出離散之哀痛：

> 讀著信／像站在披滿重孝的冬原上／讀爲父親舉葬的祭文／一個字
> ／一滴淚／／弟弟的瘦削／姐姐的憔悴／相偕走進視野的深處／一步

〔註224〕李春生：〈飲者之歌〉，《睡醒的雨》，頁40～41。

〔註225〕文曉村：〈走過歲月走進詩——評「海鷗詩叢」四書〉，《文藝月刊》232期，頁50～51。

〔註226〕路衛：〈後記〉，《履韻》，屏東市：海鷗詩社，1988年，頁164。

一個踉蹌／一個踉蹌／一片血痕／／讀滿紙苦澀／讀滿季颱雷／昏花
的眼前／再次浮起雨霧的迷濛〔註227〕

〈讀信〉收錄在路衛《履韻》第三輯「鄉音行板」，詩輯命題直扣「鄉」情，
同輯所收錄詩作也均體現人在南台灣，卻心繫長江黃河的故園之思。例如，〈新
秋〉：「耳邊風的話流過／流成黃河／流成長江／把個太陽城／也流得霜氣森
森」〔註228〕寫出故園秋悲；〈觀牡丹花展〉：「所謂鄉情／那才真正是／一蕊開
在心中的／比芍藥還芍藥／比牡丹還更牡丹的／麗葩」〔註229〕藉摹寫眼前濃
豔牡丹，映襯心中濃烈鄉情；〈月吞三地門〉：「月華／還是燈華／三地門已有
七分醉意／三分是大武山的晚禱／／……再一次舉杯／向著遙遙的遠方故人」
〔註230〕寓寄遙遠鄉情於三地門月景之中；〈鄉音行板——獻給九二高齡來台的
戴二大娘〉：「聽二大娘講話／像小時候坐在娘懷裡／聽講呱／重重的鄉音／
語尾拖得又長又遠／／又遠又長的鄉音／硬拉我去沂河釣魚／去雪夜提燈／到
青紗帳裡找童年捉迷藏」〔註231〕透過二大娘濃重的鄉音，作者心緒翻飛進入
昔日童年家鄉記憶。

〈讀信〉詩分三節，首節以眼前實景「讀著信」切入，詩境隨即轉換為
「像站在披滿重孝的冬原上／讀為父親舉葬的祭文」心中虛象，眼前景疊合
心中情，終於轉化成「一個字／一滴淚」，告白著一朝離散百年死別的鬱積；
次節透過「弟弟的瘦削／姐姐的憔悴／相偕走進視野的深處／一步一個踉蹌
／一個踉蹌／一片血痕」此一具象心景，勾勒出離散後家中姊弟所經歷的苦
難歷史；詩末透過「昏花的眼前／再次浮起雨霧的迷濛」讓詩境再次回到「讀
著信」的作者，眼前的迷濛，除了是 38 年的離散之淚，更也是 30 年歲月的
催人老眼昏花，整首詩真摯照現了老外省年深久別的故園情類。

同樣收錄在「鄉音行板」的〈清晨的巷口〉寫道：

清晨七點的巷口／飄來秋野的芳香／「天冷了／吃塊烤蕃薯吧」／
自暖烘烘的爐膛裏／取出幾塊燙手的童年／／付過十元零鈔／換回一
包鄉愁／我站在瑟瑟的秋風裏／不知該走向何處〔註232〕

〔註227〕路衛：〈讀信〉，《履韻》，頁 71～72。
〔註228〕路衛：〈新秋〉，《履韻》，頁 60。
〔註229〕路衛：〈觀牡丹花展〉，《履韻》，頁 60。
〔註230〕路衛：〈月吞三地門〉，《履韻》，頁 73～74。
〔註231〕路衛：〈鄉音行板〉，《履韻》，頁 73～74。
〔註232〕路衛：〈清晨的巷口〉，《履韻》，頁 70。

秋風蕭瑟，是個懷鄉的季節，烤蕃薯這台灣意象十足的庶民美食，在作者住屋的清晨巷口所飄散出的秋野芳香，卻召喚出作者遙遠的童年記憶，以及茫不知所終的蕭然。作者「付過十元零鈔／換回一包鄉愁」，於是自暖烘烘的爐膛取出的，不再只是烤番薯，而是「燙手的童年」，以及「我站在瑟瑟的秋風裏／不知該走向何處」之黯然。整首詩用詞通俗，卻情感眞摯，體現出文曉村所評論：「路衛的詩，語句平實，似乎不曾刻意加以修飾，但在平凡的詩句中，往往能有不平凡的效果。」〔註233〕鄉愁它無所不在的滲透入作者尋常生活裡，故國山河形影隨時等候召喚，與現實時空疊合而爲一。

　　沙穗「獻給父親」系列詩作，除前引〈鞋子〉、〈鈍刀〉、〈血衣〉、〈皺紋〉裡，所刻鏤出的時代裡的抵抗戰役與離散，更多是透過父親角色，所摹繪出的外省第一代故園情懷。例如，〈廣東〉以父親口吻寫道：

> 誰説我不鄉土／我愛吃甘蔗愛穿蠶絲愛咀嚼稻米／愛研究廣東的地圖／也喜歡長長的雨季／／想起那個年代／我躺在搖籃裡／含著奶瓶望著老宅外／淅淅的細雨／——雨落在我們黃家的水田裡／／就這麼安寧／荔枝園不必圍鐵絲網／熟的菓實自然會落在地上／靜靜的只有珠江在流／蠶在吐絲的聲音／／要鎢去南嶺／要錳去防城／要水就坐在珠江邊／那個年代／／誰説我不鄉土？／聽説如今廣東缺鹽／我情願用十把鹽去換一把土／用整個雨季／去換老宅屋簷下的一滴雨／／那個年代呢？／搖籃也許早已當柴取火了／奶瓶也許埋在龜裂的水田裡／老宅　啊老宅／如果眞的落雨／雨是落在屋外　還是屋裡？〔註234〕

〈廣東〉一詩以父親自白口吻之第一人稱視角進行，藉肯定詰問語「誰說我不鄉土」破題之後，整首詩在自問自答的記憶回溯下，拼貼父親昔日廣東家鄉的諸多生活切片，定義塑造這八〇年代後，時時被用以檢視台灣情感的「鄉土」一詞。詩之首節從日常衣食（「我愛吃甘蔗愛穿蠶絲愛咀嚼稻米」）、地理環境（「愛研究廣東的地圖」），乃至節氣季候（「也喜歡長長的雨季」）一一舉出父親對故鄉的愛；次節接續「也喜歡長長的雨季」詩境，

〔註233〕文曉村：〈走過歲月走進詩——評「海鷗詩叢」四書〉，《文藝月刊》232期，頁45。
〔註234〕沙穗：〈廣東〉，《護城河》，頁161～63。

並讓詩之畫面回溯至父親「我躺在搖籃裡／含著奶瓶」的襁褓時期，讓詩之鏡頭透過嬰兒「望著老宅外」的眼眸，拉遠拉大到「漸漸的細雨／──雨落在我們黃家的水田裡」，記憶裡的故園遂被視覺與聽覺摹繪成一幅寧靜卻已失落的烏托邦圖像；於是在第三節中，「就這麼安寧／荔枝園不必圍鐵絲網／熟的菓實自然會落在地上／靜靜的只有珠江在流／蠶在吐絲的聲音」，珠江靜靜流著時間的河流，蠶在寧靜至極的昔日故園裡，吐出情感的絲；第四節透過讓詩畫面轉靜為動，並向四面八方輻射出去，帶出「要鴿去南嶺／要錳去防城／要水就坐在珠江邊／那個年代」的昔日豐饒故園圖像；第五節以「聽說」起筆，具時空斷裂的離散意涵，「聽說如今廣東缺鹽／我情願用十把鹽去換一把土／用整個雨季／去換老宅屋簷下的一滴雨」，父親願意傾注目前所有，只為換取昔日故園點滴空間與時間。然則烏托邦已然失落，「搖籃也許早已當柴取火了／奶瓶也許埋在龜裂的水田裡」，雨卻綿綿的持續下著，張堃說：「以特定的單純的人事作為抒情對象。……緊抓現實感與歷史感相互矛盾衝突的特質，……，將意象提升為象徵的境界。」〔註235〕詩之末節，透過「老宅　啊老宅／如果真的落雨／雨是落在屋外／還是屋裡？」讓詩之畫面聚焦殘破漏雨老宅，落雨除意味流逝歲月與懷鄉淚水，老宅不也正是外省第一代的老病殘貌象徵，在台灣的漫漫雨季裡，內心滴落的是綿綿的故鄉雨。

　　外省族群在時代離散下的生命無依歸感，是曾貴海〈某病人〉裡，以醫者視角捕捉到的鄉愁：

> 剛被診斷出來／依約到達的那個肺癌病人／山東籍的教師／高瘦的
> 身子不願表情的臉／倦態加上病容／黑板上寫了三十多年的白粉筆
> 字／暗示他／家在那裡／太太怎麼沒來／朋友呢／他只是沈默的搖
> 搖頭／漸漸地搖垂了頭／突然，一顆淚水嘩的滴在／台灣的地圖上
> ／蔓延〔註236〕

〈某病人〉描寫一位山東籍外省教師，在渡過三十多年的粉筆生涯後，罹患了肺癌，前來求診，作者對其病容與表情多所著墨，病人從原先的「不願表情的臉」到被問及親友時的「只是沈默的搖搖頭」，乃至「漸漸地搖垂了頭」，終至「一顆淚水嘩的滴在／台灣的地圖上／蔓延」，整個詩境，從特寫某病人

〔註235〕張堃：〈抒情世界的新領主簡介沙穗的詩〉，沙穗：《護城河》，頁25。
〔註236〕曾貴海：〈某病人〉，《鯨魚的祭典》，頁52～53。

表情的變化，最後隨著突然噗的滴落的一顆淚水，將詩之鏡頭聚焦在眼淚滴落的台灣地圖上，於是「象徵的意念突然從個人的體能狀況，擴大到台灣版圖，在時間和空間上的蔓延速度，都好像在指顧之間而已。」〔註237〕某病人便不再侷限單一病例，而是蔓延在台灣地圖上的族群之淚。

這首族群關懷詩引發甚多作家學者共鳴與讚評。例如，彭瑞金認為〈某病人〉可以視為曾貴海微觀世界的一種試探。〔註238〕；陳明台則說：「以鄉愁的情緒，藉醫生與病人，日常生活中，相互交流的情景為插曲而達成詩人現實意識的呈示。」〔註239〕直指曾貴海站在悲憫的旁觀者立場而敘述；李魁賢則認為，做為一名醫師，曾貴海診視的是病患，「而當他用詩的聽診器來診察社會的時候，他面對的也似乎就是一個冷漠、缺乏溫馨、不可信任的病態社會。」〔註240〕；李敏勇則以「戰後的台灣歷史裡，隨國民黨從中國潰退的新住民移入是一頁特殊篇章。許多新住民在殖民者和逃難者的混淆身分裡，不得不從過客成為歸人。在融入台灣的過程，鄉愁鐫刻在心版。……病人的鄉愁滴在台灣的地圖上，蔓延開來。這樣的情景呈顯一個台灣詩人對戰後移入台灣的新住民的同情，也是一位醫生對病人在身體病痛之外的心裡病痛的關懷。」〔註241〕從大時代的歷史時空，談詩中的同情與關懷。上引諸文，均可見〈某病人〉所引發的關注、迴響，以及族群關懷省思。

同樣關懷外省族群臨老境遇，曾貴海〈放風箏的單身老兵〉寫道：

慢慢的昇向天空翱翔 / 他的左手 / 遙控著不會斷線的距離 / 他的右手 / 牽引廣場上孩子的左手 / 分享掙脫的悸動 // 沒有落雨的黃昏 / 他尋找著 / 不相識的孩子 // 下雨的日子 / 找不到孩子們的手 / 一個人 / 看著天空〔註242〕

在這首詩中，單身老兵左手所遙控不斷線的風箏，正是位在台灣海峽對岸的中國大陸，風箏被老兵的心線牢牢牽引的，遠遠的在心中的天空飛翔著。右手在廣場所牽不相識小孩，則是老兵落地生根台灣，卻孤單無後的晚年境況

〔註237〕李魁賢：〈心事誰人知〉，曾貴海：《台灣男人的心事》，頁13。
〔註238〕彭瑞金：〈解讀曾貴海的詩路〉，曾貴海：《孤鳥的旅程》，頁103。
〔註239〕陳明台：〈溫情之歌——試析論曾貴海的詩〉，曾貴海：《鯨魚的祭典》，頁17。
〔註240〕李魁賢：〈心事誰人知〉，曾貴海：《台灣男人的心事》，頁13～14。
〔註241〕李敏勇：《台灣詩閱讀》，中和：玉山社，2000年，頁152～152。
〔註242〕曾貴海：〈放風箏的單身老兵〉，《湖濱沉思》，頁53。

寫照。阮美慧評曰:「〈放風箏的單身老兵〉,刻劃來台的大陸老兵,孑然一身的遭遇,詩人不再控訴高壓政治的粗暴,轉而以『小人物』的悲淒,映襯出歷史的『荒謬性』。……八○年代之後,老兵安置及退撫的問題,不斷挑戰社會的核心價值,成為一個被思考的議題。……然而,除了生理的安頓之外,真正帶給他們人生苦痛的,恐怕是精神上的「離散」(diaspora),……一直以為的『家』,在彼岸的『原鄉』,……在詩的最後,……偌大的天空,沈沈地訴說著老兵一生無盡的蒼涼與孤獨。」〔註243〕直指曾貴海將詩的觸角伸入社會的背後,揭示事件表相的深意。

　　客家作家涂耀昌〈操場一隅的老兵〉摹繪出更為蒼涼的老兵晚境:

> 那早已失去張望力量的眼神呀! / 一如初雪來臨前漠地的天空 / 怎麼會有如此深沈滯礙的容顏 / 在秋陽如此煽情的話語中 / 身旁明明是冰冷的輪椅 / 那是生命失去甜度後 / 命運恩賜的套房呀! / 你卻怔忡成 / 長城勒馬的鐵騎 / 是村姑款款等待的花轎…… / 哭吧! / 哭一個山河壯麗的莊嚴 / 哭成鄉里溪河的那種嗚咽 / 只祈求 / 老淚裡仍有剔透晶瑩的爹娘慈顏 // 那早已失去張望力量的眼神呀! / 已是整座秋末的陰山 / 豈是島國的西風也有胡馬嘶叫的悲涼 / 要不然兩排疏落的黑黃老牙 / 怎麼那麼像鏽蝕的刺刀 / 聽到了沒有 / 那浴血戰後零星的肅殺槍砲 / 已被多濕的海風 / 譯成鞦韆旁孩子們無邪的嬉笑 / 你血脈裡若有汩汩的黃河 / 此刻胸臆裡該有習習海浪的拍擊 / 別再那樣站立 / 站立成一部沒有結局的史詩 / 朝霞既已為你的驕傲戴上桂冠 // 你的眼睛就該深邃得 / 可以容納鄱陽、洞庭 / 離去吧! / 別在空泛的故國與異鄉的交界淌淚 / 離去吧! / 乘著花瓣上昨夜的露水未褪。〔註244〕

〈操場一隅的老兵〉讓詩之畫面從校園操場一隅展開,進行虛象與實景間的疊映交錯。作者以「已失去張望力量的眼神」、「深沈滯礙的容顏」、身旁是「冰冷的輪椅」、「兩排疏落的黑黃老牙」,透過眼神、容顏、疏落老牙與一旁輪椅,摹繪出現實時空中的老兵衰殘形貌。並嘗試以全知全能視角,進入老兵凝眸眼神裡的流動意識,以「初雪來臨前漠地的天空」、「長城勒馬的鐵騎」、「村

〔註243〕美慧:〈始於靜觀,終於哲思:曾貴海《湖濱沉思》中的文本隱喻〉,曾貴海:
　　　　《湖濱沉思》,頁115～116。
〔註244〕涂耀昌:〈操場一隅的老兵〉,《清明》,頁58～60。

姑款款等待的花轎」、「整座秋末的陰山」、「鏽蝕的刺刀」、「浴血戰後零星的肅殺槍砲」摹繪出老兵意識裡流動的昔日影像。以今日之死寂衰貌，對照浩浩奔騰的昔日，在「哭吧！／哭一個山河壯麗的莊嚴／哭成鄉里溪河的那種嗚咽／只祈求／老淚裡仍有剔透晶瑩的爹娘慈顏」的催化下，蕭索情境更顯鮮明。而詩末「別在空泛的故國與異鄉的交界淌淚／離去吧！／乘著花瓣上昨夜的露水未褪。」雖是以「你」為呼告對象，實則正是老兵內心的自我呼告，故園昔日既已杳不可追，那就別再為昨日離散而淌淚，該敞開胸懷迎接今日的朝霞。路衛評曰：「以運筆如刀的手法，把一個輪椅上的老兵，自蒼老的外形，一刀刀深入的刻畫出靈魂的傷痛，滄桑的經歷以及壯志未酬的豪氣和慨嘆。」〔註245〕涂耀昌以此詩書寫外省族群，關懷老兵孤寂凋零晚境，形塑出鮮明的老兵離散之悲。

　　閩籍作家陳瑞山〈親〉則從字體的殊異，書寫出兩岸隔絕四十年後的離散之悲：

> 一波三折／從故鄉轉來／兒子的信／／老趙顫抖的手／撕開了……／竟忘了平時的遠視／低下頭兒去讀／（一片模糊）／便把手兒往後退／（看是看清楚了／又覺把故鄉推得好遠）／／只好戴起了眼鏡：／「父亲大人……」／（變形的海棠字中／獨獨缺了一個／見）

〔註246〕

對於寫作此詩的起心動念，陳瑞山說：「簡體字，雖然有的在古代就有了，但有的字卻簡化地很荒謬。『親』字如果仔細看，它是：站在樹上眺望的意思，這是很詩意的舉動。試想在古代，假設嫁出去的姐姐要回來，小弟們內心很盼望，會趕快爬到樹上遠眺姊姊／夫回來的身影。當『見』字沒了，親人間就無法相見了。英文成語所謂："out of sight, out of mind."當一個人不在您的『視界』時，他／她就不會在您的心理。所以，寫這首詩的起心動念是：漢文的，也是英文的。」〔註247〕海峽兩岸自三通交流以後，往來書信頻繁，四十年的時空隔絕，文化斷層落差，再加上使用文字的繁、簡差異，產生許多不同的錯覺和誤解。陳瑞山這首〈親〉，即是由此而引伸。「睽違四十年的歲月，一個人老眼花的父親，好不容易接獲親子來信，很想捧著細讀，無奈眼

〔註245〕周廷奎：〈序〉，涂耀昌：《清明》，頁9。
〔註246〕陳瑞山：〈親〉，《地球是艘大太空梭》，台北：書林出版社，1998年，頁64～65。
〔註247〕陳瑞山接受筆者電郵訪談，2015年6月21日。

前一片模糊，只好拿遠點看，看是看清楚了，卻又好像隔了一層，這已經是一種悲哀了。待再戴上眼鏡細看，『父親』已是『父亲』，缺『見』如何『親』得起來？這是更深一層的悲哀。改用簡體字者似乎早就設下這種命定，卻讓歲月證實了這種可能，好令人感慨的一首詩。」〔註248〕陳瑞山以素樸如口語的不雕飾詩語言，擇取老趙讀兒子信這麼一個生活切片，藉由小人物的日常一隅，除由小御大的凸顯出大時代造化下的老外省悲哀，其以文字立意初衷起念，演繹離久情疏在於不見，這個格局又比純就外省族群視野去看「親」字，來得更具普世性了。

　　閩籍作家郭漢辰〈血海棠〉則書寫老外省客死異地心繫故園的族群情感：

> 上校是眷區裡最寂寞的傳奇／上校是炮火雕琢的一冊歷史／他說腿是土共打瘸的／家是烽火後破碎的夢／胸中有處不能痊癒的創痕／是渡海離家時遇襲的紀念／／上校是黃昏時落寞的註解／上校習慣在傍晚的後山散步空曠／他說歸回故園的捷徑是入夢／唯一的親人是看家的小黃／而說起那年甜甜的初戀／蒼老的眼神仍寫著年輕的溫柔／／上校終於客死在異鄉的泥土／有群歸燕飛過日式的老屋／落日在旁冷冷地掛著。／上校死前咯血，一直咯血／想把聚集肺葉，對故園的思念／那屯積三十年超重了鄉愁／一股腦地吐出。上校死時／枕頭上攤著一朵朵／又鮮又艷的／血海棠〔註249〕

〈血海棠〉命題意象鮮明，聚焦眷區上校，摹繪出作者旁觀眼中的外省老兵人物素描。詩分三節，首節以「眷區裡最寂寞的傳奇」、「炮火雕琢的一冊歷史」，簡要兩句註腳上校一生風景，繼之從「腿是土共打瘸的／家是烽火後破碎的夢／胸中有處不能痊癒的創痕／是渡海離家時遇襲的紀念」，具體呈顯砲火如何雕琢上校成一冊歷史；次節摹寫「眷區裡最寂寞的傳奇」，以「他說歸回故園的捷徑是入夢／唯一的親人是看家的小黃」簡單二句，含蓄卻有力的註腳「寂寞」的極境；末節在「有群歸燕飛過日式的老屋／落日在旁冷冷地掛著。」情境裡，上校客死前「那屯積三十年超重了鄉愁／一股腦地吐出」，終於「枕頭上攤著一朵朵／又鮮又艷的／血海棠」，詩

〔註248〕向明：「陳瑞山〈親〉編者按語」，蕭蕭主編：《七十八年詩選》，台北：爾雅出版社，1990年，頁82～83。

〔註249〕郭漢辰：〈血海棠〉，《地球每天帶著一點遺憾在轉動》，屏東：屏東縣立文化中心，1996年，頁18～19。

之畫面所聚焦的一朵朵印象鮮豔的中國地圖血海棠，成了眷區裡最寂寞的傳奇的註腳。

三、情感認同

外省第二代的故鄉經驗，是由失落的時間所累積成的悲，以及遙遠斷裂的空間距離所堆疊的哀。紫楓〈外省第二代〉則寫出第二代外省族群落地生根台灣的生命經驗：

> 將莫名的鄉情／寄托在來客的身上／紓解了懷鄉的浪漫／那來自父親的孽子心情／化成外省第二代／失落的悲／遙祭的哀／且脫去故鄉夢／奮發於／新境界的開創〔註250〕

這首詩「把族群的生命經驗壓縮在語言文字之中，以訴說老一輩外省族群在台灣的困境與第二代落地生根的超脫，十足具有族群書寫的特性。」〔註251〕詩境以「莫名的鄉情」開啟，卻以「且脫去故鄉夢／奮發於／新境界的開創」結束，寓寄書寫了外省第一代因時代鉅變而離散的孽子心情，更也凸顯了外省第二代在文化原鄉與空間原鄉之間的情感認同。

外省第二代在文化原鄉與空間原鄉之間的情感認同，也呈顯在劉廣華詩作，祖籍廣東，出生屏東的劉廣華，其詩作雖有遙遠文化中國的思念，更有落地生根台灣的空間原鄉情，例如，〈梅花之戀〉：

> 梅花不只開放在北方／在南國／她生動的姿容更令人／依戀／／我們都是流浪已久的孩子／眺望什麼呢／寂寞的海水唱著陌生的歌／奔馳的瘦馬／蹄過了故鄉雨聲／現在不是花季／只有怯弱的眼睛／才耐不住嚴霜的美麗／這裡沒有天子／天邊仍牧放著蘇武呢喃的歸雁／泥色的廟宇覆著滿腹的秋／每當街燈縮起了衣領／十二月天的寒風令人想起／沽酒而眠的北方老家／撒滿了似蝶似棉的山雪／／……是的／梅花不一定生長北國／在南方／她同樣是一位堅強的母親
> 〔註252〕

〔註250〕紫楓：〈外省第二代〉，《片片楓葉情》，高雄：大海洋詩刊雜誌社，1996年，頁23。

〔註251〕傅怡禎：〈屏東地區新詩發展初探〉，頁156～157。

〔註252〕劉廣華：〈梅花之戀〉，《生命的長廊》，台北：黎明文化有限公司，1991年，頁1～7。

文化原鄉與空間原鄉的情感認同，在這首詩中，有了非常清楚的闡釋，詩人說：「我們都是流浪已久的孩子／眺望什麼呢／寂寞的海水唱著陌生的歌」，外省族群流浪已久，文化原鄉早已成陌生國度。整首詩以「梅花不只開放在北方／在南國／她生動的姿容更令人／依戀」破題，以「是的／梅花不一定生長北國／在南方／她同樣是一位堅強的母親」結語，落地生根台灣的情感，在這首詩中首尾貫串，前後呼應，而詩末「是的」更是堅定口氣的表露，只要有「梅花」的地方，便是母親的家鄉。

沙穗《護城河》「獻給父親」系列詩作，除書寫出父親所象徵的外省第一代所歷經的大時代歷史與故園情懷，更也書寫出作為外省第二代的自己對文化中國的想像，例如，〈地契〉、〈棉襖〉、〈瀋陽〉、〈祠堂〉等。沙穗〈地契〉寫道：

> 寫的是 廣東省東莞縣江邊鄉／十畝水田 沾的是父親／三十年來的淚／——十畝水田裝不裝得下那些淚？／／父親說／水田也許早已無水／地契卻還藏在一件血衣裡／土地雖小 畢竟是我們黃家的／流血 也要流在／地契上／／經過多少荒年／十畝水田呀／皺成什麼樣子／會不會龜裂的如那張地契？／／我說 是我們黃家的誰也搬不走／就算水田變成了荒原／憑著地契／我們也能在蘆葦中／找到水的痕跡〔註253〕

整首詩透過父親一張藏在血衣裡的龜裂老舊地契，除帶出大時代劇變的戰爭、離散與鄉情，更也帶出今昔時空變化，以及外省族群兩代間，有形物質的交接裡所蘊含的故鄉情懷傳承意味。張堃評曰：「沙穗雖出生在上海，但旋即赤禍席捲了整個大陸，跟隨父母來台時還只是個襁褓中的嬰兒。他對家鄉事物的認識，完全靠父母平常的敘述，而他對家鄉的嚮往與懷念，卻出自他多感敏感的本性，以及尋根的基本精神。」〔註254〕認為沙穗〈地契〉一詩，除充分表露詩人不忘本的愛鄉愛家的感情，更是這個時代最真實的反映。小小一張地契，不只標示「廣東省東莞縣江邊鄉／十畝水田」這空間地標與容量，更也是父親離散人生的起始點；沾染其上的血漬，標示出父親經歷過激烈戰役與空間遷移；而沾在其上的淚痕，則無言的敘說出離散歲月裡的故鄉情懷。小小一張地契，父親傳給兒子，牽掛水田難抵荒年。詩末藉由「我說 是我們黃家的誰也搬不走／就算水田變成了荒原／憑著地契／我們也能在蘆葦

〔註253〕沙穗：〈地契〉，沙穗：《護城河》，頁99～100。
〔註254〕張堃：〈抒情世界的新領主——簡介沙穗的詩〉，頁28。

中／找到水的痕跡」，透顯出生為外省族群第二代的作者，對於精神原鄉的想像與情感，即便實質的故鄉家園早已殘破，只要故園情感仍在，一張地契，便足以將斷裂的時空接續起來。

本章小結

　　屏東縣族群混居明顯，作家群相對各個族群都有，這些縣籍作家們，各自秉著被母土文化浸染陶養的特有族群視角，凝視屏東家鄉與他鄉，然後再回眸自己族群，嘗試以文字建構族群歷史，摹繪族群文化圖像，延續族群文化命脈，形塑出台灣戰後屏東作家現代詩多元族群文化視野特色。

　　探究台灣戰後屏東現代詩中的族群書寫，不管是客家、原住民，抑或閩南、外省，具溯源意義的「歷史回顧」與情感認同的「鄉土關懷」都是最核心的主題，透過「歷史回顧」書寫，各族群作家定義自己；而透過「鄉土關懷」書寫，各族群作家安頓自己。於是在「歷史回顧」的部份，我們看到客家作家書寫「六堆移墾歷史與六堆保衛戰役」、「殖民歷史與抗日戰爭」、「血緣尋根與情感認同」、思辨「空間原鄉與文化原鄉」，於是拓墾歷史裡的濫濫庄、三山國王信仰、朱一貴事件、六堆事件、忠義亭風雲、步月樓保衛戰、長興庄之戰被歷歷如昨的復現詩中；原住民作家用筆述代替口傳，寫魯凱祖先達瑞卡哦格勒建立古茶部安部落、霧頭山取火、排灣族五年祭，透過現代詩進行神話傳說與祭典的古典復興；閩南作家回顧渡台歷史與殖民命運；外省作家則記錄時代劇變下的離散，記錄北伐抗戰剿匪歷史。

　　在「鄉土關懷」的部份，我們看到客家作家透過書寫客家婦女勞動身影、含蓄執著的家庭情感與承受傳統壓力這三個面向，呈顯客家婦女在六堆地方經驗與意義的重要精神指標，而客家生活場域中衣、食與居住空間的書寫建構，則更呈顯出對親切鄉土的眷戀；原住民作家則透過強勢文明衝擊的反思，嘗試重構失落的烏托邦鄉土的圖像；閩南作家則透過鄉土人物素描與鄉土食物依戀書寫，表達鄉土關懷之情；外省作家則在第一代的故園情懷與第二代的落地生根間，書寫兩代間不同的故鄉經驗與鄉土關懷。

第六章 台灣戰後屏東現代詩中的政治社會關懷書寫

　　文學要能反映眞實，照見時代精神，所以感時憂國被視爲是古今中外詩歌的一貫傳統。盧卡奇（György Lukács）《現實主義論》說：「在所有偉大的作品中，它的人物必須在他們彼此之間，與他們的社會的存在之間，與這存在的重大問題之間的多方面的相互依賴上描寫出來。這些關係理解得越深刻，這些相互的關聯發展的越是多面，則作品越是偉大的，因爲，它是越接近生活實際的豐富。」[註1] 儘管文學的發展未必全然受時代政治社會情勢左右，但是政治、社會現象卻必定會反應在文學上，所以一個好詩人，要能反映大我，照見時代。對時代政治、社會的高度自覺與關注，是臺灣戰後屏東現代詩特色之一，本章將從「政治批判」、「社會觀察」與「反戰議題」這三個面向探討台灣戰後屏東現代詩中的政治社會關懷書寫內涵。

第一節　政治批判

　　台灣戰後大環境政治氣氛，影響政治詩的成長軌跡，從五、六〇年代受到政治力的強力箝制，到七〇年代批判政治、反映社會現實之作應運而生，乃至八〇年代台灣政治風起雲湧，政治詩的提倡與實踐蔚爲風氣，以及九〇年代以後擺脫激情吶喊，沉澱出精緻可觀政治詩內容，都是時代使然。自1949年國民政府撤退來台之後，有關當局深刻體會文藝對於社會的影響，綜觀整

〔註1〕　盧卡奇（György Lukács）著，陳文昌譯：《現實主義論》，台北：雅典出版社，1988年，頁29。

個五、六〇年代，政府一方面掌控相關的傳播媒體，培養服從國家政策的文人班底（如：1950 年成立「中國文藝協會」、1953 年成立「中國青年寫作協會」、1955 年成立「中國婦女寫作協會」），1952 年「聯副」因刊登風遲〈故事〉一詩，而致主編林海音去職，各副刊拒新詩長達十餘年。1954 年執政當局更藉〈自由中國各界為推行文化清潔運動除三害宣言〉、〈九項禁令〉雷厲掃蕩「赤色的毒、黃色的害與黑色的罪」，勒令停刊雜誌多達十家。〔註2〕到了七〇年代，由於民智日開、經濟起飛，加上「鄉土文學論戰」的啟發及覺醒，以「批判當局既定體制的政治文學」更形多樣而豐富，政治詩於其中充分的養分。〔註3〕七〇年代以後，隨著大環境的轉變，閉鎖的政治圍欄逐漸鬆動，言論尺度也日益開放，因此反映社會的寫實之作，也就應運而生，鄉土文學更漸漸形成主流。勇於挑戰當局的政治詩，開始在不同角落散播。〔註4〕八〇年代威權鬆動，政治詩的提倡與實踐蔚為風氣。從美麗島事件（1979.12）到解嚴（1987.7）這八年左右的時間，台灣的政治風起雲湧。在此同時，部分走現實路線並強調批判精神的詩刊，如《笠》、《陽光小集》等，也大量刊登並研討政治詩等相關論題。1987 年解嚴之後，黨禁、報禁、外匯、赴大陸探親等多項管制相繼廢除。經濟大幅成長，社會多元化快速展開。九〇年代以後的政治詩，在擺脫過度的激情與吶喊之後，回歸詩的本質沉澱思考，深刻反省，沉澱出精緻可觀的內容。〔註5〕在整個台灣政治詩的發展過程中，戰後屏東現代作家並不缺席。

台灣戰後屏東現代詩中的政治書寫，呼應著大時代的脈動。例如李敏勇、曾貴海、陳寧貴、利玉芳、沙白等都是笠詩社詩人，他們對政治詩的寫作與實踐，是大時代氛圍以及笠詩社的本土寫實批判精神的體現。

「本土」的內涵，正意味「母土之愛」，是戰後屏東作家創作政治詩更大的動機所在，加東斯‧巴舍拉（Gaston Bachelard）《空間詩學》說：

　　家屋在面對這群漸漸鬆綁的獵犬時，變成了純粹人性的真實存有，
　　這種存有在保護自己之餘，不負有攻擊的責任。「引退之所」是人的
　　抵抗（Résistance），是人性的價值，人類的莊嚴。……他卻必須鼓

〔註2〕 林于弘：《台灣新詩分類學》，台北：鷹漢文化企業股份有限公司，2004 年，頁 115。
〔註3〕 李祖琛：《七〇年代台灣鄉土文學析論》，國立政治大學新聞研究所碩士論文，1986 年，頁 39～40。
〔註4〕 林于弘：《台灣新詩分類學》，頁 118。
〔註5〕 林于弘：《台灣新詩分類學》，頁 120～121。

> 起勇氣，以面對一個嚴苛、貧乏、冷酷的宇宙。這棟與世隔絕的家
> 屋，讓他充滿了強烈的意象，亦即驅使他抵抗。因此，在面對風暴
> 和颶風的敵意獸性時，家屋所具有的護持和抵抗的價值也就轉化為
> 人性的價值。……它是讓我們能夠去面對整個宇宙的工具。「人投身
> 於世間」的形上學可以具體沈思家屋是如何投身到狂風暴雨當中，
> 公然反抗天庭本身的憤怒。〔註6〕

家屋又意味著「引退之所」，是人的抵抗，是人性的價值，人類的莊嚴所依據。
台灣戰後屏東作家感受到母土的孕育保護之恩，這種體悟轉化成保護母土家
鄉的動力。所以李敏勇認為當在我們的環境和時代，對政治的觀察愈深，愈
不能不對許多事況感到憂心時，「認識、記錄、思考、批評島嶼傾斜的政治病
理與文化迷障」〔註7〕遂成為台灣詩人的重要課題；李春生則指出：「『當你的
生活根植於群眾，你便會感覺這時代激跳的脈博』；而『人是政治動物』，自
然不能離群索居而擺脫政治。所以，我們必須將自己融入時代而關心人類，
關心政治。」〔註8〕認為詩人的作品不能脫離時代、人類，而政治詩正是詩人
表現對時代、人類關懷的表現；利玉芳則說：「我樂於見到詩人把政治詩用意
志發言，並且以迂迴或纖細的思維處理，這不但記錄著台灣的時事也維護了
台灣地域的責任感。」〔註9〕她樂見詩人寫政治詩，如夏蟬般用意志發言，叫
醒昏睡民心，安撫恐慌家園；曾貴海則說：「隱藏在我心內的那個詩人卻蠢蠢
欲動而甦醒起來，無論在靜態的討論辯證場合或群眾運動的人海中，詩被喚
醒了。」〔註10〕這些均源自母土之愛的動力，而使作家群慨然以詩投入於世
間，去記憶歷史裡傷痕的二二八、白色恐怖、美麗島事件，並且批判殖民威
權，關注兩岸關係與國族認同，藉此照見詩的時代精神。

一、歷史傷痕記憶

（一）二二八與白色恐怖

台灣歷史裡的多次被殖民經驗，使台灣成為一個真實的殖民地社會，而
曾經在政治上被施以統治、經濟上被剝削掠奪，甚至經歷壓迫屠殺的經驗，

〔註6〕 加東斯・巴舍拉（Gaston Bachelard）：《空間詩學》，頁113～114。
〔註7〕 李敏勇：〈自序〉，《傾斜的島》，新店：圓神出版社，1993年，頁4。
〔註8〕 李春生：《睡醒的雨・後記》，頁223。
〔註9〕 利玉芳：〈詩的觀察〉，《向日葵》，頁6。
〔註10〕 曾貴海：《曾貴海詩選1966～2007》自序，高雄：春暉出版社，2007年，頁6。

成為歷史記憶中永不磨滅的傷痛記憶。1949 年以後的國民政府統治經驗亦然。國民政府接收台灣之後，為掃除日本人留下來的殖民遺跡，在台灣施行種種的「去殖民」新政，然而對於幾代世居台灣的老百姓而言，無異是另一個「再殖民」政策。因為「以『祖國』情感作為號召的政策，輸入了大中國意識的想像，而壓抑了台灣住民的身份意識，矮化台灣人的文化、語言與歷史經驗，不論是在母語的禁用，文化位階的貶低，都閃現了殖民主義的身影。」〔註 11〕也因此，台灣戰後屏東現代詩中的歷史傷痕書寫，往往流洩著被殖民壓迫的悲哀。

二二八事件，是台灣歷史最傷痛的一頁。事件起於專賣局查緝私煙販賣行動，然後續所引發的社會動盪不安與仇恨傷害，卻迄今仍難撫平。1947 年 2 月 27 日，專賣局台北分局查緝員傅學通，於大稻埕搜查女煙販林江邁私煙時，發生激烈爭執，並導致民眾陳文溪被槍擊誤殺身亡，引發翌日（2 月 28 日）抗議民眾集結長官公署前及台北專賣局門口示威行動，公署衛兵向示威民眾開槍，反引發更多怨民集結，台灣省警總司令部遂發佈「台灣省臨時戒嚴令」，其間雖暫時成立「二二八事件處理委員會」，但國民政府軍陸軍第 21 師卻於 3 月 8 日登陸基隆，並展開大規模血腥鎮壓，〔註 12〕從此台灣進入長達四十年的戒嚴時期與白色恐怖體制。

台灣戰後屏東作家透過書寫關注二二八，以同屬笠詩社同仁的李敏勇、曾貴海與利玉芳等三位作家著墨最深，阮美慧說：「台灣戰後歷經二二八事件、威權體制、白色恐怖時期，這些歷史傷痕都留下難以抹滅的愴傷。笠『戰後世代』詩人因具有台灣的歷史意識，故能深入了解歷史傷痕背後的緣由與關鍵。」〔註 13〕因此，當這些作家們在書寫時代現實時，往往更能鞭辟入裡，發出時代的呼喊。

出生於二二八事件那年，尤其更讓李敏勇有特殊台灣歷史的關連。關注台灣歷史，正視二二八傷痕，透過現代詩連結二二八，李敏勇編選了《傷口的花：二二八詩集》（1997），整理二〇至五〇年代四十二位詩人共八十九首

〔註 11〕 陳國偉：《解嚴以來（1987～）台灣現代小說中的族群書寫》，台北：五南圖書公司，2007 年，頁 76。

〔註 12〕 張勝彥編：〈大事志〉，《台灣全志》，南投：台灣文獻館，2004 年，頁 20～21。

〔註 13〕 阮美慧：〈社會與政治：「笠」戰後世代詩人的現實詩學〉，鄭烱明編：《笠詩社四十周年「國際學術研討會」論文集》，台南：台灣文學館，2004 年，頁 193～194。

詩作，去記憶與見證二二八歷史滄桑一頁。詩集封面題著兩行「以詩爲花，紀念二二八，在受傷的島國種下希望的樹。」〔註14〕李敏勇〈這一天，讓我們種一棵樹〉正是這種面向傷痕歷史的積極性呈顯：

這一天／讓我們種一棵樹／每個人／在我們的土地／在自己的心中／在島嶼每一個角落／在掩埋我們父兄的墓穴／讓我們種一棵樹／／聽到叫喊的聲音／看到血流的影像／但／讓我們種一棵樹／不是爲了恨／而是愛／讓我們種下希望的幼苗／而不是流出絕望的淚珠／／讓我們種一棵樹／不是爲了記憶死／而是擁抱生／從每一株新芽／從每一片新葉／從每一環新的年輪／希望的光合作用在成長／茂盛的樹影會撫慰受傷的土地／涼爽的綠陰會安慰疼痛的心／／讓我們種一棵樹／做爲亡靈的安魂／做爲復活的願望／做爲寬恕的見證／做爲慈愛的象徵／做爲公義的指標／做爲和平的祈禱／／讓我們種一棵樹／做爲一種允諾／做爲一種堅持／樹會伸向天際／伸向光輝的晴空／伸向燦爛的星辰／樹會盤根土地／守護我們的島嶼／綠化我們生存的領域〔註15〕

對於二二八印象，李敏勇說：「記得我高中時，老師指著學校磚牆的彈孔說，那是『二二八』時槍殺學生的彈孔，那一年是1964年。1964年，彭明敏發表『台灣自救宣言』，那時，『二二八』的種子已經撞入我的心田。往後當我走在文學之路時，台灣人如何從『二二八』的死滅裡覺醒，想辦法找出一條生路的精神，一直存在我的心中。」〔註16〕在二二八事件四十週年的1987年，李敏勇以〈讓我們種下一棵樹〉作爲二二八公義和平日的祈禱詞。整首詩以「樹」做爲意象延伸的起點，詩之前兩節藉「在掩埋我們父兄的墓穴」、「聽到叫喊的聲音」、「看到血流的影像」之視聽覺摹寫，逼視二二八歷史傷痛，然則逼視不爲仇恨，而是梳理與撫慰，所以作者說：「讓我們種一棵樹／不是爲了恨／而是愛」、「讓我們種一棵樹／不是爲了記憶死／而是擁抱生」，將死亡記憶之恨，透過種下一棵樹，用愛擁抱新生，因爲「茂盛的樹影會撫慰受傷的土地／涼爽的綠陰會安慰疼痛的心」，樹會向上「伸向天際」，會向下「盤

〔註14〕李敏勇編選：《傷口上的花：二二八詩集》，台北：玉山社，1997年。
〔註15〕李敏勇：〈這一天，讓我們種一棵樹〉，《青春腐蝕畫‧戒嚴風景》，頁173。
〔註16〕李敏勇：〈以詩爲花紀念二二八，在受傷的島國種希望的樹——《傷口的花——二二八詩集》出版紀念會〉，《笠》詩刊199期，1997年6月，頁99。

根土地」，所以當我們在二二八這一天，在土地、在心中種下一棵樹後，「希望的光合作用」將會在未來不斷成長，綠化我們生存領域。

對於地方與記憶的關係，Tim Cresswell 指出：「創造地方感的一個重要環節，就是關注特殊且經過選擇的歷史面向。」〔註17〕曾貴海與利玉芳這兩位屏東客籍作家，對於書寫歷史，有高度的關注與實踐，他們都選擇面對這段台灣歷史，刻意的進入歷史的現場，用現代詩將二二八事件的現場重新建構。例如，曾貴海〈冬夜的面帕粄——記白色年代〉：

> 一九五〇年出頭 / 台灣个寒天冷入骨髓 / 草地也共樣 / 窮苦年代 /
> 大家圍起來分屋家燒暖 // 有一日冬夜 / 冷風咻咻滾 / 暗淡个電火下
> / 一個細人仔攞一碗面帕粄 / 對巷頭慢慢行過來 / 伊就是我个同學
> 榮華牯 / 買面帕粄歸去分伊阿姆食 // 台灣个白色恐怖年代 / 盡多讀
> 書人分人獵殺 / 一足月前伊阿爸就分人捉去了 / 前幾日有人拿伊阿
> 爸个衫褲同鞋 / 擲分跪佇地泥上个伊阿姆 / 伊阿姆叫泣到沒目汁 /
> 面容愁燥到打皺 // 這擺事情過後 / 一直到伊阿姆過身 / 我毋識看過
> 伊阿姆个笑容 / 我个同學榮華牯也避入都市 / 惦惦討妻仔拱細人仔
> / 從來沒尋人聊 〔註18〕

曾貴海透過榮華牯冬夜買面帕粄，帶出故鄉白色恐怖年代的記憶，整首詩「以同學之母為主角，全詩架構以小人物的遭遇為主，所擷取的是歷史的小小片段。他從細節來論述史實，和一般詩人刻意隱晦事件，而出之以意象的寫法大異其趣。『面帕粄』的記憶使冷肅年代無限的延伸，被扭曲倒置的歷史，透過過去與未來時間的重疊，造成時間的逆穿，使故事真實呈現。藉著敘寫回憶的方式呈現主題，將真實時空與作者想像的虛構時空連結，不僅打破時空概念的既定框架，也解構了線性敘事，使詩作更具延展性。」〔註19〕做為曾貴海童年故鄉記憶的一部分，粄條雖是客家重要米食，早期窮苦年代家鄉人買板條吃，表示家中有人生病或胃口不佳。然則透過多夜買面帕粄所帶出的白色年代記憶，卻無尖銳的厲聲批判，而是藉由榮華牯這位家鄉同學的身影與後續的變化，含蓄帶出白色恐怖對受難者家屬的一輩子傷害，而令詩味久久縈迴。

〔註17〕 Tim Cresswell 著，王志弘、徐苔玲譯：《地方：記憶、想像與認同》，頁138。
〔註18〕 曾貴海：〈冬夜的面帕粄——記白色年代〉，《原鄉·夜合》，頁41～43。
〔註19〕 余昭玟：〈曾貴海敘事詩的歷史記憶與抵抗美學〉，《2013屏東文學學術研討會曾貴海研究論文集》，頁151。

　　利玉芳詩的政治書寫，總盈滿濃厚母性特質。她自剖：「1987 年才從事詩
的創作，……我用眞誠的語言寫我隱藏已久的聲音，……我有家，擁有丈夫
的愛、擁有子女的愛、又擁有寫詩的日子，……我極願寫出喜悅與快樂的詩
章，其實不可能全部的詩都是喜樂的。也許脈搏裏流著先民的苦難吧！所以
寫出的就不是一篇靜止的風，不安與焦慮仍然不能從排油煙機裏抽出，所以
才大膽地以生澀乳臭的語言，向大地的母親禱告。」〔註20〕詩人以母性特質，
熱情關懷外在現實社會，特別是對歷史政治事件的關懷。例如，利玉芳〈闖
進花田的孩童們〉書寫二二八歷史：

> 闖入農舍的孩童們 / 看見籮筐裡糾結成堆的蠶 / 驚嚇又興奮地尖叫
> // 好奇地算一算蠶究竟有多少 / 加上覆蓋在桑葉底下快活吃食的 /
> 大約有八百多隻 // 超出分貝孩童們的尖叫聲 / 彷彿晨鐘久久迴盪在
> 曠野 / 那一年一九四七 / 那一天二月二八 // 報告殉難者一千九百四
> 十七 / 重新估計死亡人數兩千兩百二十八 / 加上躲藏在桑樹底下離
> 奇失蹤的 / 大概有一萬多 // 到了紀念日 / 圖畫變成黑白 / 彈奏的指
> 頭變柔軟了 / 我的農田也撒滿同情的種子 // 季節性來臨的時刻 / 波
> 斯菊紅紅紫紫開了一萬八千朵 / 加上覆蓋土地哀傷的白花 / 也有兩
> 萬八千朵 // 放和平假闖入花田的孩童們 / 高分貝興奮的尖叫聲 / 招
> 徠數不清好奇的黃蝶 〔註21〕

在這首哀悼二二八受難者的歷史傷痕記憶書寫中，利玉芳先鋪設出二二八假
日花田農舍遊客的歡樂興奮情景。闖入農舍的孩童們，看到籮筐裡糾結成堆
的蠶，驚嚇又興奮的尖叫。眼前這一個歡樂場景，卻像迴盪在曠野的晨鐘一
般，敲醒了詩人的歷史記憶。思緒被眼前景拉回到 1947 年 2 月 28 日的歷史
現場，受難者與離奇失蹤者的身影，此刻卻與農舍成堆糾結的蠶疊合而爲一，
於是已因年深久遠而化爲抽象數字的二二八歷史傷痛，遂被賦予了鮮明具體
形象，受難者身軀如蠶之成堆糾結。孩童之興奮尖叫，此刻也瞬間質變成了
二二八歷史場景中的驚駭尖叫。然則詩人並未讓這首詩之情境停筆在二二八
的歷史驚駭畫面，而是將鏡頭拉回現實場景，歷史中的傷痛現場，昔日的傷
痛受難日，而今已質變成了季節性的嘉年華，唯有那代表血跡斑斑的紅紅紫
紫波斯菊與代表哀傷的白花，猶能讓後人依稀捕捉到當時情境，然則眞實的

〔註20〕利玉芳：〈自序〉，《活的滋味》，台北：笠詩刊社，1986 年，頁 12。
〔註21〕利玉芳：〈闖進花田的孩童們〉，《夢會轉彎》，頁 33～34。

歷史情境畢竟已成黑白圖片，「放和平假闖入花田的孩童們／高分貝興奮的尖叫聲／招徠數不清好奇的黃蝶」，高分貝的尖叫聲，唯一能招徠的只是數不清的好奇黃蝶，歷史傷痕終究已被絕大多數人所淡忘。

　　利玉芳的政治詩都是從現實的生活，得到不得不寫詩的衝動的作品，其〈淡飲洛神花茶的早晨〉同樣以二二八歷史傷痛入詩：

> 植一株木棉／單純爲了辨識地界／／正月掉光葉子的樹幹／赤裸裸是爲了等待斑芝花開／紅遍枝椏的二月／是屬於春天裡野鴿子的饗宴／／屬於我淡飲洛神花茶的早晨／逢二二八紀念日／洛神花茶有辛酸的滋味／／木棉花染著悲哀的色彩／異樣的幻覺／是我追悼的一種儀式嗎／一群白鴿正好飛過〔註22〕

本土意識濃烈的利玉芳，詩中總時時透顯出對於政治環境的關懷與批判，然而其政治詩並不採激越高亢的語言，而是帶有母性的包容，她不直接明顯袒露，而是透過生活經驗一隅的書寫，展開詩的場景，詩境的展開，也許是一場春雷作響的夜晚，或是清晨一杯洛神花茶的片段時刻，或是家庭出遊活動……，都能激盪詩人穿透表象直取內髓的詩心。再者，由於利玉芳出身南部客庄農家，也使她的詩往往以農村事物爲題材，如驚蟄節氣、農村之牛、錢鼠……等。〈淡飲洛神花茶的早晨〉詩寫二二八紀念日心情，以生活經驗（植樹、春晨一杯洛神茶）爲題材，延伸二二八紀念日之追悼，詩中沒有激越控訴吶喊語彙，只有透過春晨景物所拼貼出的淡淡哀愁，在洛神花茶的辛酸滋味與木棉花的悲哀色彩的烘托下，詩之畫面停格在象徵和平的「一群白鴿正好飛過」新植木棉上空，綠色和平意象與母性之愛盈滿詩境。

　　針對利玉芳詩作中的母性之愛，李篤恭說：「利玉芳持有廣泛的社會意識，而關懷著芸芸眾生。……利玉芳是一位關心社會人群的女詩人；對於敏感的政治問題（敏感是病態的同意詞），她也正視著，但是她是以生來的母性愛心親切但深刻地怨嘆和希冀民主自由之到來；她的詩章與其說是反抗或是批判，倒不如說是虔誠的祈念，讀了令人共鳴而靜悄悄地參與詩人的祈禱。」〔註23〕其他二二八相關詩作亦然，如，〈蠟炬的淚──二二八追悼會〉：「被我的震驚和同情擁抱過的／生命受創的傷口／今夜／就會在我溫潤的胸脯癒

〔註22〕利玉芳：〈淡飲洛神花茶的早晨〉，《淡飲洛神花茶的早晨》，頁48～49。
〔註23〕李篤恭：〈利玉芳作品賞析〉，《笠》147期，1988年10月，頁112。後收錄於利玉芳：《向日葵》，頁229～230。

合」〔註24〕，以及〈一個不是很特別的日子〉：「但求您／解開綑綁著校園安寧的白色繩索／但求您／洗清汙染了台灣學術界的歷史沉冤／但求您／還給十三位學人高風亮節／我無意成筆墨挑起悲傷／心情確實有若羔羊」〔註25〕悼念白色恐怖年代台大哲學系事件十三位受害者，均盈滿沒有仇恨，只有母性寬容的悲憫胸懷，詩境蘊藉含蓄，自有其動人的特殊魅力。

記憶並非聽任心理過程的反覆無常，而是銘記於地景中，成為公共記憶。〔註26〕白葦〈風中花魂〉貼近在地景物，以高雄人愛河畔二二八和平紀念公園的即景發想入詩，在貼近史實的地理環境裡追昔憑弔：

> 名字的意義，有風的足跡／／意義被時間環擁、刻鏤／如風，名字的形跡／在虛空中翻飛／／風的足跡，遂成人們的記憶／所賴倚的牆垣／／每年此時，春風乍起／風的足跡／從記憶的穿堂躡屨而來／從高雄市的仁愛河上空飄飛過來／從小欖仁樹的葉片，從樹梢一起／搖落，一起溜滑下來〔註27〕

此詩為2011年2月28日觀高雄市文化局假仁愛公園舉行二二八紀念活動後記，在追思活動之後，書寫更是為了拒絕遺忘，詩人說：「史實存在於人們的記憶中，但人會衰老凋零，為了保留寶貴的史實紀錄，所以需要有人傳承書寫，需要將事蹟銘刻於碑石上，將之詔示後人。」〔註28〕二二八受難者英靈，是一朵朵潔白素淨的百合花，在每年春風搖落小葉欖仁葉片時，召喚出族群的共同記憶。

郭漢辰〈苦難記事四首〉組詩以〈原罪〉、〈骨灰〉、〈過往記事〉與〈國殤〉書寫二二八歷史悲劇。〈原罪〉以「槍管冷冷地貼著脊樑／春寒蕭瑟的站在身後／所有想念的話／來不及向愛人訴說／短促的一生／被一顆三零年代銹蝕的子彈／匆匆聊盡」〔註29〕回溯歷史，還原現場，透過對比「蕭瑟春寒裡貼著脊梁的冷冷槍管」與「來不及向愛人訴說所有想念的話」，讓冷酷殺戮與暖熱情思冷熱對照，營造出悲劇裡的純美意象，書寫出二二八苦難裡的愛情。〈骨灰〉則書寫二二八苦難裡的親情：

〔註24〕利玉芳：〈蠟炬的淚──二二八追悼會〉，《向日葵》，頁54。
〔註25〕利玉芳：〈一個不是很特別的日子〉《向日葵》，頁46。
〔註26〕Tim Cresswell著，王志弘、徐苔玲譯：《地方：記憶、想像與認同》，頁138。
〔註27〕白葦：〈風中花魂〉，《歲痕新集》，高雄：春暉出版社，2013年，頁4～6。
〔註28〕白葦：〈自序：任生活的飄浮感在筆端築巢〉，《歲痕新集》，頁15。
〔註29〕郭漢辰：〈原罪〉，《地球每天帶著一點遺憾在轉動》，頁64。

當冬天被埋葬成爲記憶的時候／他們仍然一直無法找到父親的屍體／站在千萬群眾吶喊的面前／當年穿透父親的那顆子彈／突然呼嘯過時空／深深打碎／你的／心／／四十年來／父親一直迷路在無盡的黑暗中／無法回去他的骨罈／親人們在淚水裡／企圖尋找他的去向／／在夢中／父親的骨灰／在島嶼遼闊的天空／沒有方向的／漂流 〔註30〕

〈骨灰〉一詩，從受難者家屬視角發聲，書寫二二八事件四十年來，受難父親死不見屍，親人的淚眼也漫漫四十年，尋覓的思念也早已隨淚水潛入漫漫夢中。然則，當受難著家屬以爲時間會埋葬苦難記憶時，作者卻以「站在千萬群眾吶喊的面前／當年穿透父親的那顆子彈／突然呼嘯過時空／深深打碎／你的／心」，摹繪出受難者家屬在歷史現場被召喚出的親情心痛。〈過往記事〉則再次進入歷史現場：

那年初春寒峭／城市裏／肇事的焰火仍趴在低矮的樓房喘息／街上被仇恨的血水洗得很乾淨／／憂悒的靈魂找不著歸宿的屍體／嚶泣的孩子找不著摯愛的母親／恐懼的人民找不著保護他的國家／不知所措的軍隊找不著所屬的正義／／只有瞎了眼睛的子彈在街巷堂而皇之的當政起來 〔註31〕

作者嘗試還原歷史現場，但並不依時間軸序順寫，而是以倒敘法書寫。詩分三節，首節簡要卻鮮明地勾畫出二二八事件的浩劫後，血洗城市的仇恨焰火暫息，而春寒卻正料峭，一座城市正在死去；次節透過「憂悒的靈魂」、「嚶泣的孩子」、「恐懼的人民」與「不知所措的軍隊」這四個切入點，摹寫焰火暫息前，受難者、失怙者、倖存者與加害者的驚懼失措狀，因爲「找不到」歸宿的屍體、摯愛的母親、保護他的國家與所屬的正義，城市正歷經一場大劫難。詩之末節藉「只有瞎了眼睛的子彈在街巷堂而皇之的當政起來」讓詩之畫面還原到槍林彈雨的現場，歷史的一頁遂透過作者的想像，鮮活地重現於詩中，以行動劇的眞實感，呈現出二二八第一現場實錄。謝政芳以「浪漫與寫實的拼圖者」〔註32〕指出郭漢辰把浪漫純美的意象，鋪陳在二二八悲劇

〔註30〕 郭漢辰：〈骨灰〉，《地球每天帶著一點遺憾在轉動》，頁66～67。
〔註31〕 郭漢辰：〈過往記事〉，《地球每天帶著一點遺憾在轉動》，頁67～68。
〔註32〕 謝政芳：〈浪漫與寫實的拼圖者──關於郭漢辰的詩夢想〉，郭漢辰：《地球每天帶著一點遺憾在轉動》，頁192。

的背景裡，「浪漫」是指其詩中浪漫純美意象，而「寫實」則指其深沉憂憤的寫實筆法。郭漢辰〈苦難記事四首〉組詩，並不採平鋪直敘的描寫，而是以浪漫純美意象鋪陳描述二二八悲劇，無激烈批判語卻深具反省力，詩風格融浪漫與寫實於一爐，批判與反省力的悲情蔓葛，在其詩中娓娓游移，摹繪出純美但沉鬱之境。

（二）美麗島事件

美麗島事件，又稱「高雄事件」，是台灣歷史裡繼二二八與白色恐怖後，另一個撕裂台灣社會的歷史傷痕。更是「使台灣作家在打擊中挫敗下來後，台灣文學家再燃起參與的星火。」〔註33〕1979 年 12 月 10 日，反對國民黨一黨專政的黨外人士，在高雄舉行「世界人權紀念日」大會，當局派鎮暴警察，以國家暴力逮捕大批黨外異議人士，促使長期與政治保持距離的學者、作家，走出書寫，以文字、論述、行動對抗當局。李敏勇〈戒嚴風景〉照寫出在街頭上演的國家暴力：

> 雨水 / 從變色的天空灑落下來 / 鎮暴部隊的盾隊 / 在閃電中發光 / 武裝警察的棍棒 / 在雷擊中發亮 // 城市 / 出現了一個新的邊界 / 一邊是手無寸鐵的群眾 / 一邊是瓦斯催淚彈 / 從民生路民權路到民族路 / 僵持在潮濕的夜色裡〔註34〕

〈戒嚴風景〉為李敏勇詩集《戒嚴風景》（1990）同名詩作。作者嘗試還原美麗島事件的歷史現場，整首詩對時間、空間、人物與事件過程，都力求如臨現場。詩分兩節，首節摹寫鎮暴部隊攻勢，以「雨水」破題，藉「變色的天空」、「閃電」與「電擊」與「鎮暴部隊的盾隊」、「武裝警察的棍棒」意象的重疊，以凸顯閃電雷擊與盾隊棍棒交映發光發亮的鎮暴現場；次節以「城市」切入詩境，格外具反諷意味，「城市（city），與公民（citizen），這源自西方的制度語彙有著同樣的字根，搬到實施動員戡亂 30 年的台灣，城市做為公民討論、參與、共同決定公共事務的空間意義，和憲法一樣被凍結著。沿著空有虛名的民生、民權、民族路，公民權的爭取和國家暴力的遂行，一路僵持。」〔註35〕於是在一邊是「手無寸鐵的群眾」，一邊是「瓦斯催淚彈」的對應圖像

〔註33〕 李敏勇：〈美麗島事件與台灣文學航向〉，《戰後台灣文學反思》，台北：自立晚報，1994 年，頁 81～97。
〔註34〕 李敏勇：〈戒嚴風景〉，《青春腐蝕畫・戒嚴風景》，頁 166。
〔註35〕 蔡佩君：《詩的信使──李敏勇》，頁 116。

裡，從這一夜開始，城市，出現了一個新的邊界。同樣書寫美麗島事件，李敏勇〈他愛鳥〉喻寫黨國機器構民於罪：

> 起初 ／他只是觀察 ／他在黑暗裡 ／而鳥 ／鳥在陽光下 ／／鳥自由自在
> ／鳥歌唱 ／鳥跳舞 ／鳥和往常沒有兩樣 ／／而他 ／他不能想像鳥有這
> 麼快樂 ／他不能想像鳥有這麼單純 ／他嫉妒 ／他懷疑 ／怎麼可能沒
> 有異議 ／每個人都會有所不滿 ／世界不可能完美無疵 ／他肯定鳥藏
> 有秘密在鳥的心裡 ／／他誓稱要告發它 ／他丟有毒的米穀給鳥 ／他丟
> 石頭在鳥身上 ／他用照相機拍攝鳥的一舉一動 ／他用錄音機記錄鳥
> 的一言一語 ／／而他終於等到他所期望的 ／他歡呼 ／他收集著證據 ／
> 他打開鳥籠的門讓鳥進來 ／／這時 ／鳥才看見站在亮處的他 ／鳥變成
> 在黑暗裡 ／而他說 ／他愛鳥 〔註36〕

〈他愛鳥〉是《戒嚴風景》開卷詩。整首詩以寓言方式描寫黨國機器構民於罪的手法。「他」與「鳥」被對比呈顯，「他」是隱身黑暗處的觀察者，而「鳥」在陽光下不知情的被觀察著，「他」是誰？作者並不明說，卻大有獵者與獵物之間的應對關係存在。「鳥」自由自在的歌唱跳舞，酣暢的表現出自由意志，而「他」嫉妒鳥的快樂，懷疑鳥的單純。詩之末節，進入「他」的內心聲音，他妄想著「鳥」心裡必藏有不可告人的不滿與異議，他不能想像「鳥」有這麼快樂單純，「他」恐懼思想，更忌妒自由思想的承載者。詩行至此，「他」與「鳥」所象徵的威權當局與人民的對應關係，遂與詩題「他愛鳥」縮合為一，形成反諷。作者透過詩寫，嘗試揭露假面後面的真實，那就是，人民只是自由自在唱歌的鳥，而「他」以「愛」之名，製造了政治犯，也製造了美麗島事件。

二、殖民威權抵抗

詩是抵抗權威、追求自由最有力量的手段，最輝煌的成果。〔註37〕政治書寫的本質在於詩人追究意義的真實性，因為「人的社會行為，免不了包含有政治的成分，而詩人與現實世界的交涉中，對事物的觀察進而批評或反省，基於敏銳的想像力，產生事物新關聯的思考和建立，成為詩想的源泉，特別

〔註36〕 李敏勇：〈他愛鳥〉，《青春腐蝕畫·戒嚴風景》，頁160～161。
〔註37〕 李魁賢：〈台灣詩人的反抗精神〉，《詩的反抗》，台北：新店，新地文學，1992年，頁206～207。

是在政治不公，威權對人民不義的社會裡，詩人立足於追究意義眞實性的本質，對政治現象的批評會增加，成爲人民（尤其是弱勢人民）心聲的反映，因而有被劃分爲政治詩的情形。」〔註38〕以下將從「威權戒嚴批判」與「解嚴後反思」這兩個面向，探討台灣戰後屏東現代詩中的反殖民威權書寫。

（一）威權戒嚴批判

　　台灣殖民時代雖已結束，但國民政府的強勢威權統治，卻讓台灣經歷類殖民統治傷害。殖民論述學者梅彌（Albert Memmi）認爲，殖民所造成的最重要傷害，是使被殖民者從他的歷史和社群中被徹底根除，使被殖民者對自己的生活方式、記憶與語言，產生遺忘與憎恨的情緒。因此形成一種殖民者與被殖民者間優／劣、上／下的二元對比。〔註39〕而法農（Frantz Fanon）則認爲被殖民者在殖民的屈辱支配關係中，勢必會採取一種自我憎恨與否定的方式，來面對自己的黑皮膚，而在生活方式、語言、意識形態和文化表達上，被迫去除自己的膚色，在無意識中盡量採用「漂白化」的方式，而形構出一種對自我文化與種族的摒棄情感。在這樣的自卑情境下，即使殖民者早已離開，不具有直接性的統治關係，殖民地也無法眞正揚棄自我毀棄與文化優劣對比的內在意識。〔註40〕曾貴海一向不與主流價值同聲共氣，其詩作總展現從邊緣化的客體來抵抗中心的反殖民性格。曾貴海詩集《浪濤上的島國》（2007），以濃烈歷史感，寓寄反殖民威權壓迫之詩思。例如詩集開卷序詩〈男人六十歲〉寫道：

> 天生的奴才能領悟古老文明餘暉的深邃嗎
> 滿身殖民傷痕的奴才能參悟語言的神祕美學嗎
> 馴服的奴才能掙脫本質上的枷鎖嗎
> 複製的奴才能洗除植入腦中的祕令嗎
> 異化的奴才有能力辨識自己的鏡像身份嗎
> 混種的奴才可以坐上彫龍的鳳椅嗎〔註41〕

整節詩藉敵視者的旁白，以不斷堆疊的複沓句式，融「天生的」、「滿身殖民傷痕的」、「馴服的」、「複製的」、「異化的」與「混種的」而成一體，形塑出

〔註38〕李魁賢：〈動物、詩與政治〉，《詩的反抗》，頁90。
〔註39〕廖炳惠：〈colonial discourse 殖民論述〉，《關鍵詞200》，台北：麥田出版社，2003年，頁45。
〔註40〕廖炳惠：〈colonial discourse 殖民論述〉，《關鍵詞200》，頁45。
〔註41〕曾貴海：〈男人六十歲〉，《浪濤上的島國》，頁3。

殖民者眼中的「奴才」面貌：一個不斷被馴服、複製、異化、混種，乃至滿身殖民傷痕的天生奴才！一個喪失辨識自己能力的異化的族群！於是，曾貴海在〈殖民的幽靈遠離了嗎〉疾呼：「殖民的幽靈遠離了嗎／不然，妳（你）們竟然毫無警覺／他們從歷史失明的眼神中復活／他們從苦難失憶的國度中復活／他們從馴服的靈魂中復活」〔註42〕以此提醒台灣人提高警覺，莫讓歷史失明、苦難失憶，莫讓殖民幽靈復活於無知的馴服中；〈延遲到訪的歷史〉也以「殖民者的靈魂仍然佔用著妳們的身心／島上的許多人已被徹底改造並複製」〔註43〕再次直指被殖民異化複製的歷史真相；〈突然又閃現的歷史〉則以「做為一個台灣知識份子內心裡面必然隱藏著對抗霸權的複雜情緒並形構成知識良心的基模反抗的火花隨時會從神經系統的感覺組織失控的開槍」〔註44〕以連續毫無斷句之快節奏長語，一口氣說出作為一個台灣知識份子抵抗霸權的必然性，頗能呼應句尾「失控的開槍」語境。

　　同樣書寫反殖民威權，曾貴海〈將軍的白日夢〉則聚焦獨裁者，體現作者心中威權統治的記憶圖像：

> 那時候，他坐著台灣／心中澎湃著子民的歡呼／世界與他同在／／但世界不因為他而死去／世界展開了沒有他的迷局／蝴蝶穿越樹叢上的花朵／鳥群拍撲晴空下的翅翼／／那時候，他坐著台灣／美麗的地景被權力的眸光佔領／他的名字就掛上門牌／裝飾成環繞島國的莊園／／莊園內駐守著整連軍隊／兩條地下道通向安全出口／待命的飛機從來沒有升空／有些人被邀請進入行館／因為效忠必須經常被提醒／／眼前的湖岸雕砌成想念的弧度／從高雅的花岸回視故國的西湖／滑動著追憶的迴旋和斜度〔註45〕

〈將軍的白日夢〉一詩，以將軍為摹寫主角，詩分十一節，本文選錄前五節。首節以「他坐著台灣／心中澎湃著子民的歡呼／世界與他同在」簡短三句，刻意以看似恭維的正面語彙，膨脹威權者生前意氣風發形象；次節卻又摹繪出一幅蝶舞花叢、鳥飛晴空圖像，反諷性地藉世界持續運轉，凸顯過去文宣強調無統治者台灣將岌岌可危的謊言性；第三、四節再次以「他坐著台灣」起筆，摹繪威權者坐在軍備嚴密的美麗行宮，召見宣誓效忠的部將，頗具意

〔註42〕　曾貴海：〈殖民的幽靈遠離了嗎〉，《浪濤上的島國》，頁76～77。
〔註43〕　曾貴海：〈延遲到訪的歷史〉，《浪濤上的島國》，頁91。
〔註44〕　曾貴海：〈突然又閃現的歷史〉，《浪濤上的島國》，頁94。
〔註45〕　曾貴海：〈將軍的白日夢〉，《湖濱沉思》，頁68。

氣風發氣概；然則第五節卻又進入將軍內心，捕捉其「從高雅的花岸回視故國的西湖」的自欺欺人，鍾榮富說：「回顧全首詩，主題固然充滿了反殖民意識，但詩人越寫越感悟到將軍在台灣的後半生，與其說是權力的滿足，不如說是心靈的孤淒，原來他陷身在白日夢的枷鎖之中，無法面對現實。」〔註46〕阮美慧則評：「曾貴海在〈將軍的白日夢〉，嘲諷他昔日所雕塑的『島國莊園』、『想念的弧度』，如今只留下忘了帶走的銅像，在褪去『歷史榮光』，顯映不堪的真相時，『將軍』對台灣所刻下的歷史傷痕，令人有不勝唏噓之感。」〔註47〕曾貴海以「將軍的白日夢」入題，透過拆解將軍過去榮光背後的假像營造，以及最終聚焦那無處不在的寂寥銅像，在反殖民威權的詩思內涵裡，更流洩出感悟昨非之唏噓。

　　曾貴海〈將軍的白日夢〉聚焦威權者的自欺，〈向日葵〉將質疑指向盲從者：

> 從戰後的土地伸出來／不成比例的莖／扇開偌大的花朵／一眼望去／滿田的頭／齊一膜拜向太陽／／太陽／白日唯一的神／重覆著無比權威的啟示／信我愛我並追隨我／否則凋謝枯萎／／而當夕陽燃成古國的暮色／燃成黑夜的藍霧／溫柔純淨的謎音／自灣洋山川湧現／沉落的花臉／該朝向那個方位呢〔註48〕

鄭烱明評曰：「『從戰後的土地伸出來』的向日葵意味著什麼呢？為了膜拜、追隨權威，以為這樣方可保護自己，方能免除凋謝、枯萎，其實真的如此嗎？有沒有想到，當無比的權威的太陽有一天變成夕陽，然後『燃成古國的暮色，燃成黑夜的藍霧』時的情景，那時『沉落的花臉／該朝向那個方位』。」〔註49〕而直指〈向日葵〉以冷靜之筆質疑無主見、只會向權威頂禮膜拜者，是曾貴海優秀詩作之一；阮美慧則評論：「利用動植物的意象，具體化生命的思考方向，以抒情繪畫的手法，呈現內心幽微的詩情。……年輕生命的理想追尋，如同向日葵仰望著太陽，那是唯一的真理與權威，但隨著時間的流轉、命運

〔註46〕鍾榮富：〈曾貴海的文論與創作〉，《不斷超越的詩章──曾貴海作品研究》，頁192。

〔註47〕阮美慧：〈始於靜觀，終於哲思：曾貴海《湖濱沉思》中的文本隱喻〉，曾貴海：《湖濱沉思》，頁116。

〔註48〕曾貴海：〈向日葵〉，《鯨魚的祭典》，頁54～55。

〔註49〕鄭烱明：〈真摯的詩情──序曾貴海詩集「鯨魚的祭典」〉，曾貴海：《鯨魚的祭典》，頁25。

的遷徙，鮮紅豔麗的太陽神，終究化為黑夜的藍霧，在氤氳迷霧的情境下，遂迷思了追尋的方向。」〔註50〕認為此詩的抒情繪畫手法，顯現了人生的矛盾與掙扎。

利玉芳〈向日葵〉以校園孩童與向日葵為題材，延伸至反殖民威權的政治批判：

> 夏日的小學校園／盛開著童稚般臉蛋的向日葵／早晨／他們立正注目／東方冉冉升起的太陽／黃昏／一致向緩緩西降的落日／敬禮／／規規矩矩的向日葵／是岸邊歌頌的國花／長大　才知道／意外而不敢親近／深怕中了花粉散播的毒素／／現在　睜一隻眼／欣賞一簇簇金黃／長在寶島施肥的土地上／閉一隻眼／食葵花的油　嗑葵花的子／聆聽資本家為它宣傳經濟價值／／喜歡／要壓低嗓子唱它的乳名──／日頭花日頭花滿天下愈熱它愈開花／／該用其甚麼樣的聲音歌頌它呢／唱 SUN FLOWER／唱ひまわり／唱著美麗且遙遠／那甚麼事故也不會發生吧〔註51〕

向日葵在此詩裡，既是小學孩童純稚臉蛋，也是日出日落的太陽，更也是對岸中共的國花。夏日的校園裡，盛開的向日葵在早晨傍晚對太陽行日出日落注目禮；小學生們早晨傍晚參加升降旗典禮，對國旗行注目禮。前者出於自然，後者則是生活裡的政治經驗，但小孩純稚的臉就如同那盛開的向日葵，全然出於自然，童稚心靈不解人為的政治性，長大後理解了其中的政治意涵後，反而對全然自然的向日葵充滿了矛盾戒懼。李敏勇說：「向日葵是中華人民共和國的國花，在戒嚴統治期間的台灣，充滿政治禁忌，向日葵是十分敏感而且危險的語詞。然而時代的變遷，向日葵的象徵性已脫離了政治的禁忌。……事實上，向日葵在台灣人心目中就是日頭花。……它愈熱愈開花，喜歡它，但是在心裡卻充滿著……從台灣主體性對它象徵的那另外一個國家的戒懼。」〔註52〕直指出利玉芳從向日葵的意象裡，既巧妙處理了生活裡的政治經驗，也處理的政治裡的生活經驗。

利玉芳〈遙控飛機〉書寫被遙控的老百姓：

〔註50〕阮美慧：〈從「現實」到「原鄉」──曾貴海詩中「鄉土情懷」的探索與追尋〉，陳明柔主編：《台灣的自然書寫》，頁298～299。

〔註51〕利玉芳：〈向日葵〉，《向日葵》，頁82～84。

〔註52〕李敏勇：〈美麗的向日葵〉，利玉芳：《向日葵》，頁163～164。

那不斷超越在廣場四周／在群眾頭頂的／模型飛機 耍弄糾纏和翻
滾的演技／群眾的頸子抬起酸痛的天空／叫讚／它 狂愛這樣熱烈
的擁護和呼叫／彷彿聽著處女在初夜的嘶喊／／魯莽而失去了方向／
模型飛機猛然栽在蔓草叢中／殘骸喘著煙息／聽見群眾微弱的呻吟
／群眾 你們失事了嗎／快快逃離那假象的現場／爲你們的意識活
過來／同歸到緊貼著你們的廣場四周著陸／在廣場的某一個角落／
有你們要認知的眞相／從開始到結束／那個遙控著你們情緒／忽高
忽低的人〔註53〕

〈遙控飛機〉是利玉芳早期作品。對於詩寫緣起，利玉芳說：「記得當時我帶
小孩到烏山頭去看遙控飛機比賽，回家後有感而寫的。我的看法是比較能反
映政治意味的在於詩的後半段，承如陳亮說的最後一段節奏加快，這並非有
意鼓動別人，而是叫群眾有認知眞相的必要。有時候還會爲『彷彿聽著處女
在初夜的嘶喊』這一句而驚訝不已，想想自己當時用字怎麼如此露骨？可能
是當年作詩的心境比較粗獷豪放吧！」〔註54〕整首詩以生活經驗中觀賞遙控
飛機比賽爲題材，並採默劇的表現方式，將詩之觸角延伸至台灣政治事件的
深刻表露與心痛。此詩引發詩壇高度關注與討論，蔡榮勇評此詩：「對於目前
台灣政治事件有著深刻的表露與心痛，……最勇敢也最美，甚至大膽，用自
己女人獨有的溫柔，演一場默劇，連詩的題目富於詩味。」〔註55〕認爲此詩
是近年來難得一讀的好政治詩；陳亮則認爲「政治詩總令人想到抗議、譴責、
吶喊，血氣賁張叫人喘不過氣。但這幾首詩，卻顯見女性的溫柔，被『震驚』，
被『感染』，而不至於暴怒。……我欣賞作者呈現要被朦蔽的人清醒過來的焦
急。」〔註56〕讚其詩境中被震驚、感染，而不至於暴怒的溫柔特質呈顯；白
荻則說：「此詩的觀點特異，失事的是群眾，被遙控住的是觀眾的情緒。是反
逆思考，營造了新鮮感。」〔註57〕盛讚此詩反逆思考詩筆的突出運用。利玉
芳從現實生活出發，以具戲劇性與音樂性的鮮新自然語彙，捕捉日常生活裡
的政治意義，〈遙控飛機〉在劇動張力之中，更有著作者解碼政治社會的敏銳
嗅覺。

〔註53〕利玉芳：〈遙控飛機〉，《活的滋味》，頁64～65。
〔註54〕利玉芳：〈利玉芳作品賞析〉，利玉芳：《向日葵》，頁232～233。
〔註55〕蔡榮勇：〈利玉芳作品賞析〉，利玉芳：《向日葵》，頁222。
〔註56〕陳亮：〈利玉芳作品賞析〉，利玉芳：《向日葵》，頁223。
〔註57〕白荻：〈利玉芳作品賞析〉，利玉芳：《向日葵》，頁225。

　　然則作為一位有著敏銳政治社會嗅覺的詩人，其志業該投向何處？李敏勇〈詩的志業〉說：「我們尋找不被破壞的字／為了在虛偽國度追求眞實／／權力是罪魁禍首／驅使政治的幽靈扭曲語言／每一個字都可能是被害者／／我們小心翼翼／呵護每一個受傷的字／讓字和字結合成抵抗的力量／／讓語言復活／以便我們足夠堅強／去逮捕加害者」〔註58〕認為詩人的志業必須透過文字產生抵抗政治幽靈的力量。以字和字結合成抵抗的力量，讓被閹割的話語權復活，形成拒抗論述。所謂「拒抗論述」，理查特迪曼（Richard Terdiman）認為，論述是主流文化以及統治政權，透過權力知識的傳播方式，在日常生活中，讓主體變成客體，不知不覺中，將主流意識與社會既定的意識形態吸收、含納並加以複製，這種意識形態複製、形成與傳播的作為與過程，即是「論述」。而透過拒抗主流意識形態的方式，由文本和「論述」中找尋其矛盾、衝突與漏洞，利用重新解讀或解構的方式，把被壓抑的女性、庶民與沒有身分、沒有發言權、沒有被再現的主體重新加以闡明，即是「拒抗論述」。〔註59〕李敏勇的抵抗詩觀，體現在其詩作的批判精神之中。例如，李敏勇〈暗房〉以暗房為喻，批判威權時代的政治現象：

　　這世界／害怕明亮的思想／／所有的叫喊／都被堵塞出口／／眞理／以
　　　相反的形式存在著／／只要一點光滲透進來／一切都會破壞〔註60〕

以高度冷靜自覺，為被欺壓者發聲，是李敏勇詩作特色。黃恆秋說：「李敏勇在處理詩的素材時，喜歡站在被欺壓者的立場出發，而意志裏仍能保持著冷靜與高度自覺，哀愁而不頹廢，冥想而不虛幻，此乃李敏勇對詩想掌握的特點之一。」〔註61〕〈暗房〉整首詩八行四節，藉暗房漆黑不能感光的現象，隱喻被威權時代鎖在黑盒子中深不可知的台灣歷史。詩句簡短卻批判力道強勁，詩境具高度冷靜與自覺，可視為李敏勇為眞理向強權迎戰的宣言。古繼堂《台灣新詩發展史》說：「一個詩人反對不義的戰爭，就要反對那醞釀戰爭的溫床和那吃人的社會制度。李敏勇深深地看到了這一層。因此，他並沒有把筆觸限定在戰爭題材上。他的大量的作品，特別是

〔註58〕　李敏勇：〈序詩──詩的志業〉，《傾斜的島》，新店：圓神出版社，1993年，頁11～12。

〔註59〕　廖炳惠：〈counter-discourse 拒抗論述〉，《關鍵詞200》，頁52。

〔註60〕　李敏勇：〈暗房〉，《青春腐蝕畫》，台北：玉山社，2004年，頁162。

〔註61〕　黃恆秋：〈俘虜的詠嘆──讀李敏勇詩集「暗房」〉，《文訊》第26期，1986年10月，頁54～55。

一些優秀之作，還是擲向社會的匕首。」〔註62〕〈暗房〉與〈底片的世界〉
便是作者站在被壓迫者立場，直刺向社會的匕首。暗房的世界，就是戒嚴
統治下的社會。戰後台灣的歷史，被有關當局刻意抹滅消音，歷史真相的
被矇蔽，讓戰後戒嚴統治下的台灣社會，有如暗房的世界，「在這樣的社會，
意義不只隱而不顯，還呈現逆反現象。」〔註63〕詩境看似悲觀，實則不然，
李敏勇說：「『暗房』對現實的觀察似很悲觀，那是觀察客觀世界，事實即
是如此的結果。我的詩對現實經驗做觀察、記錄、思考與批評。……『光』
暗示著努力、意義的重建，對不合理的反抗。」〔註64〕整首詩透過李敏勇
獨特的暗喻美學，藉詩末「只要一點光滲透進來」，傳達出悲觀之後，那一
點光所暗示的許許多多機會。

　　李敏勇〈底片的世界〉寫威權時代的政治現象，同樣以暗房沖洗底片隱
喻台灣歷史黑白不分、真假難辨：

> 關上門窗／拉上簾幕／我們拒絕一切破壞性的光源／在暗房裡／
> 小心翼翼地／打開相機匣子／取出底片／它拍攝我們生的風景／
> 從顯像到隱像／它記錄我們死的現實／從經驗到想像／我們小心
> 翼翼地／把底片放進顯影藥水／以便明晰一切／它描繪我們生的
> 歡愉／以相反的形式／它反映我們死的憂傷／以黯澹的色調／直
> 到一切彰顯／我們才把底片取出／放進定影藥水／它負荷我們生
> 的愛／以特殊的符號／它承載我們死的恨／以複雜的構成／這時
> 候／我們釋放所有的警覺／把底片放入清水／以便洗滌一切污穢
> ／過濾一切雜質／純純粹粹把握證據／在歷史的檔案／追憶我們
> 的時代〔註65〕

〈底片的世界〉一詩，呈現的是對於現實物象和知性思維的交錯。〔註66〕李
敏勇把暗房當做創作的環境，把底片記錄當做方法論，藉由對現實觀點的改

〔註62〕古繼堂：《台灣新詩發展史》，台北：文史哲出版社，1989年，頁463。
〔註63〕李敏勇：〈暗房的世界——詩人的告白〉（代序），《暗房　李敏勇手抄詩集》，
　　　　高雄：春暉出版社，2010年，頁16～17。
〔註64〕張信吉：〈意義辯證與社會重建〉，李敏勇：《做為一個台灣作家》附錄，台北：
　　　　自立晚報出版部，1989年，頁151。
〔註65〕李敏勇：〈底片的世界〉，《青春腐蝕畫·戒嚴風景》，台北：玉山社，2004年，
　　　　頁188～189。
〔註66〕鄭烱明等作：〈暗房的世界——李敏勇作品論〉，李敏勇：《青春腐蝕畫》，台
　　　　北：玉山社，2004年，頁222。

變，試圖帶給人對現實嚴肅性的認識。〔註67〕阮美慧則評曰：「台灣戰後長期的戒嚴，使得人們患有『歷史失憶症』或『政治冷感症』，對台灣的過去全然不知或戒慎恐懼，致使台灣的歷史長期被隱匿在黑暗中，如沈封地底的礦石等待被挖掘。」〔註68〕指出此詩以沖洗底片的原理，凸顯戰後戒嚴時空裡，台灣歷史的黑白不分、真假莫知現象。喜歡攝影的李敏勇，用文字將戒嚴時期的台灣歷史真相攝入詩之底片，然後把文字底片放入時間的清水裡，等待歷史真實圖像浮現的那一刻。

地方，導向記憶。機敏而鮮活的記憶會自動與地方發生聯繫，在地方裡頭找到有利記憶活動，並足以與記憶搭配的特質。〔註69〕同樣批判威權戒嚴，李敏勇〈從有鐵柵的窗〉透過窗外之景，書寫出戒嚴體制下的城市傷痕：

> 記得嗎 / 那天 / 下著雨的那天 / 我們站在屋內窗邊 / 你朗讀了柳致環的一首 / 「…… / …… / 唉！沒人能告訴我嗎 / 究竟是誰？是誰首先想到 / 把悲哀的心掛在那麼高的天空？」 / 順手指著一面飄搖在雨中被遺忘的旗 / 很傷感的樣子 / 而我 / 我要你看對街屋簷下避雨的一隻鴿子 / 牠正啄著自己的羽毛 / 偶而也走動著 / 牠抬頭看天空 / 像是在等待雨停後要在天空飛翔 / 我們撫摸著冰涼的鐵柵 // 它監禁著我們 / 說是為了安全 / 我們撫摸著它 / 想起家家戶戶都依賴它把世界關在外面 / 不禁悲哀起來 / 從有鐵柵的窗 / 我們不去考慮鐵柵的象徵 / 它那麼荒謬地嘲弄著我們 / 它使得我們甚至不如一隻鴿子 / 牠在雨停後 / 飛躍到天空自由的國度裡 / 而我們 / 我們僅能望著那面潮濕的旗 / 想像著或許我們的心是隨著那鴿子 / 盤旋在雨後潔淨透明的天空 〔註70〕

對於此詩的底蘊，李敏勇自述：「從有鐵柵的窗，人被禁制在缺乏充分自由權的生存環境，透過對於外部世界的旗和鴿子的關連性，呈現心和思想的感受和意願。……詩中的旗的意象，交叉出兩國政治批評的意蘊。在旗幟所呈顯

〔註67〕 張信吉：〈意義辯證與社會重建〉，李敏勇：《做為一個台灣作家》附錄，頁151～152。

〔註68〕 阮美慧：〈社會與政治：「笠」戰後世代詩人的現實詩學〉，鄭烱明編：《笠詩社四十週年「國際學術研討會」論文集》，台南：台灣文學館，2004年，頁192。

〔註69〕 Tim Cresswell著，王志弘、徐苔玲譯：《地方：記憶、想像與認同》，頁139。

〔註70〕 李敏勇：〈從有鐵柵的窗〉，《青春腐蝕畫·戒嚴風景》，頁186～187。

的政治權力象徵的不幸感覺和對應態度，表現出做為人的抵抗情懷和反省。
這樣的詩是不同於反映殖民地統治和國際戰爭經驗，而反映了國家內部社會
的政治狀況，是戰後台灣、韓國詩的獨特一面。」〔註 71〕〈從有鐵柵的窗〉
一詩化用韓國詩人柳致環詩中的旗幟意象，以及柳致環對於旗幟的質問所反
映出來的國家、政治感受，表達了作者對國家禁制權力的質疑。〈隱藏的風景〉
則剝除被時間之流所隱藏的島嶼身世：

> 從我的窗 ／ 能看見鎮壓部隊 ／／ 隱藏在公園預定地 ／ 鎮壓部隊 ／ 在陽
> 光下演習的陣式 ／ 成為我窗口風景的一部份 ／ 綠色密林 ／ 包藏著鎮
> 壓部隊 ／ 但他們暴露在光線裏 ／／ 我的眼睛 ／ 因常常與鎮壓部隊相遇
> ／ 而疼痛 ／ 只好拉上百葉窗 ／ 拒絕那風景 ／ 也拒絕了自然的光線
> 〔註 72〕

記憶自然而然是地方導向的，或者，至少是得到了地方的支撐。〔註 73〕〈隱
藏的風景〉同樣透過一扇外視的窗，質疑國家禁制全力，「詩內外對照，互為
隱喻，描述了讓人裡外不是，不適的環境。……鎮壓部隊在公園預定地演習，
後來，鎮壓部隊不見了，換了樹苗和植栽，那吼聲卻似乎仍隱藏在周遭車水
馬龍的喧囂聲中。」〔註 74〕指出這首詩除翻開隱藏空間中代表國家暴力的景
象，更也剝除被時間之流所隱藏的島嶼身世。

（二）解嚴後反思

　　台灣戰後屏東作家並不一味追溯記憶箝制人心的威權戒嚴時代，他們的
詩作中也反思解嚴後的政黨惡鬥、選舉頻仍與社會對立等諸多現象。例如，
郭漢辰〈上班族的政治觀〉批判抗議遊行頻仍，社會氣氛緊張：

> 上萬人在報紙上大遊行 ／ 進行到激烈衝突時 ／ 數十雙拳頭忽然爭相
> 伸出 ／ 差點打翻你早餐的 ／ 咖啡牛奶 ／／ 事實上 ／ 一早也很擔憂 ／ 老
> 闆臉色乍然變化 ／ 比高溫更讓人滿身大汗 ／ 辦公室醞釀不安的低氣
> 壓 ／ 這算不算另一種 ／ 政治？ ／／ 趕著上班 ／ 報紙隨手一丟 ／ 龐大的

〔註 71〕　李敏勇：〈穿越亞洲歷史的光與影〉，《做為一個台灣作家》，頁 119。
〔註 72〕　李敏勇：〈隱藏的風景〉，《傾斜的島》，新店：圓神出版社，1993 年，頁 78～
　　　　　79。
〔註 73〕　Tim Cresswell 著，王志弘、徐苔玲譯：《地方：記憶、想像與認同》，頁 139。
〔註 74〕　蔡佩君：《詩的信使：李敏勇》，台北：典藏藝術家庭出版，2010 年，頁 155
　　　　　～156。

抗議／便一直困在字紙簍裏／大聲吶喊／卻逐漸／聲嘶力竭〔註75〕

〈上班族的政治觀〉詩分三節，首節以「上萬人在報紙上大遊行」破題，詩之鏡頭聚焦報刊抗議遊行激烈衝突畫面，透過「數十雙拳頭忽然爭相伸出／差點打翻你早餐的／咖啡牛奶」誇飾修辭運用，既鮮活呈顯抗議遊行場面激烈，更也凸顯政治議題如何透過傳媒滲透入庶民生活中的平凡角落；次節鏡頭轉進想像中的辦公室一角，藉「老闆臉色乍然變化／比高溫更讓人滿身大汗／辦公室醞釀不安的低氣壓」對照首節示威衝突照片，再次凸顯政治的「不安的低氣壓」無所不在。傅怡禎認為「解嚴後抗議遊行頻仍，形成社會發洩緊張對立的一種方式……整首詩從政治、社會延伸到工作，尤其最後幾句更是妙絕，也象徵小老百姓面對生活與政治的雙重無力感。」〔註76〕詩之末節讓鏡頭返回早餐現場，藉由「趕著上班／報紙隨手一丟／龐大的抗議／便一直困在字紙簍裏／大聲吶喊／卻逐漸／聲嘶力竭」暗示著儘管紛擾的政治低氣壓無所不在，但小老百姓的生活步調仍要繼續，工作的壓力仍要面對。

洪柴〈誠徵總統一名〉則諷刺解嚴後過度頻繁的選舉：

誠徵總統一名／年齡不限。二十歲以下者／學業、社團、交友為重／毋需為國憂勞，徒增困擾／察納雅言，幸勿自誤前程／若令尊大人剛好／賦閒在家，時逾半年以上／剪下本報截角印花五枚／可代予報名／／誠徵總統一名／性別不拘。女性佳／生育過者尤佳。不明者／請附醫院詳細診察證明／以便治裝／／李、林、邱、郝無礙／諸葛、歐陽、司馬有請／單名複姓隨到隨試／蔣氏也不要不好意思／／時局倥傯，國事如麻／善烹小鮮者，可。苟不得／能舉牛刀者也行。若未具／讀過七頁白話論語、二十一本／金庸小說者，亦從寬通融／應徵者請自量。時局倥傯／國事如麻，為國掄才／急於星火，所以我們要／誠徵總統一名／／韻律舞者佳／報社編輯、記者佳／空服員佳／火車司機佳／鎖匠佳／時局倥傯，國事如麻／真命天子混跡何處／此時此刻，還有心情／跟我們戲玩躲貓貓？／博士候選人？／廣告招牌油漆工？／電腦打字小姐？西餐廳老闆？／人壽保險推銷員？／或是正坐在馬桶上，看報紙的／你？／／被退過稿的作家可。／受傷離隊的職棒球員可。／從不使用保險套者可。／沒吃過

〔註75〕 郭漢辰：〈上班族的政治觀〉，《地球每天帶著一點遺憾在轉動》，頁110～111。
〔註76〕 傅怡禎：〈屏東地區新詩發展初探〉，頁151～152。

萬巒豬腳者可。／屈迫從娼者可。／常看脫衣舞者可。／裝義肢者
可。／五子哭墓員可。／父不詳者可。／出國曾被旅行團放粉鳥者
可。／家中未裝設第四台者可。／內痔、外痔不耐久行者均可。∥
誠徵總統一名／左鄰右舍煩相通告／親朋好友互予荐舉／冀求畢其
功於一役／龍首既出，百逆遂服／則社稷幸甚！黎民幸甚！〔註77〕

過度頻繁的選舉，是台灣解嚴之後的特殊現象，〈誠徵總統一名〉以淺白口語
字句、極盡戲謔的口吻幽默反諷，藉八節長詩，羅列誠徵總統公告內所附資
格要求，詩中藉不斷拋出的各種良莠不齊條件對象，除堆疊勾勒出令人莞爾
的現代選舉怪現狀圖像，更也凸顯了名為選賢舉能，實則毫無標準底線的選
舉真貌，究竟是臥虎藏龍？抑或是藏污納垢？再者，趕進度般的汰舊換新，
不正是造成政黨惡鬥與政策搖擺的元兇之一，也因此，洪柴〈誠徵總統一名〉
所堆疊拼貼的選舉怪象，便格外具針貶諷諭意義。

　　走過戒嚴，走過憤怒，曾貴海〈群眾與寂寞〉省思群眾運動激情後的自
我沉澱：

被喚醒的敏銳嗅覺／感應寂寞的氣味／群眾不斷的從四處聚集／推
擠成遷徙的儀式／無法停息的衝刺／穿越命運的奔騰∥寂寞互相碰
撞成火苗／燃燒著火勢的動線／土地被踐踏而發出吼聲／群眾跟隨
空中的旗幟／每個人看見千千萬萬個自己／每個人嘶喊共同的名字
／回應一波又一波的召喚／寂寞消失在群眾中∥不曾隱身的是／寂
寞的群眾／不會消失的是／群眾的寂寞∥前進的道路旁／偶而綻開
詭異的花朵〔註78〕

〈群眾與寂寞〉收錄於《湖濱沉思》（2009），阮美慧以「繁華落盡見真淳」〔註
79〕定調這本詩集，頗能凸顯整本詩集的底蘊。曾貴海早年執筆、行醫；九〇
年代之後，走出書房、診所，積極涉入公共事務，以行動實踐鄉土愛戀；2000
年之後，在進行自我生命探索、原鄉回歸的同時，思維更日趨沉澱、多元與
包容，〈群眾與寂寞〉所展現的，便是走過激烈熱情的群眾運動之後，曾貴海
內心的自我叩問。詩分四節，首節以「被喚醒的敏銳嗅覺／感應寂寞的氣味」
切入，轉化寂寞心覺為嗅覺，再由濃烈嗅覺轉化為從四處往街頭聚集的騷動

〔註77〕　洪柴：〈誠徵總統一名〉，《馬纓丹》，頁118～122。
〔註78〕　曾貴海：〈群眾與寂寞〉，《湖濱沉思》，頁62～63。
〔註79〕　阮美慧：〈始於靜觀，終於哲思：曾貴海《湖濱沉思》中的文本隱喻〉，曾貴
　　　　海：《湖濱沉思》，頁90。

群眾。人群為捍衛公理正義而湧向街頭，藉「推擠」、「衝刺」去驅趕寂寞的氣味；次節藉「寂寞互相碰撞成火苗／燃燒著火勢的動線／土地被踐踏而發出吼聲」，動態摹寫群眾運動的熱情激昂，並藉「每個人看見千千萬萬個自己／每個人嘶喊共同的名字／回應一波又一波的召喚」，凸顯「理想」質變成廉價消費的簡單口號，召喚操控著在群眾激情中被無限放大膨脹的渺小個人；第三節，以「不曾隱身」、「不曾消失」雙重否定的肯定句式，並列對應「寂寞的群眾」與「群眾的寂寞」，逼顯出即便在激情場域，寂寞依舊如影隨形，於是，透過「前進的路旁／偶而綻開詭異的花朵」，詭異突兀畫面被展示於詩之末節，「如何在真理的天平上，保持清醒、平衡。始終是詩人關注及矛盾的中心。」〔註80〕透過解嚴後群眾運動頻仍的反思，整首詩所展現的，也正是作者回歸肅穆沉思的自我觀照圖像。

三、兩岸與國族認同

（一）兩岸關係

利玉芳〈春雷〉以農村注重的節氣「驚蟄」入題，延伸至政治批判對岸飛彈武力威脅：

> 不必等到驚蟄／春雷已經轟隆轟隆／響遍南方的村野／冬眠的昆蟲／都熟悉這久違的聲音／紛紛甦醒／爬出地面／／深夜裡／丈夫的鼻息均勻地貼近我／春天／正在窗外蠕動嘶鳴／／仍有蛻變的族群／害怕聽到轟隆的回音／以為　飛彈就要從對岸打過來／擔心被孤立／縮著頭／蟄居在樂土的地洞／／那種用鼾聲擁抱樂土的睡相／正壓在我失眠的胸脯上〔註81〕

此詩將尋常夫妻生活與社會政治批判做生動意象連結。詩人由日常生活中的一隅起興，臥房外是南方村野的夜晚，驚蟄節氣未到，春雷已迫不及待轟隆作響，驚醒沉睡冬眠的萬物，春天在窗外正蓄勢待發著。臥房內因丈夫鼾聲而失眠的詩人，在屋外雷聲與房內鼾聲交響之情境下，被召喚起內心對台灣政治社會現實之思考。於是，因害怕雷聲而蟄居洞穴的「昆蟲」、害怕對岸飛彈而縮頭於樂土的「昏睡民心」，以及此刻壓在詩人胸脯上的「丈夫睡相」，

〔註80〕阮美慧：〈始於靜觀，終於哲思：曾貴海《湖濱沉思》中的文本隱喻〉，曾貴海：《湖濱沉思》，頁112～113。

〔註81〕利玉芳：〈春雷〉，《向日葵》，頁20～21。

三者連結在一起，諷諭意味被拼貼而出，鮮明地凸顯了當前的台灣社會政治現狀，眞正讓詩人不眠的不是春雷轟隆與春天的嘶鳴，而是壓在詩人母性胸脯上持續不絕的鼾聲。

利玉芳的詠物詩亦深具政治社會批判寓意，例如〈黑蚊〉：「尾巴翹起／那樣侵犯我土地的／發動一場流血的戰爭／是免不了／與牠之間／沒有所謂的／和談」〔註82〕將被蚊叮咬的生活經驗與國土被侵犯的政治經驗做意象連結；〈賣鵝〉：「整個鵝園／上上下下／一致都在相互啄傷／自己同胞的羽毛／／賣」〔註83〕將生活經驗中所觀察到的眾鵝互相啄傷，諷諭賣台者之啄傷自己同胞羽毛；〈透明的牛墟〉則以農村牛被賣的交易行為作為題材，延伸至賣台政治批判：

> 一條鼻繩的短距離／主人／跟／那個人／面對面／／牛冷靜地觀察／
> 咀嚼／他們繞了一個大圈子的會談／／主人跟那個人／不時曖昧地回
> 頭看看牛／牛不安地拍拍耳朵／並無飛蠅困擾／確實有脫離常軌的
> 音波／從繩的彼端傳來／／不屑牛的骨架／不摸摸牠的牙齒／也無意
> 駕馭牛力的／那個人／就願付出很低的代價／牽回家／／不得干預／
> 不得介入的牛墟交流／溫和的牛也有霸氣吧／鼻繩一定拉痛主人了
> ／北港牛墟交易不成／主人再為牠抹一遍土粉／餵牠幾頓草糧／修
> 飾過長的牛角／敲定下次新加坡再協議／／被怨嘆／丟人現眼的台灣
> 牛／含著老淚／陪主人再去趕集／／縱容和不耕的新牛主談判／出賣
> 自己／保障較大的聲音／後世／是一條不歸路〔註84〕

〈透明的牛墟〉以「透明」二字入題，卻是意在反諷，作者以農村牛隻買賣交易充斥著欺罔性為題材，明寫牛隻被主人一而再地牽去市場嘗試賣掉的過程，暗喻台灣人就如同那隻被牽著鼻繩待價而沽的農村牛隻，命運任人宰制。整首詩「譏刺九〇年代的國共會談把人民當牛隻交易」〔註85〕，利玉芳透過詩寫〈透明的牛墟〉，意在以批判性詩語言，去「透明」兩岸外交暗盤的背後黑手。而同樣以牛喻寫台灣人命運的〈牛〉則以「吆喝不是我們的語言／籐條只會使我的肌肉發抖／主人啊／請用您靈犀的臂力／純熟的耕技／輕輕地牽動／繫在

〔註82〕利玉芳：〈黑蚊〉，《淡飲洛神花茶的早晨》，頁87。
〔註83〕利玉芳：〈賣鵝〉，《淡飲洛神花茶的早晨》，頁89。
〔註84〕利玉芳：〈透明的牛墟〉，《向日葵》，頁37～39。
〔註85〕利玉芳：〈解說〉，《利玉芳集》，頁120。

我鼻上的繮繩」〔註86〕以農村勞動之牛為題材，延伸至政治批判，暗喻執政者應靈犀純熟指引台灣人民，耕耘出一片樂土，以此批判執政者領導能力。

（二）國族認同

曾貴海八○年代透過書寫高雄城市地理空間與人物素描，抒發他對自然鄉土的眷戀與愁思，到了九○年代，其關注的地理空間更加擴大到整個台灣，站在更寬廣的「台灣」立場進行思考。例如，〈造神運動〉藉「一九九六年春／總統大選日的午夜／台灣安安靜靜地進入催眠的夢鄉∥……∥台灣，您將往何處∥我清清楚楚地聽到／土地與人民精神內部模糊的囈語／母胎內未出生的嬰兒／追問人間的母國與真相」〔註87〕提問總統大選，台灣本土意識挫敗後的台灣將往何處去？〈男人五十歲〉則寫道：

> 終於瞭解做為父親的況味／細看那塊開花的蕃薯／亮紫的花萼／從
> 土地的綠董挺起／孕育夢又連結夢／緊密有力的網住五十歲父親的
> 心〔註88〕

從台灣土地父親視角，勾畫出從土地開出的番薯亮紫色花萼，所象徵的台灣面對未來的希望。曾貴海土地國家認同的情感，在〈夢國〉〔註89〕詩組更勾畫出獨立建國的政治觀，例如，〈新住民〉：「土地緊緊的抓住腳跟／該是決定的時刻了／地面印滿走過的足跡」〔註90〕，從對自然鄉土的土地眷戀，體悟土地與人民是命運共同體；〈每晚的祈禱〉：「睡夢中的孩子們／我每晚的祈禱／是與你們共享獨立時刻的狂歡」〔註91〕，以父親口吻誠懇呼籲台灣島民，共同擁抱獨立建國的將來；〈獨立預言〉：「血劫之後／台灣鯨舔乾身上的血淚／游向和平海洋」〔註92〕，以海上最大哺乳動物鯨魚作為台灣島嶼的象徵，終將由向和平建國的未來；〈中立國〉：「整個島擺動鰭尾／插上中立國的國花／在地球上自由遨遊鳴叫」〔註93〕同樣以海上最大哺乳動物「鯨魚」象徵台灣，摹繪出遨遊世界海洋的和平自由藍圖。凡此均具見曾貴海的國族認同情感。

〔註86〕 利玉芳：〈牛〉，《活的滋味》，頁 15。
〔註87〕 曾貴海：〈造神運動〉，《台灣男人的心事》，頁 41。
〔註88〕 曾貴海：〈男人五十歲〉，《台灣男人的心事》，頁 37。
〔註89〕 曾貴海：〈夢國〉，《台灣男人的心事》，頁 73～75。
〔註90〕 曾貴海：〈夢國〉，《台灣男人的心事》，頁 74。
〔註91〕 曾貴海：〈夢國〉，《台灣男人的心事》，頁 75。
〔註92〕 曾貴海：〈夢國〉，《台灣男人的心事》，頁 75。
〔註93〕 曾貴海：〈夢國〉，《台灣男人的心事》，頁 75。

同樣的國族認同思維，也流洩於李敏勇〈我寧願〉：

> 別再自怨自艾了／哭調撐不出晴朗的天／／與其為被煎炸的甘藷唱哀
> 歌／我寧願／我們的島是一塊石頭／／與其是被鞭被打的耕牛／我寧
> 願／像一隻鯨航向大海洋／／噴出玉山的水柱／在蔚藍的世界／描繪
> 新航的形影〔註94〕

擺脫歷史悲情命運，不願再當被鞭打的殖民台灣牛，也不淪為被對岸煎炸的
哀怨台灣甘藷，作者描繪出台灣新形象，立足台灣島嶼鯨魚，噴出高高的玉
山水柱，自由自在的航向蔚藍世界，成為一座航海鯨。

　　1977年底，李敏勇以「傅敏」為筆名，在《笠》詩刊發表「母音」組詩，
副標為「土地啊，為何你總是沉默」，組詩計有〈鄉村〉、〈漂流物〉、〈種子〉、
〈發言〉、〈根〉、〈我們的島〉、〈島國〉共七首。「母音」意義有二：「其一是
復活我們民族的傳統之音，其二是復活人類本來應有的，但被扭曲被剝奪了
的最根本、最寶貴之音。」〔註95〕這七首詩後收錄於一九九○年出版詩集《野
生思考》。

　　「母音」組詩是李敏勇詩風格轉變的重要指標。它們不是田園抒情詩，
而是政治詩，「是試圖連結鄉土的物象，以表達政治立場，引發行動的詩。」
〔註96〕例如，〈鄉村〉：「穿著素樸衣裳／不愛說話／你是我喜愛的那一種人
／／……／／當一群陌生人對你虎視眈眈／請你不要忘了也說些什麼／不要讓花
被摧折果實被摘取」〔註97〕為素樸勤墾卻也相對被剝奪的鄉村農民發聲；〈漂
流物〉：「在我們感情之河／也有漂流物／／被拋棄的／理想、正義、真理／甚
至真實／我常常發現他們」〔註98〕直指要從腐敗性物質尋出一點生機，在我
們的土地栽植枝枒；〈種子〉：「不要讓意志腐爛／／潛藏在泥土裡／我們頑強的
心／已經快要免於一季冬長長的欺壓」〔註99〕以種子象徵獨立建國意志，從
黑暗的泥土汲取希望的養份，等候重見天日的喜悅；〈發言〉：「試著解除口罩
／練習發聲吧……站在遼闊的土地上／叫喊我們的愛與恨／我們一齊來復活
我們的母音」〔註100〕強調無人有權禁絕母音叫喊出悲哀與喜悅；〈根〉：「土地

〔註94〕 李敏勇：〈我寧願〉，《心的奏鳴曲》，台北：玉山社，1999年，頁96～97。
〔註95〕 古繼堂：《台灣新詩發展史》，頁465。
〔註96〕 蔡佩君：《詩的信使：李敏勇》，頁86。
〔註97〕 李敏勇：〈鄉村〉，《青春腐蝕畫・野生思考》，台北：玉山社，2004年，頁138。
〔註98〕 李敏勇：〈漂流物〉，《青春腐蝕畫・野生思考》，頁139。
〔註99〕 李敏勇：〈種子〉，《青春腐蝕畫・野生思考》，頁140。
〔註100〕 李敏勇：〈發言〉，《青春腐蝕畫・野生思考》，頁141。

是一切生的孕育／根就是源頭／土地是一切生的據點／根就是立足」〔註101〕
凸顯本土意識裡的土地情感與認同；〈我們的島〉：「我們世世代代落居的／這
小小的島／在海的湛藍裡／讓晨曦擁抱／也接受暮靄的慰撫」〔註102〕盈滿美
麗之島海洋故鄉之愛。

　　〈島國〉至於李敏勇「母音」組詩最後一首，以〈島國〉命題，可視爲
作者母音系列國族認同詩作的總結，〈島國〉寫道：

> 遠離家鄉／我們祖先渡海來到美麗島／經歷過千辛萬苦／／海峽剪斷
> 臍帶／我們在浪濤的飄搖裡／學習用汗水耕耘／用愛種植希望／／在
> 星星的照引下／夢曾經偷偷走過架在海峽兩邊的彩虹／但是祖國
> 仍爲我們母親的時候／／被異族割據的時代／我們就著手建立自己的
> 祖國／美麗島就是我們的家鄉／永遠的慈暉是藍天／撫慰我們的心
> 〔註103〕

首節回溯祖先歷經艱險，渡海來台的移民歷史；次節以「剪斷臍帶」喻寫在
祖先有形海峽阻隔下，斬斷過去血脈臍帶，展開新生命，落地植根台灣；第
三節透過夢境中架在海峽兩岸的彩虹，喻寫著故園情懷仍縈繞內心，但作者
旋即以「但那是祖國仍爲我們母親的時候」指出時移事變，被異族割據的祖
國已不再是母親；末節以「美麗島就是我們的家鄉／永遠的慈暉是藍天」更
加確立母音系列裡的國族認同。整首詩無論在現實性、思考性與土地情感上，
都呈現深刻的體悟。

第二節　社會觀察

　　台灣戰後屏東現代詩中的社會觀察，是植根於鄉土情懷的原型轉化。阿
帕杜瑞（Apjun Appadurai）說：「『地方』是一種相對性的概念，必須在其他鄰
近地方的參照下對比之下定義。地方既有其社會、物質、地理環境上的現實
性基礎，又具備歷時性、想像性的特徵：它是一種文脈（context），或一組文
脈，（再）生產並詮釋社會關係及行爲。在此歷時性、脈絡性的建構過程中，
權力，尤其是國家機器的介入總占有關鍵性的影響力。」〔註104〕家鄉母土經

〔註101〕李敏勇：〈根〉，《青春腐蝕畫・野生思考》，頁142。
〔註102〕李敏勇：〈我們的島〉，《青春腐蝕畫・野生思考》，頁143。
〔註103〕李敏勇：〈島國〉，《青春腐蝕畫・野生思考》，頁144。
〔註104〕范銘如：《文學地理：台灣小說的空間閱讀》，頁218。

驗印象的根植，在與異鄉的參照對比下，意義與價值更為彰顯。於是台灣戰後屏東作家群，透過批判不健康墮落的社會現象，以及憐憫社會底層人物，從社會觀察層面體現詩的擁抱特質與批判面向。

一、社會現象批判

詩是社會現實與詩人心體的一種結合，這意味著詩是一種「擁抱」，但它是詩人通過這種結合而對社會現實進行想像，一種烏托邦式的介入和引爆，這意味著詩又是一種批判。〔註 105〕沙白〈職業吟〉系列組詩批判過度向金錢傾斜的社會，例如：

> 你穿著白衣，好潔白喲／而口袋被鈔票染濃了〈醫師〉
>
> 你設計的圖案像尺那麼精確／而你的包工喲／在你的圖上偷蝕了好多個洞〈工程師〉
>
> 我問你這件官司打得贏嗎／你說可大可小／——鈔票愈大，勝算愈大〈律師〉
>
> 聽說上帝掛在你的嘴上／當上帝被詐欺的空頭支票騙走時／憤怒的人們／會打你的嘴巴的〈牧師〉
>
> 學校的白色粉筆可以換白米飯／補習班的粉筆可以換佳餚／我們要尊師重道／而道在孔子的束脩裡〈老師〉〔註 106〕

對於過度惡質化的社會，沙白說：「現在面對急速膨脹泛濫的科學物質文明，正在摧毀人類精神的支柱——文化（包括文學、詩、藝術、道德、禮儀、社會倫理秩序等），使人類成為追求物質和金錢的怪獸。」〔註 107〕，所以要「以詩來導航人類心靈的走向，並以詩來滋潤人類被豐富的物質淹沒的空洞心靈，使人類得以同時享受豐富的精神和物質的生活。」〔註 108〕職此，〈職業吟〉透過醫師白袍遭鈔票染濃、工程師偷工減料、律師捨義就利、牧師以上帝之名行詐欺之實，以及老師因財施教，反諷這五種原本肩負神聖使命的行業，針砭唯利是圖的社會風氣。

〔註 105〕宋國誠：《後殖民文學——從邊緣到中心》，台北：擎松出版社，2004 年，頁 39。

〔註 106〕沙白：〈職業吟〉，《太陽的流聲》，台北：笠詩刊社，1986 年，頁 55～56。

〔註 107〕沙白：〈二十一世紀詩人的科學精神〉，《空洞的貝殼》，高雄：台一社，1990 年，頁 8。

〔註 108〕沙白：〈二十一世紀詩人的科學精神〉，《空洞的貝殼》，頁 9。

社會人群因過度物質金錢傾斜而異化成怪獸，在利玉芳〈蝗災〉裡，被具象化為蝗蟲浩劫比擬諷諭：

> 進入寒冬後／天空陰霾無星光／地面因選舉餐會／湧現流水般地閃爍人潮／／專車接送／老人會／媽媽教室／或坐／或站／密密麻麻的羽翼／覆蓋了八百餘桌／／果腹之後／來勢洶洶的景象／漸漸飛散／剩下被啃噬的寂寞公園／冷風陪著她踢垃圾／／隔壁的文化中心／看見／一場蝗蟲的浩劫〔註109〕

利玉芳詩作總指向外在社會現實關懷。陳玉玲說：「在利玉芳的世界中，明顯地呈現出外在社會與內在自我的分野。利玉芳熱情關懷著外在的現實社會，筆調時而諷諭批判，時而慈悲憫人。」〔註110〕出自現實生活的體驗的〈蝗災〉，乃作者一九九三年十一月中旬見新營流水席餐會感發之作。整首詩藉「密密麻麻的羽翼」、「覆蓋了八百餘桌」、「漸漸飛散」、「剩下被啃噬的寂寞公園」、「冷風陪著她踢垃圾」摹寫台灣選舉期間，動則千百桌流水席收買人心的選舉歪風，而那些被盛宴吸引而來的饕客，正如同蝗蟲過境一般，啃蝕掉所有糧物，留下滿目瘡痍之景，作者以一場蝗蟲的浩劫諷諭選舉造勢流水席餐會，詩中不見批判字眼，但批判之意已躍然紙面，詩末以被啃噬過後的「寂寞公園」對照隔壁冷眼旁觀的「文化中心」，象徵文明城市的公園空間，被號稱民主選舉的蝗蟲，啃噬得只剩心靈飢餓的寂寞，對照一旁作為充實城市文化指標的文化中心，格外諷刺。

社會被慾望蝗蟲啃噬殆盡而價值蛀洞，各種異化現象應運而生，利玉芳〈讓座〉以「後上來的／是拄著拐杖的年輕人／都已經客滿了／我闔上雙目／悄悄地把心騰出空位／讓他的自尊／坐下」〔註111〕取材日常生活搭公車經驗，詩中不直指滿車乘客無人讓位拄杖青年，而是以「都已經客滿了／我闔上雙目／悄悄地把心騰出空位」，婉轉揭露此一事實，這景象讓作者不忍直視，唯一能做的是在心裡騰出一個空位，在關懷弱勢族群的同時，更也凸顯了社會的普遍冷漠。

慾望的蝗蟲噬空社會價值，女性的身體也被物化成一道爽口的夏日沙拉，利玉芳〈夏日沙拉〉書寫馬沙溝花車女郎：

〔註109〕利玉芳：〈蝗災〉，《向日葵》，頁27。
〔註110〕陳玉玲：〈貓的眼睛〉，《淡飲洛神花茶的早晨》，頁7。
〔註111〕利玉芳：〈讓座〉，《活的滋味》，頁46。

去年嚴冬的腳步／走遠了吧／怎麼直到現在／我還沒有脫去那件沉重的外衣／／那一季嚴冬／幾個穿著比基尼／長得跟我一樣黃膚色的女郎／是我脫不掉的外衣／／裸露的外衣吸引著遊客／在臨時搭蓋的車頂舞台上／假裝愉快而勇敢地打著拍子／馬沙溝的防風林扭腰助陣／外衣　抓緊麥克風／跟馬沙溝的海浪合唱哆嗦的歌聲／而／我都跟馬沙溝的人們一樣／不禁脆弱地呻吟──／安可／／一九八五年的盛夏／我還沒有脫去這件沉重的外衣／像夏日裡吃火鍋／不！畢竟這世界／有跟我胃口不同的食客／那些穿得極少／長得跟我一樣黑眼珠的女郎／明明是一道／沁涼的夏日沙拉〔註112〕

〈夏日沙拉〉是作者於一九八四年寒冬，在馬沙溝見穿著清涼的比基尼花車女郎的感發之作。詩中兼具女性主義意識、關懷弱勢族群，以及凸顯社會歪風內涵。利玉芳說：「社會生活經驗是我寫詩的必要條件，它必須給我實際的感動，透過心靈的蘊釀與經營，表達出來的新鮮語言，即是詩。」〔註113〕詩分四節，首節以叩問破題，明明嚴冬已過，作者卻「還沒有脫去那件沉重的外衣」而心生疑惑；次節以「那一季嚴冬／幾個穿著比基尼／長得跟我一樣黃膚色的女郎／是我脫不掉的外衣」接續首節情境，將「沉重外衣」指向「嚴冬比基尼女郎」，兩者被連結在一起，答案卻仍舊未被提供，詩境遂盈滿懸念；第三節回溯去年嚴冬景象，著力摹寫人物，只見以女性身體維生的比基尼女郎「裸露的外衣吸引著遊客／在臨時搭蓋的車頂舞台上／假裝愉快而勇敢地打著拍子／馬沙溝的防風林扭腰助陣／外衣　抓緊麥克風／跟馬沙溝的海浪合唱哆嗦的歌聲」，「沉重」二字被有力的凸顯了出來，沉重感來自女性主體意識的被剝奪感，沉重感也來自看穿女郎假裝愉快勇敢打拍子，沉重還來自於對女郎哆嗦歌聲的悲憫感，沉重更來自「而／我都跟馬沙溝的人們一樣／不禁脆弱地呻吟──／安可」人人都是這幕景象的共謀；詩之末節領悟「畢竟這世界／有跟我胃口不同的食客」，比基尼花車女郎的影樣與夏日沙拉疊映為一，正意味著被物化的女性，即便在嚴冬，也如同一道沁涼可口的夏日沙拉，滿足慾望高漲、胃口不同的食客。利玉芳以「夏日沙拉」喻寫被物化的女性，意象新穎，李魁賢說：「利玉芳善於把握物象來表現她的意念和思考，語言簡潔，意象明確，具有相當的表現主義傾向。呈現了不同的特質和技巧。」

〔註112〕利玉芳：〈夏日沙拉〉，《活的滋味》，頁92～94。
〔註113〕利玉芳：〈詩觀──生活藝術經驗的再擴大〉，《向日葵》，頁10。

〔註114〕詩中多次出現的「外衣」，逐輻射出多重意象，「外衣」既是沁涼可口的花車女郎身上裸露的比基尼，更是觸動作者女性主體意識的沉重外衣，以及在嚴冬緊抓著麥克風、歌聲哆嗦的弱勢族群圖像。

男人觀看，女人出現，男人的凝視，使女人成為男人陽剛文化之外無法被再現的他者。被物化的女性身體，更成了屏東檳榔經濟產業裡重要的一環。屏東縣因高溫多雨，適合栽種檳榔，九〇年代台灣錢淹腳目，檳榔價格黃金時期，曾出現一粒二十五元的驚人天價，而有「綠金」美名，彼時屏東縣農民紛紛將果園改植檳榔，而使屏東縣成為全台檳榔栽種株樹、面積與產量最多的縣份。然則伴隨而來的檳榔西施文化，也在屏東縣各交通幹道旁如雨後春筍般林立的檳榔攤熱烈上演著。

黃明峯與涂耀昌不約而同地以〈檳榔西施〉命題，諷諭綠色奇蹟中的檳榔文化，黃明峯〈檳榔西施〉寫道：

> 我在櫥窗看見你的眼睛突然減速慢行／左眼燃燒著朱紅的魔術胸罩
> ／右眼飄過玫瑰色的薄紗短裙／並且發揮想像力在我窈窕的身軀上
> ／毛 手 毛 腳／／別害臊，你，你，可以靠近，再靠近／一點，然後
> 停下來──／我也會靠你更近，把調配好的／你口中最懷念的鄉
> 愁，遞給你／像遞給你一包解悶的錦囊，其中／妙計，你應該會朗
> 朗上口，一再／咀嚼──這一粒粒的／綠色奇蹟〔註115〕

〈檳榔西施〉形塑檳榔西施，首節作者並不採直接摹寫，而是從檳榔西施視角，接收顧客雙眼所反射影像，藉著「左眼燃燒著朱紅的魔術胸罩／右眼飄過玫瑰色的薄紗短裙／並且發揮想像力在我窈窕的身軀上／毛 手 毛 腳」，迂迴地呈顯醉翁之意不在檳榔的交易默契；次節透過檳榔西施「別害臊，你，你，可以靠近，再靠近／一點」鼓勵性話語，作者意在側面凸顯顧客的覥腆，隨後藉由「你口中最懷念的鄉愁」、「一包解悶的錦囊」則顯見顧客來自南台灣檳榔縣城，而「你應該會朗朗上口，一再／咀嚼」一語三關，既指咀嚼檳榔，亦指咀嚼女色，更指咀嚼鄉愁，而詩末被一再咀嚼的「綠色奇蹟」意涵，遂也外溢變形為香豔清涼的情色圖像。

同樣取材檳榔色情文化，涂耀昌〈檳榔西施〉則用典春秋越國西施故事，諷諭現代西施：

〔註114〕李魁賢：〈詩人的愛和批判〉，《向日葵》，頁155。
〔註115〕黃明峯：〈檳榔西施〉，《自我介紹》，頁62～63。

> 有著文明獸斑的西施／眼露兇光／盤踞在透明的館娃宮／等待入夜
> ／把酥脆的馬路一口口咬盡／她白皙的大腿比冰河期的猛獁更有力
> ／一腳就能把過往行人的靈魂踢斜／／被墮落愛撫得慾火縱燒的道德
> ／薄得只賸車窗的厚度／（或許是視網膜的厚度比較正確）／西施
> 不在苧羅山採桃花／不在臨江浣輕紗／不需凌波蹙眉捧心／僅一彎
> 腰／那深陷的乳溝就比黑洞更致命／連沒有質量的光都無法脫逃／／
> 西施已不必向吳王獻媚／滿街自稱夫差的人／把禮教放在鼠蹊部／
> 用意淫搭建響屉廊／並展示在跟狼有著同樣款式的瞳孔裡／西施不
> 舞水袖已經很久了／自從離開范蠡逃出陶山／便沿街叫賣起比慘綠
> 青春還慘綠的檳榔／以批發來的廉價羞恥為紅灰／以有瑕疵並且是
> 贋品的誘惑為荖葉／然後再以浸泡過鴆酒的淺笑／刺向所有吳王的
> 胸膛／直到他們的嘴角淌出血汁〔註116〕

涂耀昌〈檳榔西施〉整首詩化用春秋末期越國美女西施獻媚吳王的歷史故事，以極盡反諷之筆，透過古典版與現代版吳王夫差與西施境遇的交叉對比，將台灣檳榔文化中的色情成份，做了極其鮮活露骨之描摹。古代西施的傾城之魅，來自苧羅山採桃花、臨江浣輕紗、凌波蹙眉捧心的山水縹緲意境裡的柔婉形象，是媚殺吳王夫差的致命武器；而現代西施則更進化成披著文明獸斑，眼露兇光，盤踞透明館娃宮的妖物，她們以白皙的大腿、深陷的乳溝，釋放出比黑洞更致命的吸攝能量，伺機「刺向所有吳王的胸膛／直到他們的嘴角淌出血汁」。詩行至此，低胸露腿檳榔西施與嘴角流淌著鮮紅檳榔汁的紅唇一族，顛覆了淒美古典情境，古今情境的突兀錯置，自有幽默喜感成分存在，而「沿街叫賣起比慘綠青春還慘綠的檳榔」則在諷諭之中，隱隱然帶有著作者對這些以「廉價羞恥」為紅灰，以「誘惑」為荖葉的檳榔西施族群的同情。

曾貴海詩作中的社會觀察，對台灣貪婪文化的批判頗力，貪婪文化總先從口腹慾望凸顯，例如〈吃白鷺鷥的人〉：

> 當人們吃光了花鹿和帝雉／吃膩了蛇鼠和野兔／每年都吃下一條高
> 速公路的／人／竟開始吃起白鷺鷥〔註117〕

貪慾讓每年吃下一條高速公路的台灣人總覺飢餓不滿足，於是口腹貪慾指向山珍野味，從「吃光」珍貴的花鹿、帝雉，到「吃膩」蛇鼠、野兔，終

〔註116〕涂耀昌：〈檳榔西施〉，《清明》，頁97～99。
〔註117〕曾貴海：〈吃白鷺鷥的人〉，《高雄詩抄》，頁43。

於磨刀霍霍指向田園農地的親密夥伴白鷺鷥，無意識對母土情感最惡質的背叛。另外像〈自由五吃〉：「第三道是自由紅燒熊掌／被獵捕後斬下的熊掌／連夜浸泡10小時後再慢慢以小火熬煮／切開掌背再蒸熟後放在雞翅中間／將湯汁潑澆在鳳翅熊掌上／大家舉杯慢慢的品嚐紹興老酒／心中燃燒著征服熊掌的慾望／魚與熊掌只有在台灣才能夠安心享受」〔註118〕除從花鹿、帝雉、蛇鼠、野兔、白鷺鷥，乃至熊掌、燕窩，透過無所不吃的口腹慾望，凸顯台灣人的醜惡、貪婪人性。其核心思想，更是藉此呼籲生態保育的重要性。

貪婪也呈顯在填塞於我們日常生活中，那二十四小時疲勞轟炸腥、羶、色與暴力的惡質廣電媒體文化，例如〈吐〉：

午飯時／電視正在播放／煤礦災變的新聞／採訪記者和亮相的官員／一而再再而三／張動著他們的大嘴吧／我注視螢光幕／右手不由自主的挾菜入口／感覺正在咀嚼一塊肥肉／這時候／畫面把一具具黑僵的屍體／拖出／擺在餐桌旁／愈堆愈多／使這頓午飯／終於全被吐了出來〔註119〕

詩中飄散死亡氣息的「一具具黑僵的屍體」，被強力傳送至日常餐桌前，與美食堆疊並置，於是當「咀嚼一塊肥肉」的同時也正在咀嚼著屍體，作者終於不堪午飯時間電視不斷播放的礦災罹難者焦黑屍體畫面，而吐出剛吃下的所有肥肉，以「吐」作為向墮落敗德傳媒的批判。

曾貴海對於貪婪社會現象的批判也指向宗教界，〈佛陀的門鐵定空著〉批判過度商業化而清境靈魂腐蝕的宗教界：

奉獻多少仍然填不滿心虛／跪伏多久只是彎腰折騰／誦讀萬遍仍然洶湧著念起念落的潮騷／根本與開門關門無關／／當然可以討價可以還價／可以折扣可以申購會員卡／一生擁有信徒身份和制服／可以灌頂也可以加持／只要委託辦理頂禮手續／但絕不保證可以出離永劫輪迴〔註120〕

宗教原是淨化社會人心的一帖良藥，但在日益功利的台灣社會，宗教也無能倖免淪陷，而日漸趨向短視近利、過度商業化。看準了現代人心的心虛與欲

〔註118〕曾貴海：〈自由五吃〉，《浪濤上的島國》，頁69。
〔註119〕曾貴海：〈吐〉，《高雄詩抄》，頁46～47。
〔註120〕曾貴海：〈佛陀的門鐵定空著〉，《浪濤上的島國》，頁38～39。

念潮騷，它讓信眾們深信只要奉獻出相對的金錢，取得信徒身份，獲得上師灌頂與加持，便能獲得救贖，出離永劫輪迴。然則作者卻指出，「奉獻」、「跪伏」與「誦讀萬遍」無關開門關門，其實不過是一場「慈悲的騙局」罷了；而「討價」、「還價」、「折扣」、「申購會員卡」無意買賣交易。整首詩對佛教界功利歪風的批判，可謂一針見血。

貪婪在台灣所向披靡，被吃掉的豈止是一年一條高速公路，以及瀕絕鳥獸，連同正確的價值之根，也早已淪為盤中飧。在這種劣質文化社會餵食育養長大的台灣年輕世代，都長成不折不扣的贗品青年，無根、蒼白而崇洋媚外，曾貴海〈贗品青年〉寫道：

> 那是時代精神的贗品／也是粗俗市場上肉慾的贗品／在人世間冷冷
> 的幻景中浮遊／追求死亡前虛假的官能和現象／／在你頭落大地的十
> 八年後／台灣的土地上／你小說中的人物還魂了／贗品青年是最大
> 的勝利者／充斥全島的鄉野城鎮／追求虛幻的命運／輕率而隨便的
> 轉動歷史的滾筒〔註121〕

整首詩藉日本作家三島由紀夫之死與其小說〈天人五衰〉人物，「經由他者（日本發生的社會事件）來對自身（台灣的流行現象）形成深刻的思索與反省。」〔註122〕三島由紀夫切腹自殺是源自不堪負荷對人世的熱情，而其小說〈天人五衰〉裡「透」的自殺，體現出的卻只是「粗俗」、「肉慾」、「虛幻」與「虛假」，是不折不扣的「時代精神」贗品。不幸的是，在三島由紀夫自殺十八年後的一九八八年，作者舉目環視，悲傷的發覺三島由紀夫筆下那虛無蒼白的「贗品青年」早已借屍懷魂於「全島的鄉野城鎮」，沒有主體價值可供依循的年輕世代，毫無警覺的在擁抱外來文化的過程中，被重置與再造，於是一個個贗品青年被複製完成，台灣的年輕世代是失根的一代，個個都是混血複製人。

贗品青年，意味著無法建立真正屬於自己的時代精神，曾貴海終於在〈快樂問卷〉提出一連串叩問，批判價值倒錯之社會亂象：

> 你活得快樂嗎／這問題太嚴肅了吧／竟然不是流行時尚或災難新聞
> ／或者，錢幣肖像們的相互出賣／／賣淫或買賣靈魂的人抬頭挺胸走

〔註121〕曾貴海：〈贗品青年〉，《台灣男人的心聲》，頁9～10。
〔註122〕陳明台：〈冷澈而熾烈、理性又感性——跋江自得、鄭烱明、曾貴海詩選集〉，江自得、鄭烱明、曾貴海：《三稜鏡：江自得、鄭烱明、曾貴海詩選集》，高雄：春暉出版社，2003年，頁332。

在街上。這無關快樂 ╱ 名女人的性事和裸照躺進早餐的麵包。這無關快樂 ╱ 考試考試考試考試被科舉的幽魂日夜拷問。這無關快樂 ╱ 浮潛進入網路的無終站世界漫遊。這無關快樂 ╱ 被媒體羞辱詛咒陷害強暴綁架出賣。這無關快樂 ╱ 新武器的戰火點燃蠟燭插入轟趴的身上。這無關快樂 ╱ 地球大洪水或无咎病毒帝國的誕生。這無關快樂 ╱╱ 我生在台灣活在台灣也將老死在台灣 ╱ 把生命流程交付給台灣 ╱ 這或許牽涉到快樂與否的生長與繁殖 ╱ 不過，我異常渴望無助旅行 ╱╱ 再請教一個問題 ╱ 如果台灣不應該被活捉或獵殺 ╱ 你願不願意以生命挺身抵抗 ╱ 如果不想回答，請輕聲告訴我 ╱ 不願幹這檔事的理由 ╱ 我不會向委託問卷的幕後老闆告密 ╱ 因爲你們已經把自己和別人搞得那麼痛苦的活在世界〔註123〕

〈快樂問卷〉是曾貴海詩集《浪濤上的島國》第一輯「台灣問卷」開卷詩，可說是整本詩集的總綱領。詩中除了以第一人稱的經驗入詩，隱喻著國族的命運，更以我們熟悉的生活情境，帶出作者對政治社會現實的強烈批判與關懷。吳易澄評論此詩：「就像凝視快節奏蒙太奇的音樂錄影帶，跳接式的邏輯與繁複的隱喻拼貼，……面對沈重的歷史當下，決定用這種飛躍的語句『唱給你聽』……詩人用重複的語句拼命地強調著他所看到而別人不願相信的鬼魅時，也同時正在對這個正在養鬼卻不自知的世界提出警語。」〔註124〕這種以日常的生活經驗帶出的隱喻與批判，既呈現了個人的思維與感懷，更也照寫了台灣的集體意識。

　　成長屏東鄉下，長年工作台北城市的連水淼，其社會觀察書寫，集中在詩集《台北‧台北》，透過素描台北城市，既記錄了一個急速轉變下的都市面貌，更也諷刺批判了其中日益物質化的都市現實。例如，〈南京東路〉批判都市過度炒地皮：

炒地皮的老板們眞的露了一手 ╱ 他那戴滿鑽石的手輕輕一點 ╱ 金色大道立刻寸土寸金 ╱╱ 被炒得閃閃發光的南京東路 ╱ 比身高 比衣着的南京東路 ╱ 右邊剛昇起一幢玻璃帷幕大廈 ╱ 左邊又冒出一片傲視寰亞的購物中心 ╱╱ 新築的辦公大樓還沒領到使用執照 ╱ 電報機已經

〔註123〕曾貴海：〈快樂問卷〉，《浪濤上的島國》，頁38～39。
〔註124〕吳易澄：〈憂國者的搖滾嘻哈——試評曾貴海詩集《浪濤上的島國》〉，曾貴海：《浪濤上的島國》，頁140～141。

拼命送出早報——　//「金價暴漲　寸地難求的南京東路可能　/ 可能在
下一次太陽昇起的時候　/ 又高過了人們仰角一百廿度的眼睛」「喝
一杯克寧或摩卡當午餐　/ 開轎車的兩個小伙子　/ 爲了一道黃線　撞
歪了身子　/ 爲了趕時間　彼此拉住了對方的領帶」// 一段太短　二段
太擠 / 三段已排滿了訂單 / 四段不賣零碼 // 我走得好累好累 / 走到
了南京東路五段的尾端　/ 這裏還好——　/ 還有一段被綁架到高處的
行程　/ 還允許我在這兒坐下！〔註125〕

〈南京東路〉收錄在《台北・台北》第一輯「台北・台
北」系列。「台北・台北」系列是連水淼最爲人矚目詩作，從〈百貨公司〉、〈淡水河〉、〈迪化街〉、
〈圓山動物園〉、〈華西街〉到〈東園街〉、〈遙祭毛映紅〉，均觀察細膩、筆觸
親切，詩中「大量的生活語言，描寫對象全是這個大都市的種種切切，把生
活的片斷、熟稔的情景、深摯的感受，用寫實的手法淋漓盡致地裸裎在讀者
面前。」〔註126〕〈南京東路〉將目光凝視被過度炒作地皮的南京東路，以慧
眼透視急速轉變下的台北都市，用敏銳詩筆留下見證。家在南京東路五段的
連水淼，儘管「對所居住的大都市並不十分滿意，但是他所形之於言、發之
於聲的批判意識，基本上是出自血濃於水的關愛。」〔註127〕於是一趟南京東
路步行，「一段太短　二段太擠 / 三段已排滿了訂單 / 四段不賣零碼」，在被炒
作到寸地難求的金色大道上，看似毫無升斗小市民容身之處，詩末藉「還允
許我在這兒坐下」，詩人坐在南京東路五段的尾端，面對這寸土寸金的城市，
暫得喘息，只因年深日久成家鄉。

同樣素描台北的過度物質化，〈百貨公司〉以「流行　流行 / 通貨不流不行
// 叫什麼都要什麼都行的消費者交清現金 / 給只知道拼命把貨品送上門的廠
商 / 開一疊看命的支票」〔註128〕諷刺「流行」的眞實面貌，不過就是消費者
「什麼都要什麼都行」貪婪行徑的滿足，百貨公司想方設法讓顧客交清現金，
廠商只知拼命送貨上門並收取支票。整首詩從消費者、百貨公司與廠商三個面
向，凸顯台北人的過度物質化。而〈貴族醫院〉則諷諭醫院的唯利是圖：

〔註125〕連水淼：〈南京東路〉，《台北・台北》，台北：創世紀詩社，1983 年，頁 12
～13。
〔註126〕張塈：〈開採現實生活的寶藏——談連水淼作品風格的改變〉，連水淼：《台北・
台北》，頁 197。
〔註127〕張默：〈凝視現實，開闢新境〉（代序一），連水淼：《台北・台北》，頁 14。
〔註128〕連水淼：〈百貨公司〉，《台北・台北》，頁 3～4。

　　搶眼的紅包／在緊要關頭説出了眞心話／／特等病房加上指定醫師加
上特別看護／在愛的路上／動用跑了千萬里／才在這兒喘息的醫療
器材／／無非對您表示一種特殊的禮遇／無非叫您準備嚇一跳──／
針針不痛　一針見血／一下子就要您好看！／／好看的您──／笑撫
着提早出院的傷口微笑地説：／這兒眞好！樣樣第一！〔註129〕

　　〈貴族醫院〉主標題下附有小標題：「──凡被扶持進來的，我們要他帶著用
信用卡綴成的花圈走出去」，整首詩以令人莞爾的調侃口吻，卻又落筆凌厲的
反諷詩筆，諷刺貴族醫院的高品質醫療服務，都是靠病患高額金錢換取來的，
例如「搶眼的紅包／在緊要關頭説出了眞心話」，格外諷刺的凸顯了在這種貴
族醫院，唯有金錢才是眞實，高規格待遇都是靠額外的紅包才能打通關。張
默認爲〈貴族醫院〉「道盡了大都市暗藏的病菌」〔註130〕這裡所謂的病菌，豈
僅止於危害身體健康的各種病菌，更多的是拜金現實的病菌，然則可悲的是，
這種醫院拜金現實，病患早已視爲正常，所以當詩末病患「笑撫着提早出院
的傷口微笑地説：／這兒眞好！樣樣第一」時，其實已是這種醫院紅包文化
的共謀。

　　戰後屏東現代詩作家群，成長於民風淳樸的屏東鄉下，母土情感的價值
認同，早已成爲他們詩作中極重要的原型，於是當他們從家鄉的視野看他鄉
時，價值的批判便被凸顯出來，所以綜觀台灣戰後屏東現代詩中的社會現象
批判，都共同指向與淳樸民風背道而馳的貪婪物質文化，背後隱約可辨識的
則是那失落的烏托邦理想家園圖像。

二、社會底層關懷

　　台灣戰後屏東現代詩中的社會觀察，除透顯對貪婪異化社會價值的批
判，更也呈顯對弱勢社會底層的關懷，其關懷層面包括依附土地維生的礦工、
老農；求生存於異鄉的勞工、老兵；淪落成邊緣人物的流浪漢、妓女與囚犯
等。例如，沙白〈職業吟・礦工〉：

　　一條生命換一噸煤

────────────────

〔註129〕連水淼：〈貴族醫院〉，《台北・台北》，頁17～18。連水淼〈貴族醫院〉主標
　　　　題下附有小標題「──凡被扶持進來的，我們要他帶著用信用卡綴成的花圈
　　　　走出去」。

〔註130〕張默：〈凝視現實，開闢新境〉（代序一），連水淼：《台北・台北》，頁8。

> 那座礦山
>
> 是定時的墳墓〔註131〕

短詩三行，卻充滿批判力道與悲憫襟懷，礦工生命的重量，透過「一條生命」換「一噸煤」的對比互換，既凸顯礦工性命的不具重量，更也映襯出被煤礦巨大噸位重壓下的礦工悲歌，於是「礦山」與「墳墓」有了死亡意象的連結，而「定時」則意味著不可逃的宿命。同是書寫礦工，連水淼〈礦工〉更加聚焦用生命交換生活的悲哀：

> 用生命索買生活／向黑暗挖出黎明／／不幸的事萬一發生／所有的眼睛在坑口交流成河／河隨著時間湧動／一湧入海／黑色的傷痛　隨浪退潮／太陽仍舊從東方昇起／新聞已冷卻如地層下／烏黑的煤礦只留下／親人的哀慟　在／中元節輪迴／／仍舊要挖掘／向更深的地心／尋找生命的盤延／尋找孔方的生機／抹黑自己　為別人／增添亮麗〔註132〕

詩分三節，首節以「用生命索買生活／向黑暗挖出黎明」破題，透過「用生命索買」、「向黑暗挖出」與「生活」、「光明」極度衝突對比意象的連結，以鮮明且強勁的力道，形塑礦工圖像；次節採抒情象徵筆法，透過想像摹繪出一幅礦工運命的未來圖像：一條交流自坑口的淚眼黑河，潺潺隨時間湧動，終至隱沒在太陽升起的大海裡，喻示著不幸與犧牲終將被遺忘；末節以「仍舊要挖掘」讓詩境回歸礦工的現實宿命，再次凸顯為了生活金錢，用生命所買生活的悲歌。整首詩以「夾抒夾敘、亦詩亦詠、明喻暗喻、對比象徵」〔註133〕詩筆，書寫礦工悲歌，其悲憫與批判精神，躍然紙上。

成長屏東農村的曾貴海，藉〈老農〉書寫出老農無法不附着於土地的無奈與悲哀：

> 有隻喜鵲，停在憩息的牛背上／對日落時仍未歸去的老農／焦急地啾叫／這麼晚了，別再傻啦／土地一直在誘騙你／／老農不理會牠／繼續低頭插播種苗／天色逐漸黑透／喜鵲悄悄地飛走／／田地仍展露

〔註131〕沙白：〈礦工〉，《太陽的流聲》，台北：笠詩刊社，1986年，頁59～60。
〔註132〕連水淼：〈礦工〉，《在否定之後》，屏東：屏東縣立文化中心，1995年，頁135～136。
〔註133〕張默：〈彎曲自如的繩索──序連水淼新著「在否定之後」〉，連水淼：《在否定之後》，頁11。

泥香味的肉體／誘惑往下挖掘的鋤頭／／歸途，仰望夜空的星星／幾

十年了／其實是自己矇騙自己〔註134〕

〈老農〉收錄於《鯨魚的祭典》（1983），是一首省視生存土地，充滿強烈現實意識的詩作。

　　整首詩以「喜鵲」與「老農」的「對比」與「對話」展開，摹繪出一幅充斥於現代社會的愚人神話，相較於喜鵲的旁觀、清醒、自由自在，老農却是被根著土地的深厚情感所綑縛，雖然代表老農理性意識的喜鵲，不時在耳邊提醒「土地一直在誘騙你」，但「田地仍展露泥香味的肉體」，所以即便生命的「日落」已至，「天色逐漸黑透」，老農還是要「繼續低頭插播種苗」，還是要繼續揮使著鋤頭往下挖，所以究竟是「土地一直在誘騙你」，抑或是「其實是自己矇騙自己」，還是兩者都是，其實早已無解。曾貴海詩的核心是「愛戀鄉土」，〈老農〉則是曾貴海將「鄉土愛戀」轉化為「土地固守」的呈現，以老農厚實篤定的特性，象徵土地沈穩溫厚意象。然則除此之外，詩中也透顯出成長於屏東農村的他，對於農村現狀的關懷之情。農村的日趨凋敝，年輕世代的大量外移，無人接棒的老農即便七老八十，年老體衰，卻仍要耕田作稼、施肥噴藥，然而微薄農收與粗重農務，始終不成比例，只因不願土地荒蕪廢耕，這種土地情感，既是親密的土地依戀，也是老農的悲哀。

　　老農無法不固守農村土地，年輕世代則懷抱繁華夢，湧進都市謀生，曾貴海〈一張鄉下女人的臉〉透過一張婦女疲憊之臉，摹繪出勞工階層辛酸：

彷彿剛從泥漿中爬起來／一張鄉下女人的臉／夾在紅色的塑膠裝貨箱／和男人中間／竟然疲倦得／睡在摩托車後座／冬日凌晨五點多／搖搖幌幌的／從鳳山那邊／急忙地回到尚未黎明的／冷感的城市〔註135〕

〈一張鄉下女人的臉〉收錄在曾貴海詩集《高雄詩抄》第二輯「高雄」，曾貴海自剖：「我最早寫高雄是批判，那時我的文章裡面有很多數字，寫高雄的污染之嚴重，完全不適合人類居住。……我以前寫高雄的移民社會、生態、環境、景觀、主義社會的價值觀、都市的犯罪，非常 shock。高雄是我比較成熟的人生時期最重要的生活場所，在這個場所裡面，產生我對這個都市的觀察、

<hr>

〔註134〕曾貴海：〈老農〉，《鯨魚的祭典》，頁60～61。
〔註135〕曾貴海：〈一張鄉下女人的臉〉，《高雄詩抄》，台北：笠詩刊社，1986年，頁85。

思想和期待，以及我對都市裡面生命種種變化的感想，寫出我對殖民統治、警察國家的反抗。還有寫出貧窮的人在高雄這個移民社會邊緣，如何活下去。」〔註136〕書寫高雄移民社會的邊緣底層，取材實際生活中的人物觀察，〈一張鄉下女人的臉〉是曾貴海十分鍾愛的一首詩，他說：「有一次早上 4、5 點，我去探望一個患者回來，看到一個婦女被她先生用摩托車載著，就在摩托車後座睡著了。這是很高尚的，這個女性一大早就為生活打拚，可能她早上 2 點或 3 點就起來了，5 點在摩托車上睡一下，這就是生命力。」〔註137〕作者以詩對某個時代做見證，既寫出變遷中的工業都市高雄的種種面貌，更也寓寄悲憫襟懷於其中。同樣書寫謀生於移民社會邊緣，〈賣汽車玩具的壯年人〉寫道：

> 賣玩具汽車的那個壯年人／攤子擺在人多車多的十字路口旁／蹲著，把頭埋在雙手間／一輛外銷的玩具小汽車／展示在一尺見方的木箱上／不停地向四面八方／急急地旋轉衝刺／巧妙的設計／使汽車快墜落的剎那／又自動的回轉到狹窄的平面區／整個下午／二個人買了三台／中止了車子的盲動／其他時間／在墜落邊緣的玩具車旁／他一個人靜靜的睡著〔註138〕

〈賣汽車玩具的壯年人〉以賣玩具車的中年人作為觀察素描對象，曾貴海說：「照理講，他要以這個方式生存是很困難，在絕望邊緣期待怎麼活下去，就像玩具車一樣，衝到邊緣又回去。……我會覺得感動，停下來一直看，看很久才離開。直到我離開，他只賣了一、兩隻玩具車，這代表很多高雄邊緣人如何生活。」〔註139〕此詩呈現出一個對工作疲乏、慵懶的賣汽車玩具的壯年人，「時間對他們而言，是靜止不動的，他們已自競爭激烈的都市，自我放逐到城市邊緣。雖然，他們溢出現代人被時間束縛的限制，顯得悠遊暢意，但卻也無法不面對現實生活中嚴酷挑戰，被推擠至社會的邊緣。」〔註140〕於此詩中，汽車正是那個壯年男人的隱喻，這輛汽車，「不停地向四面八方／急急地旋轉衝刺／巧妙的設計／使汽車快墜落的剎那／又自動

〔註136〕 莊紫蓉：《面對作家——台灣文學家訪談錄（三）》，頁 327～328。
〔註137〕 莊紫蓉：《面對作家——台灣文學家訪談錄（三）》，頁 328。
〔註138〕 曾貴海：〈賣汽車玩具的壯年人〉，《高雄詩抄》，頁 86～87。
〔註139〕 莊紫蓉：《面對作家——台灣文學家訪談錄（三）》，頁 328～329。
〔註140〕 阮美慧：〈從「現實」到「原鄉」——曾貴海詩中「鄉土情懷」的探索與追尋〉，陳明柔主編：《台灣的自然書寫》，頁 309。

的回轉到狹窄的平面區」，象徵著原本努力為生活衝刺的男人，不敵都市生活的嚴酷挑戰，終究被框限在社會的邊緣底層，無意義的在狹窄的框框內來回打轉，甚至終究難以倖免的淪為無業無家的都市遊魂，曾貴海〈一個都市的流浪漢〉寫道：

> 據守著一張石椅／是他棄絕了這個城市／還是城市棄絕了他／不停
> 地走過的族人／族人的語言／移居於城市的廟神／都與他相互的遺
> 棄了嗎／／盛夏接著春尾／風颱過／雨也下過／他該消失了吧／隨後
> 到來的秋涼／冬日時大地呵出的冰冷的夢魘／他仍無聲地活著／正
> 對我家的窗口／／孩子說／爸爸，你看那個人／哦，那真是個人嗎／
> 工廠的廢棄物／街道旁建築物間的／漂流物／／有時候，同他一樣／
> 我也是一個流浪漢／他沒有家／我卻有一個被城市孤立的／暫時的
> 透明的家〔註141〕

素描都市流浪漢，作者以「正對著臥室窗口的小公園」切入，勾勒出實際生活經驗的空間場域一隅，藉「身旁擺了三個購物袋」、「不曾看誰一眼／也沒講過半句話」、「聚守著一張石椅」、「無聲地活著／正對我家的窗口」拼貼形塑流浪漢，並藉「孩子說／爸爸，你看那個人／哦，那真是個人嗎」詰問質疑被凝視觀察對象的「人」格性，進而以「工廠的廢棄物／街道旁建築物間的／漂流物」否定其人格性，而以「物」格定義之。作者暗中觀察這個流浪漢，「從流浪漢遲緩的舉止，望見他的淡漠木然，而這樣的情境與心態，對比困居的『城市人』，如出一轍。最後，詩逆反性地回到自我觀照，雖然自己有個『家』，但在城市裡，人與人之間的疏離、冷漠，卻與流浪漢的處境無異，都市處處存在著『飄流者』的身影，個個成為精神上的『流浪漢』。」〔註142〕曾貴海藉觀察素描熟悉生活場域裡的都市流浪漢，既悲憫關懷人在都市中如何被異化成物或弱化成遊魂，更也反視觀照自我。

關懷悲憫移民都市的邊緣人物，曾貴海以〈茶花女的悲歌〉組詩，書寫妓女的悲哀，〈茶花女 C〉寫道：

> 這是一個下雨天／穿褲子的人怕淋溼了褲子／我們的工作輕鬆多了
> ／我起床去揮動久被遺忘的器官／等著吃下一頓飯／室內的蒼蠅圍

〔註141〕曾貴海：〈一個都市的流浪漢〉，《高雄詩抄》，頁82～84。
〔註142〕阮美慧：〈從「現實」到「原鄉」——曾貴海詩中「鄉土情懷」的探索與追尋〉，
　　　　陳明柔主編：《台灣的自然書寫》，頁308。

繞在壁上／裂著嘴看床上的一枝花／在青春的曙色中黑萎／旁邊，

擺着一隻烏鴉的標本〔註143〕

〈茶花女 C〉收錄在曾貴海第一本詩集《鯨魚的祭典》（1983）第一輯「詩的
纖維」，是〈茶花女的悲歌〉組詩五首之一，被視為曾貴海早期以人間關懷、
悲憫人生痛苦為出發的溫情之作。曾貴海說：「詩人如果不曾懷有關切人間，
悲憫的胸襟，詩如果不能表達詩人的愛與心情，那是沒有任何意義的。」〔註
144〕而這也成為曾貴海日後詩作的核心精神之一。〈茶花女 C〉整首詩充滿象
徵性，詩之前半部摹寫下雨天的性交易，作者讓妓女以第一人稱視角發聲，
淺白平常的口吻裡，在真實呈現妓女生活一隅的同時，也隱約流露戲謔嘲諷
之意。詩之後半部進入象徵筆法，於是「室內的蒼蠅圍繞在壁上／裂著嘴看
床上的一枝花」與嫖客慾衝腦門的嘴臉疊合為一，而「在青春的曙色中黑萎
／旁邊，擺着一隻烏鴉的標本」不正意味著青春小鳥將凋萎成一具死亡皮相
的妓女悲哀。以蒼蠅寫嫖客，意味批判；以烏鴉標本寫妓女，則是悲憫與哀
歌。

　　同樣書寫妓女，〈茶花女 A〉以「誰把妳擺在這兒／這塊雨時廳堂前的門
踏／一大陣鞋子以不同酸度的泥濘／踩著妳不被人稍加憐愛的／卻被造物者
撫吻過的屬性／妳翻身在命運的前後左右／喊着那只床說是妳底母親」〔註
145〕將茶花女比喻成被一大陣泥濘鞋子踐踏的門踏墊；〈茶花女 B〉：「突然，
你的手把門砰一聲／我便傻楞楞的回望壁鏡／笑看鏡中人為何流淚／／我的影
子呵／漸漸漸漸的縮小／成為一隻何其卑微的雌獸」〔註146〕通過鏡中人的淚
眼回望，鏡中影像逐漸縮小成卑微的雌獸，呈顯出茶花女的悲哀，來自於並
非全然毫無自覺；於是，因自覺而帶來的哀痛，在〈茶花女 D〉展現：「你看
過車輾石子嗎／尖銳如刃的苦刑／日以繼夜的等加上去／你見過一種淚嗎，
流出後／突然碎成了笑聲」〔註147〕笑聲成為對抗痛苦淚水的最頑強抵抗，因
為淚已乾涸，醒悟肉體即是悲劇，所以〈茶花女 E〉以「我的淚溝／已成為烈
日下曝乾了的河床／孩子／我們的肉體即是我們的悲劇」〔註148〕作為對命運

〔註143〕曾貴海：〈茶花女的悲歌〉，《鯨魚的祭典》，頁 12。

〔註144〕陳明台：〈溫情之歌──試析論曾貴海的詩〉，曾貴海：《鯨魚的祭典》，頁 1。

〔註145〕曾貴海：〈茶花女的悲歌〉，《鯨魚的祭典》，頁 9。

〔註146〕曾貴海：〈茶花女的悲歌〉，《鯨魚的祭典》，頁 10～11。

〔註147〕曾貴海：〈茶花女的悲歌〉，《鯨魚的祭典》，頁 13。

〔註148〕曾貴海：〈茶花女的悲歌〉，《鯨魚的祭典》，頁 14。

最坦承自覺的告白。陳明台說：「茶花女的悲歌是奠基於對周圍或人生的現實的考察——仍然是以脫出自我內部的外在世界為主體——具備了悲憫的胸懷而抒發的，詩人的同情，或說人類愛的呈示。」〔註149〕〈茶花女的悲歌〉取材外在現實社會中隱晦於暗角的色情交易，但作者卻將目光聚焦那些淪為社會最底層的妓女身上，從同理角度凝視，並第一人稱視角讓妓女發聲，投射出作者悲憫愛惜心情。

出生山西，十五歲即成為流亡學生，隨國軍轉戰南北的李春生，其〈老兵〉組詩三首，關懷弱勢老兵與批判政治之不公。例如，〈老兵〉其一：

> 四十年 / 台灣錢淹腳目 / 所以 只憑 / 舉手表決的 / 老國代 立委
> 監委 / 退職金 就要 / 百萬 千萬 // 你們 / 曾用生命 / 血 / 捍衛過 /
> 這產生 / 經濟奇蹟的島 / 白髮飄飄時 / 卻擁擠在 / 「榮譽之家」 /
> 頤養天年 / 僅靠每月 / 新台幣陸千多元的貼補 / 度日 // 抑或 / 住於
> 自釘的木板屋 / 齷齪地 / 守著囝仔 / 囝仔 / 因為 年輕的 / 原住民
> 老婆 / 已跟人私奔 / 雖然 你曾許諾 / 「把孩子照顧好 / 她就可和她
> 底情夫 / 與你同住」〔註150〕

李春生年少時代即因戰爭而顛沛流浪，輾轉來台落腳屏東的人生經歷，使他對於外省老兵族群的境遇特別感同身受，詩中所呈現不僅僅是老兵的凋零，更也是台灣歷史一頁的紀錄。整組詩處處都是對照，在「其一」中，老國代、立委、監委，僅需舉手表決，便能坐享厚俸優退，而耗盡一生血汗青春，為台灣打造奇蹟的老兵，卻只落得兩種下場，單身者孤獨終老「榮譽之家」，靠每隔月六千塊貼補養老；而即便有幸娶妻生子，也往往因年邁經濟力差，以至原住民嫩妻出走而家庭破碎，終究是「住於自釘的木板屋 / 齷齪地 / 守著囝仔 / 囝仔」，度過晚年。

〈老兵〉其三則透過今昔對照，凸顯晚境蕭然：

> 曾經 / 軍服畢挺 / 皮靴雪亮 / 俊美寫在臉上 / 或橫排 直排 / 或騎
> 馬 荷槍 / 個個都是英雄 // 如今 / 襯衫裸露 / 蹣跚街頭 / 或是 / 擺
> 地攤的 / 吆喝叫賣 / 或是 另一種 / 令人掩鼻的 / 髒兮兮的貨色 //
> 雖然 / 麥克阿瑟說 / 「老兵不死 / 只是逐漸凋零」〔註151〕

〔註149〕陳明台：〈溫情之歌——試析論曾貴海的詩〉，曾貴海：《鯨魚的祭典》，頁4。
〔註150〕李春生：〈老兵1〉，《季節之歌》，屏東：屏東縣立文化中心，1993年，頁62～64。
〔註151〕李春生：〈老兵3〉，《季節之歌》，頁66～66。

「其三」則是將老兵的年輕時意氣風發，與老來蹣跚街頭，擺攤叫賣之窘迫凋零，前後對照。詩末以二次世界大戰時麥克阿瑟名言：「老兵不死／只是逐漸凋零」結尾，「凋零」二字置於最後，格外醒目。老兵沒有戰死沙場，曾經個個都是英雄，曾經俊美寫在臉上，曾經在殺戮戰場奮勇殺敵，但終究不敵老來凋零，政府也沒有給予對等的回報，於是這些老兵淪為社會最底層，凋零終老。詩人透過老兵的境遇，既控訴了政治的不公，更關懷了社會的弱勢，「表示我對整個時代與人類的關切。」〔註152〕李春生如是說。

　　相較於前述社會底層，監獄囚犯因觸法網，而被限制人身自由並褫奪各種公民權利，則是比社會底層更弱勢的族群。曾任職高雄女子監獄政風室主任的沙穗，其詩集《來生》第四輯「天涯」收錄十二首「監獄詩」，以愛情寫鐵窗歲月、囚犯心聲，是沙穗社會關懷書寫傑出作品。例如〈天涯〉以「下次妳來　想必已過了立秋／就在月圓之夜來吧／帶一只瓶裝妳漫漫的淚／長長的吻　還有／窗外薄薄的月光」〔註153〕藉鐵窗外薄薄月光下，刻劃囚犯那咫尺卻天涯的愛情思念；〈月圓之夜〉則藉「月圓了又如何？／隔著鐵窗／再完整的東西也會被割裂／何況冰冷的寒月」〔註154〕呈現囚犯圓滿的人生被鐵窗歲月割裂的痛苦茫然；〈昨夜〉：「把妳撕裂／在層層的棉絮裡／把妳冰存／用六分的鐵條　千斤的水泥」〔註155〕書寫囚犯唯有進入溫存情夢，才能暫時擺脫冰冷囚牢的悲哀；〈手銬〉：「最大的遺憾／是從此不能再為妳擦拭淚水／對妳揮別／如果手銬是一把鎖／又為何不能把淚鎖住？」〔註156〕寫出死囚訣別淚眼摯愛；〈腳鐐〉：「深秋總有一些落葉／妳可以回憶我曾踏過落葉而來的聲音／但這不是落葉／也不僅僅只有蕭索」〔註157〕以蕭索深秋落葉喻寫死囚秋決。上引諸詩都是以獨特的情詩處理方式，刻繪鐵窗內的歲月，書寫囚犯心聲，可謂獨樹一格。

　　同樣喻寫鐵窗歲月，〈牆外〉以莊周夢蝶喻寫超脫肉體侷限之想望：

　　據說／牆外有一條小路／路邊有許多野菊花／時常有蝴蝶飛來／而
　　我們不知道／／做枝小小的菊花也好／即使早上開花　晚上凋落／埋

〔註152〕李春生：《睡醒的雨・後記》，頁223。
〔註153〕沙穗：〈天涯〉，《來生》，高雄：高雄縣立文化中心，1997年，頁152。
〔註154〕沙穗：〈月圓之夜〉，《來生》，頁155。
〔註155〕沙穗：〈昨夜〉，《來生》，頁175～176。
〔註156〕沙穗：〈手銬〉，《來生》，頁171～172。
〔註157〕沙穗：〈腳鐐〉，《來生》，頁173。

在土裡也有露水掩蓋／／沒有讀過莊子／卻常做夢已化做一隻蝴蝶／／

蝴蝶比菊花更好／能向牆裡飛來／也能向牆外飛去〔註158〕

詩分四節，首節以「據說」破題，並緊接著摹繪一幅「牆外有一條小路／路邊有許多野菊花／時常有蝴蝶飛來」此一花開蝶飛自然美景，但也旋即以「而我們不知道」簡短否定句式，側面凸顯鐵窗之與世隔絕；次節藉「做枝小小的菊花也好／即使早上開花 晚上凋落／埋在土裡也有露水掩蓋」喻寫心中自由想望，即便是當一朵朝開暮謝只有一天生命的菊花也好，即便凋落也能親炙夜涼露水的掩蓋；或是化身爲一隻莊子夢中的蝴蝶，翩翩而飛穿梭往來牆裡牆外。整首詩呈現的是蝶意象的接受與轉化，從聽聞窗外有菊花、蝴蝶、小徑，而心生嚮往，但願能幻化成菊成蝶，飄香紛飛在詩情畫意之中，鐵窗的憾恨透過日夢想像，形體的桎梏得以解脫而得到新生的喜悅。

〈拖鞋〉則摹繪出一幅乾涸海面擱淺小船圖像：

心情有多沈重／只有這雙無塵的拖鞋最瞭解／這些年來它規律的不像雙鞋子／而像兩艘同時擱淺的小船／只是停靠的不是岸邊／而是床沿／／沒有槳／只能踱著方步／在乾涸的海上 自然不見漣漪／也無水痕／／沒有帆／留不住窗外吹過的風／在寂靜的夜晚／也無髮可讓風吹亂／只能梳弄著一樁樁的心事／就把心事當做漣漪吧／傷痕當做水痕／／這是另一種溫室／陽光斜著進來／拖鞋苦苦的在等著／灰塵一年又一年／／我終於想通了／該面壁的是我 無關乎這雙可憐的鞋子／我沒有多餘的路讓它走／不該把它留下〔註159〕

詩分五節，首節以「像兩艘同時擱淺的小船」喻寫因犯腳上藍白拖所意謂的擱淺人生步伐；次節摹繪出兩艘無槳小船擱淺在全無水痕漣漪的乾涸海上，象徵因犯希望乾涸、方向失槳的死寂生命圖像；第三節藉「就把心事當做漣漪吧／傷痕當做水痕」，呈顯監獄歲月裡，唯有「心事」與「傷痕」可讓死寂生命微微揚起水痕漣漪；末節以「我沒有多餘的路讓它走／不該把它留下」做結，喻寫死囚末路悲歌。整首詩以充滿海洋意象的「小船」、「岸邊」、「槳」、「漣漪」與「帆」摹寫因犯的意識流動狀態，意味著可望掙脫因牢，嚮往寬闊自由的精神超越，詩末「該面壁的是我」隱約可見因犯的罪懺，體現出作者對於人性終究含有良善成分的觀察。

〔註158〕沙穗：〈牆外〉，《來生》，頁 167～168。
〔註159〕沙穗：〈拖鞋〉，《來生》，頁 157～159。

第三節　戰爭書寫

　　戰爭議題，是台灣戰後屏東作家政治社會關懷書寫中，表現頗為突出的書寫題材之一，其中尤以沙穗、李敏勇與曾貴海詩作最受矚目。這三位戰後屏東作家，生年接近，同樣出生在戰爭尾聲、改朝換代的歷史變動年代，戰爭的煙硝味仍隱約猶在鼻息之間，這使得他們對戰爭議題有著天生的敏感度，沙穗是國民政府撤台後的外省第二代，父親的國共戰爭經歷已在他「獻給父親」系列表盡，成為他族群書寫中重要的作品，但真正書寫戰爭的死亡與殘酷，則是越南系列組詩。李敏勇服役期間目睹國家的擁兵自重，但又同時感受到越戰末期氛圍，這促使他藉戰爭詩往生命更嚴肅的境界探索的蛻變。而曾貴海則因醫師悲憫襟懷，從生老病死現象，更進一步思索其他包括戰爭在內的人為性死亡。

一、戰時

　　沙穗戰爭詩收錄在詩集《燕姬》（1979）第四輯「越南」，輯中有〈越南〉（戰時）、〈越南〉（戰後）系列組詩共十二首，以及〈西貢基督〉，是沙穗讀歐清河所著《西貢淪亡記》後的感發詩寫。《西貢淪亡記》書寫越戰歷史，內容描述一九七五年越南共和國政權垮台，以及首都西貢被北越軍與越共攻下的過程。在沙穗這十三首戰爭詩中，盈溢著沙穗的反戰悲憫情感，但他不採疾聲抨擊，而是以反諷之筆敘述，是抒情性的反戰詩。沙穗〈越南〉（戰時）組詩共六首，呈顯殘酷戰場中的人物悲哀。例如〈越南（戰時）〉之一：

> 這是鐵器市場／人是用來展覽的／展覽給防毒面具看／／這裡的樹／都結滿熟透的頭顱／風一吹就掉下來／／他們用砲彈挖井／坦克耕田機關槍插秧／用真的人靠在田邊／嚇麻雀／／孩子們猶不懂得生／就能面對死　孩子們／都是哲學家／／女人是最純的／連髮是甚麼都不懂／卻被 USA 的槍和 USSR 的砲／輪姦／／只有上帝最醜／躲在巴黎開會〔註160〕

詩分六節，首節以「這是鐵器市場／人是用來展覽的／展覽給防毒面具看」破題，藉廣角俯視鏡頭展開詩之畫面，視覺筆觸異常冷靜溫和，但反照出

<hr />

〔註160〕沙穗：〈越南（戰時）〉之一，《燕姬》，頁 103〜105。

的槍械、死屍遍野的煉獄情境卻令人怵目驚心；次節視角聚焦戰場之樹，以抒情筆觸續寫，藉「都結滿熟透的頭顱／風一吹就掉下來」，讓突然靜極而動的畫面，隨風吹掉落的纍纍頭顱，再度印象鮮明的逼視讀者。詩行至此，作者並未打算點到為止，而是繼續以田園意象舖陳堆疊黑色死亡，於是第三節「他們用砲彈挖井／坦克耕田　機關槍插秧／用真的人靠在田邊／嚇麻雀」，原本應是稻禾結實纍纍、稻草人駐守一旁的豐收田園，而今已被砲彈、坦克、機關槍耕耘成煉獄焦土，死屍成了現成的稻草人。拜戰爭所賜，小孩們尚未真正體驗生，卻先面對死，一出生便成為洞灼死亡的哲學家，女人被剃光頭髮輪姦。詩末藉「只有上帝最醜／躲在巴黎開會」對照前述「美麗」景象，反諷印象被重重夾逼而出，越戰是一個上帝缺席的場域。張默說：「好一幅戰時即景，完全展現在讀者的眼前，可是他不直接說明，而讓讀者敞開心靈去感受他詩中所創造與暗示的種種。」〔註161〕寓黑色死亡於綠色田園印象之中，沙穗以抒情之筆書寫戰爭，舒緩節奏中，演奏出的卻是殘酷的音符。

　　沙穗〈越南（戰時）〉以「之一」摹繪戰場煉獄景象之後，「之二」至「之六」則透過戰場士兵的告白，呈顯戰爭的殘酷。例如，〈越南（戰時）〉「之二」：「沿著十四號公路／一路無語／其實有很多話／砲彈都替他說了／……／唯有眼睛不餓／有時他想把牙齒也吃下去／躺在井邊／他真希望／自己是一棵柳樹」〔註162〕作者並不直書屍橫遍野景象，而是藉對比「一路無語」與「砲彈都替他說了」側面凸顯，婉轉呈現戰爭的殘酷與死亡，詩末更透過士兵但願化作一棵思念柳樹的祈願，在殘酷情境中疊映了抒情印象，悲憫情懷悠悠呈顯；「之二」續稿〈越南（戰時）〉「之三」：「除了子彈　沒有可以吃的／……／這就是越南／／每一塊土地都被強姦過／……如此虛無／只有砲彈能解釋／但是能解釋的／都爆炸了」〔註163〕呈現越南因戰爭而盡歸虛無的殘酷世界；〈越南（戰時）〉「之四」：

　　　　前面是一所學校／他水也不喝就衝過去／天呀　這那是學校／旗桿
　　　　上升起的竟是一個人頭／／那顆人頭的眼睛還流著淚／這又很虛無／
　　　　因為頭顱在一半　是半旗／國殤日呀　國殤日／／教室的門口有一排欄

〔註161〕張默：〈沙穗——一顆樸實的靈魂〉，沙穗：《燕姬》「附錄」，頁204。
〔註162〕沙穗：〈越南（戰時）〉之二，《燕姬》，頁105～107。
〔註163〕沙穗：〈越南（戰時）〉之三，《燕姬》，頁107～109。

　　杆／欄杆內種了幾朵花／沒有蝴蝶只有蒼蠅／繞着那些花飛／／他推

　　開教室的門／想找水喝／水都濺到牆上／把牆染紅／口渴只有一條

　　路／把唾液吐在手上　再把／唾液喝下去[註164]

戰爭的血腥殘酷，照寫在染血校園的旗桿上，半升著的那顆正流著淚的人頭，以及繞著染血花朵嗡嗡群飛著的嗜血蒼蠅上，「流淚」與「幾朵花」的抒情質性，被矛盾揉雜在「人頭」與嗜血「蒼蠅」死亡意象裡，畫面已道盡作者對戰爭的批判與對戰死者的哀悼；〈越南（戰時）〉「之五」：「孩子們都很乖／他們不哭不笑　生下來／先學收屍／再學吃奶／／……／／他看見一群母親／用胸部的兩塊傷疤／餵著孩子」[註165]詩之結尾，觸目心驚，越戰受強暴婦女用飽受蹂躪傷殘的雙乳，哺育一生下來，就得先學會收屍的戰地嬰孩，張默說：「他寫越南，寫戰爭，把自己的生命也寫進去，他的語言雖很平實易懂，可是經過藝術手法的轉化與處理，使其意象十分鮮明突出。」[註166]，越戰之殘酷，藉由一幅本該是充滿生之頌歌的哺乳畫面，反諷出死亡壟罩的陰影；〈越南（戰時）〉「之六」：「又來了一隊軍車／他招手　其實他瘦的如一支蘆葦／只有地雷才知道他」[註167]則以具抒情哀傷意象的秋日「蘆葦」喻寫歷經戰爭磨難後的形銷骨立，但即便已瘦如蘆葦，遍野的殘酷地雷仍是可以輕易的辨識出他的存在，戰地景象便在羸弱「蘆葦」與無堅不摧的「地雷」的拼貼對照裡，明朗卻含蓄的摹繪成殘酷圖像。

　　繼越南系列之後，沙穗長詩〈西貢基督〉則書寫出戰爭中越南婦女的悲哀：

　　一九六九／秋天／西貢　一條濕冷的窄巷／一間破木屋的門階上／

　　阮英蹲著／／她凝望着巷角　巷角／吊着一輪夕陽／只有蒼茫的暮色

　　知道／她是幹什麼的？／／一九七〇／秋天／瘦瘦小小的阮英仍舊坐

　　着／窄巷仍吊着那一輪夕陽／／忽然／一個又高又大的美國大兵／向

　　她走來／用手指比了一個十／阮英搖頭　長長的頭髮半掩／／楚楚的

　　臉龐／大兵聳肩　無奈的／脫下鋼盔　鋼盔上還漆着「John」／／救主！

　　／阮英跪了下來／（在落日餘暉中夕陽照着John的背影／那深藍的

<hr>

[註164] 沙穗：〈越南（戰時）〉之四，《燕姬》，頁109～111。
[註165] 沙穗：〈越南（戰時）〉之五，《燕姬》，頁111～113。
[註166] 張默：〈沙穗——一顆樸實的靈魂〉，沙穗：《燕姬》「附錄」，頁203。
[註167] 沙穗：〈越南（戰時）〉之六，《燕姬》，頁113～115。

眼睛和一頭褐色長髮宛如耶穌）／／神愛世人／阮英領着她的基督走進那間／木屋 把上帝釘在她肉做的／十字架上／／阮英乾癟的胸前／掛着一座十字／她受過洗／當然那是在一九六九之前／／火在焚燒十字架 夕陽在焚燒／這一條濕冷的窄巷／火熄了上帝踩過的泥土／長出一朵西貢的玫瑰／／玫瑰多刺／美國音的越南話／和越南音的美國話／也多刺／／阮英受了風寒／得了場混血兒的病／這是一個病年／玫瑰猖狂／／仍是黃昏仍是夕陽仍是西貢／一條濕冷的窄巷 阮英蹲着／如一座盆景 她是有玫瑰血統／的向日葵／／阮英／仍在企望基督由落日中走出來／但已不再有／忽然了／／在北半球／John 正在邁亞米／渡週末／吃可可／／不過阮英雖未再見到／西貢的基督／但至少在她肉做的十字架上／耶穌給她留了一根釘子〔註168〕

這首敘事長詩，書寫越戰時越南婦女淪爲美國大兵娼妓，並生下後代的故事，全詩以阮英這位越戰中的娼妓的故事，由小見大的側面凸顯出戰爭中越南婦女的悲哀。張堃說:「他寫盡了動盪越南、淪陷的越南和悲劇的越南，把整個自己投入詩裡，他以平凡的語言突出了鮮明的戰爭、悲苦與動亂的實景。」〔註169〕沙穗以明朗的詩語言，營造繁複變化意象，喻寫時代戰亂悲歌，〈越南〉系列與〈西貢基督〉長詩的相繼發表，確立了他在詩壇的地位。

　　台灣戰後屏東作家詩寫戰爭，李敏勇是沙穗之外，另外一位表現突出的作家。鄭烱明說:「我把李敏勇作品歸納爲描寫戰爭，對於愛和死的感覺。可以說，李敏勇的作品，大部份以這三種基調所展開的探索。」〔註170〕直指「戰爭」是李敏勇詩作三大主題之一。李敏勇曾自剖:「我當兵時是越戰末期，美國飛機常常飛到清泉崗。⋯⋯我寫的詩裡面有一些戰爭的，大概都是那時候的體會。」〔註171〕例如，〈遺物〉、〈戰俘〉、〈焦土之花〉、〈焦土〉與〈俘虜〉等詩都是服役期間感發之作。李敏勇在〈沒有地圖的旅行〉更進一步說明:「中

〔註168〕沙穗:〈西貢基督〉，《燕姬》，頁 129～135。

〔註169〕張堃:〈繆斯寵愛的歌手──論詩人沙穗與他的詩〉，《文藝月刊》153 期，1982年 3 月，頁 106～120。

〔註170〕李敏勇:〈暗房的世界──李敏勇作品論〉，《青春腐蝕畫》，台北:玉山社，2004 年，頁 213。

〔註171〕莊紫蓉:〈點燃生命之光〉，《面對作家──台灣文學家訪談錄（一)》，台北:財團法人吳三連台灣史料基金會，2007 年，頁 297。

學時代就熱愛文學的我，在早來的愛戀裡徬徨迷惘，在制式教育的格局裡苦悶的我，原以爲文學是能夠充分體現人生的道路，能夠眞正自由的領城，終至不像一般一流中學的學生一樣進入大學，而提早進入兵役之門。服兵役，軍隊裡的感受和體驗，戰爭的陰影，特別是越戰對台灣連帶而來的血肉感，以及統治台灣的政治權力誇張戰爭整備的虛無和荒謬，使我深刻地體驗到現實的意味。經由這些意味，我終於能夠跳脫青春時期的戀情和感傷，去試探生命裡更爲嚴肅的課題。」〔註172〕將寫作戰爭詩視爲詩作生涯邁向更嚴肅境界的重要的轉捩點。

　　李敏勇〈遺物〉被譽爲反戰詩經典，從遺孀的角度呈現戰爭帶來死亡的悲劇性：

> 從戰地寄來的君的手絹 ／休戰旗一般的君的手絹 ／使我的淚痕不斷
> 擴大的君的手絹 ／以彈片的銳利穿戳我心的版圖 ／／從戰地寄來的君
> 的手絹 ／判決書一般的君的手絹 ／將我的青春開始腐蝕的君的手絹
> ／以山崩的轟勢埋葬我 ／／慘白了的 ／君的遺物 ／我的陷落的乳房的
> ／封條〔註173〕

〈遺物〉收錄在《鎮魂歌》「思慕與哀愁」輯，發表於一九六九年的〈遺物〉，是李敏勇的第一首戰爭題材詩。此詩以戰場陣亡者所遺留一條手帕進入詩境，從遺孀位置，表現愛、生、死、戰爭與哀愁。李敏勇說：「從一件陣亡者的遺物，我尋求意義。在戰爭的陰影中，我追索生命所受到的凌遲。」〔註174〕〈遺物〉描寫未亡人收到「戰地寄來」手絹，手絹輻射出錯綜重疊的意象，它是「休戰旗」，是「判決書」，是「遺物」，更是「封條」。這個手絹，「以彈片的銳利穿戳我心的版圖」、「將我的青春開始腐蝕」、「以山崩的轟勢埋葬我」、「我的陷落的乳房的 ／封條」，整首詩以愛情寫戰爭，融愛情素材於戰爭體驗裡，透過愛的思念、青春的蹉跎、死亡的陰影，以及生命的哀愁等等情節的佈置，營造感染人心的故事性與戲劇性，而「透過現實的挫折，失去的愛，死的威脅等等又都襯托了作者對于否定戰爭，追求純愛的思考。」〔註175〕

〔註172〕李敏勇：〈沒有地圖的旅行〉，《青春腐蝕畫》，頁11。
〔註173〕李敏勇：〈遺物〉，《青春腐蝕畫・鎮魂歌》，台北：玉山社，2004年，頁56。
〔註174〕李敏勇：〈沒有地圖的旅行〉，《青春腐蝕畫》，頁11。
〔註175〕陳明台：〈鎮魂之歌──析論李敏勇的詩〉，李敏勇：《鎮魂歌》，台北：笠詩刊社，1990年，頁100。

李敏勇說：「寫出了這首詩以後，我才眞正感覺到寫出詩，感覺到自己走上詩人的道路，要在語言構築的經驗和想像的旅途上，不斷呈顯意義的體系。」〔註176〕於是〈遺物〉成了李敏勇日後詩作的原型，延伸成一條詩創作的精神史軌跡，以及「做爲一個詩人的感情歷史」〔註177〕也貫穿在其中，在伸出詩心觸鬚的同時，「牢牢捕捉到我們某處隱藏的內在世界。」〔註178〕彭瑞金說：「這樣的戰爭詩不寫戰爭的殘酷，自然感覺到它的殘酷；不寫它的傷害，傷害已經形成；不喊反戰，戰爭已令人唾棄，與我們熟知的反戰文學大異其趣，但卻是李敏勇的反戰詩特有的風格。」〔註179〕〈遺物〉遂成爲研究李敏勇詩，絕對不可漏掉的重要作品。

李敏勇的戰爭詩不論用虛構或故事，都沉鬱著一種無奈，投射向弱者和個人。例如〈焦土之花〉的祭祀陣亡者的情景，就是對弱者的表達。李敏勇〈焦土之花〉寫道：

> 焦土上倖存的一朵花 / 在炮彈瓦斯薰黑的枝椏上的 / 一朵花 / 在靠近陣亡者手的地方搖晃 // 躺下時 / 花的存在成爲唯一的安慰 / 卻在遙遠的伸手不可及的地方 / 逐漸擴大的傷覆蓋了眼睛 // 小小的一朵花 / 它的悲哀是紅色的 / 成爲死者衣襟的祭飾 / 在焦土靜止的胸脯上 // 烟的風吹著 / 烟的風吹著 // 「需要我的手在遙遠不可到來的地方 / 已無法撫慰我 / 風呵 / 請將我帶給那陌生的男子吧」 // 被摧折的枝椏 / 散落的花瓣 / 烟的風吹著 / 烟的風吹著〔註180〕

〈焦土之花〉同樣收錄在《鎮魂歌》「思慕與哀愁」輯中，詩中以抒情之筆，將對戰死者的悲憫哀悼之情，轉化成焦土之花的聖潔形象。詩分六節，首節客觀勾畫出戰火肆虐後的戰場，詩之鏡頭先聚焦特寫「焦土上倖存的一朵花」，而後藉持續拉大拉遠的鏡頭，標示出這朵花的空間位置，讓拉大的鏡頭漸次納入「砲彈瓦斯薰黑枝椏」，以及「靠近陣亡者手的地方」，那是一朵「倖

〔註176〕李敏勇：〈沒有地圖的旅行〉，《青春腐蝕畫》，頁10。
〔註177〕李敏勇：〈沒有地圖的旅行〉（代序），《青春腐蝕畫——李敏勇詩集（1968～1989）》，台北：玉山社，2004年，頁12。
〔註178〕李敏勇：《李敏勇集·解說》，頁123。
〔註179〕彭瑞金：〈輸送明亮給世界的詩人李敏勇〉，《青春腐蝕畫——李敏勇詩集（1968～1989）》，頁239。
〔註180〕李敏勇：〈焦土之花〉，《青春腐蝕畫·鎮魂歌》，台北：玉山社，2004年，頁60。

存」的花朵，在陣亡者近處搖晃著生知覺美與死的哀淒；次節以想像之筆摹寫陣亡者瀕死情景，一朵花的存在，成了傷重倒地戰士臨死眼眸裡唯一安慰。於是象徵鮮血的小小一朵焦土倖存之花，幻化成死者衣襟的祭飾，安慰死者亡靈胸脯。詩之末三節以擬人走筆，讓焦土之花發聲，「風呵／請將我帶給那陌生的男子吧」，充滿悲憫之情。陳明台說：「這是寫在戰火之下瀕死的花朵的形象。事實上，用的是客觀的描寫。而自然的佈景，存在物的安排，只是透過淡淡的口吻來加以呈現，並沒有會嚇驚人的用語。然而反覆的閱讀，則其擬人的象徵的世界逐漸會增加，哀愁的氣氛也逐漸會擴大，有其輕柔纖細的感性令人共鳴。」〔註181〕以即物、表現、象徵的方法展開的〈焦土之花〉批判戰爭不以激烈之語，卻是藉由客觀描繪戰場情景後的抒情感性詮釋，讓戰爭的殘酷與悲哀盡顯無遺，提醒世人戰爭的並未遠去，時代關懷和歷史意識蘊含於整首詩境之中。

李敏勇《鎮魂歌》詩集另收錄多首書寫戰爭陰影，均在抒情語境中注入死亡殘酷陰影，例如〈焦土〉：「久久病癒的土地上／吊鐘花受傷的形體被遺棄著／在彼方啼哭的是某個未亡人的聲音／／而終於告別的斷垣倒了下來／夜涼的碑石有雨滴的痕跡／／像闊別了的情人／我跪著擁抱瘦了的肌膚／以暗啞的碼語」〔註182〕藉戰後焦土、零落吊鐘花、未亡人啼哭聲，以及陣亡者的碑石，拼貼出受戰火肆虐後，土地、生命、青春與愛情，一切都盡成焦土的悲哀；〈夢的手札〉：「妻的面孔是腐蝕的圖畫／撕碎在我的戰壕／浸濕了傷口的鮮血／腥紅的溫暖是我的寒冷」〔註183〕喻寫無情戰爭之「腐蝕」、「撕碎」生命與愛情；〈窗之意味〉：「窗子裡有比眼睛更遙遠的視覺／在那兒／故鄉被鑲在天空的鏡子看我凝望的姿勢／／……躺著／在斷垣背後被焦土覆蓋／雲沒有語言沒有淚水」〔註184〕藉斷垣背後被焦土覆蓋的戰死者，雙眼望向天空，似在凝望故鄉的死狀，以故鄉情懷寫戰爭死亡陰影。凡此均以抒情語境書寫戰爭，凸顯出戰爭的殘酷、虛無與荒謬，以及對生命的凌遲。

〔註181〕陳明台：〈鎮魂之歌——析論李敏勇的詩〉，李敏勇：《鎮魂歌》，頁107～108。
〔註182〕李敏勇：〈焦土〉，《青春腐蝕畫‧鎮魂歌》，頁48。
〔註183〕李敏勇：〈夢的手札〉，《青春腐蝕畫‧鎮魂歌》，頁52。
〔註184〕李敏勇：〈窗之意味〉，《青春腐蝕畫‧鎮魂歌》，頁53。

二、戰後

　　收錄在李敏勇《野生思考》「漂流物」輯中的〈戰俘〉，則照寫大歷史造化下個人存在的荒謬性：

> K 中尉沒有祖國 ／ 被俘的時候 ／ 他宣誓丟棄了 ／／ 釋還的那天 ／ 他望著祖國的來人 ／ 默默地 ／ 想把自己交給他們 ／／ 武裝被禁止了 ／ 武裝沒有被禁止 ／ 祖國已經沒有了 ／ 祖國還有 ／／ 雙重的認識論 ／ 在 K 中尉身上實驗了 ／ 說不定有一天 ／ 會輪到你或我 ／／ 世界在靜靜地擦著眼淚 ／ 世界在靜靜地掉著眼淚〔註185〕

〈戰俘〉藉「K 中尉」的命運境遇，呈顯台籍日本兵「祖國何在」的矛盾與辛酸，勾勒出生存在歷史夾縫中悲哀。日本治台末期，推動「南進政策」發動戰爭，當時徵調了大量「台灣青年志願兵」遠赴南洋作戰，他們的青春、理想，甚至寶貴的性命，就此葬送戰火之中；而倖存者則面臨到戰後的中日政權轉移，以及國家認同問題，痛苦地在歷史夾縫中求生存，而成為一群找不到國籍的人。〔註186〕「他們被押上戰場與日本兵並肩作戰，莫名其妙地把南洋人以及盟軍當做敵人。他們被捲入一場不知道誰是確切的敵人，不知道為誰而戰的戰爭。」〔註187〕其情境正如同楊長鎮所述：

> 戰時，我們是日本殖民地國民，以軸心國軍人身分與包括中國在內的同盟國作戰。戰爭結束，殖民地台灣人一夕突變成中國人。台灣人日本兵、高砂義勇軍，從奮勇殺敵的戰地煙硝中回到家鄉，才突然發現在這樣的歷史裡成為荒謬的、無意義的存在。他們在中華民國的黨國史觀、光復史觀裡，成為一種忌諱、一種不祥，而被選擇性地遺忘。〔註188〕

李敏勇〈戰俘〉以這段不可追憶的歷史作為反戰書寫題材，藉「K 中尉」刻畫這批台籍日本兵的矛盾與辛酸，以及側面凸顯國民政府來台接收時的橫暴。

〔註185〕李敏勇：〈戰俘〉，《青春腐蝕畫・野生思考》，台北：玉山社，2004 年，頁 127。

〔註186〕阮美慧：〈社會與政治：「笠」戰後世代詩人的現實詩學〉，鄭烱明編：《笠詩社四十周年「國際學術研討會」論文集》，台南：台灣文學館，2004 年，頁 192～193。

〔註187〕陳芳明：〈台灣鄉土文學運動的覺醒與再出發〉，《台灣新文學史》（下），頁 503。

〔註188〕楊長鎮：〈殖民地的終戰人格分裂症〉，《蘋果日報》A12 版論壇「焦點評論」，2015 年 5 月 18。日。

整首詩以順時序敘事架構冷靜鋪陳，首節在以否定句「K 中尉沒有祖國」破題之後，旋即以簡潔兩句「被俘的時候／他宣誓丟棄了」凸顯歷史造化下的不由己；次節同樣語句簡潔，透顯出的則是對祖國想望的肯定意識；第三節卻使用悖反語句並置排列，透過「武裝被禁止了／武裝沒有被禁止／祖國已經沒有了／祖國還有」呈顯人在歷史造化下雙重認識論的荒謬性；第四節透過「說不定有一天／會輪到你或我」，直指這種被謬情境是全世界性的，在任何人、任何時代都可能發生，「這種荒謬當然這不只是台灣一地的荒謬。關於二戰的勝敗，整個世界都有義務從被殖民者的角度，重新學習戰爭的本質與歷史意義」〔註189〕；詩之末節，藉「世界在靜靜地擦著眼淚／世界在靜靜地掉著眼淚」以抒情對偶句式收尾，「以軟以柔，使前面的剛性事件得到圓滿的考慮。」〔註190〕讓整首詩在呈現同理心觀照的同時，更緩緩流洩悲憫情懷於詩境。

　　李敏勇〈戰俘〉書寫二戰餘生台籍日本兵所面對的身分認同荒謬與矛盾，曾士魁則以〈敬弔二戰陣亡的台籍日本兵〉喚起被遺忘半個世紀的認同追念：

> 你們是一群慷慨就義的英雄／在無奈的日本殖民政策下／吟著支那的悲歌／為保衛鄉土　為保衛台澎而戰／血肉　骨灰灑遍了南洋／你們是民族的忠貞衛士／你們是父母的孝順兒子／你們是子女的慈愛父親／／烽火平息了／你們原可解甲還鄉／與親人共享天倫／重歸祖國的溫馨／在親友的熱切期盼／望穿心眼不見人影／憑著夥伴傳來亡故的音訊／痛哉！古來征戰幾人回？／／像被丟棄的孤嬰／任憑異族鐵蹄的踐蹋／屍骨遍野無人收領／這件已被淡忘的哀傷／將近半個世紀了／才討回些微的公理／願祖國能認同追念／／男兒立志在沙場／你們是無辜的英雄／你們的壯烈犧牲／已趨登榮耀的天堂／願上帝永遠與你們同在／阿門！〔註191〕

〈戰俘〉與〈敬弔二戰陣亡的台籍日本兵〉兩詩前後參照，前者寫生還者所

〔註189〕楊長鎮：〈殖民地的終戰人格分裂症〉，《蘋果日報》A12 版論壇「焦點評論」，2015 年 5 月 18。日。

〔註190〕鄭炯明等作：〈暗房的世界——李敏勇作品論〉，李敏勇：《青春腐蝕畫》，頁219。

〔註191〕曾士魁：〈敬弔二戰陣亡的台籍日本兵〉，《歲月拾掇》，屏東：屏東縣立文化中心，1997 年，頁 133～135。

面對的荒謬祖國認同，後者寫陣亡異域的悲哀，則二戰台籍日本兵在大時代下的小人物不幸命運，被映襯得立體鮮明。

李敏勇《野生思考》另收錄多首戰爭題材詩，如，〈回聲的世界〉：「一顆子彈 ╱ 飛出 ╱ 在無人處的曠野 ╱ 發出 ╱ 一聲叫喊 ╱╱一個人 ╱ 倒下 ╱ 在不毛的焦土 ╱ 開放 ╱ 一朵鮮花」〔註 192〕透過曠野子彈擊發的聲音，以及中彈者砰然倒地鮮血渲染畫面，以視、聽覺構築戰爭的死亡圖像；〈孤兒〉：「從戰場的一具屍體 ╱ 我悄悄地 ╱ 收集著成爲孤兒的悲哀」〔註 193〕從現實戰場中的一具屍體，將意義延伸至失去父愛的孤兒悲哀；〈軍艦〉：「全世界的港口都在流血吧 ╱╱戰鬥艦鋒利的刀口 ╱ 剖開水藍藍的肌膚 ╱ 露出 ╱ 一個永恆的傷口」〔註 194〕將戰鬥艦破浪航行之現實景象，與戰爭中的流血與傷口意象重疊；〈景象〉：「田園展覽著坦克的履跡 ╱ 一條條紅腫起來的 ╱ 傷痕 ╱ 曝晒在火炎炎的 ╱ 烈日下」〔註 195〕摹寫出被戰火侵襲、坦克輾壓摧毀的死亡田園敗象。死亡意象在李敏勇的戰爭詩中無處不在。

李男散文詩〈戰後〉不直接書寫戰爭的殺戮，卻透過一幅遠觀看似天倫之樂的幸福圖像，照寫出戰爭的殘酷，〈戰後〉寫道：

> 一個孩子在祖父佈滿縐紋的懷中睡著了。╱╱祖父是一個老老的老人，斜倚在一面放了幾隻空麻袋旁邊一塊瓷碗的碎片邊緣爬著褐色大螞蟻的斑剝的斷牆下，身上照耀著一盞子彈替他掛在腦袋的紅燈籠，靜靜的指出一條久埋在鬢下寒冷雪地中的小路 ╱╱孩子夢見在一個夢見的夢裡深深睡去的自己。〔註 196〕

〈戰後〉收錄在《劍的握手》卷三「異樣的風景區」，整首詩以冷靜旁觀筆觸，純粹即物描摹，讓圖像說話而不做任何主觀情感的介入評判。戰後的風景，是異樣的風景，如此靜寂看似安謐，在天倫圖像裡籠罩死亡陰影。藉著詩之鏡頭的挪移，首先捕捉的是一幅祖父懷裡攬著孫子畫面，老人孩子似乎都在熟睡中，鏡頭不動聲色的繼續挪移著，老人斜倚在斑駁斷牆下，斷牆旁邊的幾隻空麻袋，訴說的是糧食的短缺，而一旁的一塊瓷碗碎片則訴說著槍擊的發生，鏡頭終於停佇在老人被子彈擊出的血紅大窟窿腦袋，紅色的血早已從

〔註 192〕李敏勇：〈回聲的世界〉，《青春腐蝕畫‧野生思考》，頁 92。
〔註 193〕李敏勇：〈孤兒〉，《青春腐蝕畫‧野生思考》，頁 96。
〔註 194〕李敏勇：〈軍艦〉，《青春腐蝕畫‧野生思考》，頁 100。
〔註 195〕李敏勇：〈景象〉，《青春腐蝕畫‧野生思考》，頁 103。
〔註 196〕李男：〈戰後〉，《劍的握手》，高雄：德馨出版社，1977 年，頁 47。

傷口流過白鬢，在如寒冷雪地的白鬢流出一條小路，血味引來褐色大螞蟻，而懷中的孩子在深深的夢境中熟睡著。短短三段的散文詩，留下太多想像空間的留白，孩子的父母呢？想必早已戰死，戰地孩子未知生命的眞諦，卻已經歷死亡的殘酷洗禮，戰地裡無處不是殺戮戰場。

　　戰後屏東作家，除了沙穗、李敏勇的戰爭詩表現傑出，曾貴海亦有若干首印象鮮明之戰之題材詩。曾貴海詩中對於戰爭的反省，源自於對土地與生命的眞摯感情使然，曾貴海說：「做爲一個醫生，經常會面對生老病死的現象，我常在受到這些現象衝擊過後的平靜時刻裡，想到這個世界上其他人爲性的死亡。人類幾千年來的生活經驗，並沒有學得更多和平共處的智慧，戰爭的陰影仍籠罩著世人。不論是局部性的戰爭或全面性的戰爭，傳統性的戰爭或核子戰，這個地球以及受難的人類心靈，恐怕再也承受不了這類暴力的摧殘，因此我的幾首詩也觸及了這個問題。而最重要的是，創作過程中的長期思考，使我對這塊土地，以及這塊土地的生命體，孕育了更深一層的感情，它就像一條隱隱約約的路，召喚著我向前行。」〔註197〕例如，〈健忘症患者〉：

> 深夜寂靜的廣場／不知何時又豎起了一座銅像／讓早起的子民們默
> 認已成的事實／／血腥被風吹淡之後／獨對高樓的孤燈／展讀歷史／
> 才悚然一驚／／通過危機重重的時光甬道／緜延而來的子代／又站出
> 了一些昂揚的強者／一些健忘症患者／／總有那種持槍的人／放飛白
> 色的鴿子／迷惑眾人仰望的天空／然後，偷偷地舉槍／瞄準捕鴿網
> 內的目標／把牠射殺〔註198〕

〈健忘症患者〉收錄在《鯨魚的祭典》（1983）第三輯「動植物的世界」，詩末註記：「一九八二年夏天／以色列摧毀貝魯特市／總理比金曾獲諾貝爾和平獎」，隱建這兩件時事之間的弔謬對比，觸動了作者對社會政治的敏感詩心。整首詩從「深夜寂靜的廣場／不知何時又豎起了一座銅像」切入詩境，喻指歷史裡總有像比金這種人出現，「放飛白色的鴿子／迷惑眾人仰望的天空／然後，偷偷地舉槍」，一手領諾貝爾和平獎，一手發動毀滅性戰火，然而健忘的歷史總是代代孕育出健忘症患者，血腥的歷史終究會被風吹淡，於是昂揚的強者又努力站成廣場的銅像，讓「讓早起的子民們默認已成的事實」，歷史眞相經常是掩沒在銅像的尊榮表象裡，唯有「展讀歷史／才悚然一驚」，然則「獨

〔註197〕曾貴海：〈路——詩集「鯨的祭典」後記〉，《鯨魚的祭典》附錄，頁86。
〔註198〕曾貴海：〈健忘症患者〉，《鯨魚的祭典》附錄，頁62～63。

對高樓的孤燈」中的「獨對」與「孤燈」不正意味著不健忘歷史的清醒者總是孤獨而稀少的。

與〈健忘症患者〉同輯戰爭題材詩，另有〈子彈〉藉「因此／某個生命的滅絕被暗中決定時／召喚了我的誕生／／我的生／滅絕的肉體的血液／將肥沃和平的花卉／／而撕裂的空氣歸趨平靜／大地並沒有顯示什麼／隱藏於背後的臉抽走那根食指」〔註199〕以擬人之筆，藉子彈冷靜無情的自白，呈顯戰場子彈所具「滅絕」與「撕裂」的毀滅力量，更側面凸顯那「隱藏於背後的臉抽走那根食指」才是真正的滅絕與撕裂的元凶；〈劇終〉：「兩組年輕力壯的小伙子／比賽搬運核子炸彈／觀眾的吼聲激起滿場飛揚的旌旗……而那老人冷冷地在計算時間／／突然，不小心滑落了一顆／霎時煙屑毒蕈狂飆爆響／又使地球平靜了下來／觀眾們到那裡去了」〔註200〕則以趣味競賽反諷美俄兩國競擁核子炸彈，無疑是一場邀請死神當計時裁判的死亡競賽，藉此諷諭世人對戰爭死亡本質感知的愚昧遲鈍；〈初見和別離〉則詩寫戰爭是一場以寫完成的陌生人的初見與別離：

> 記不得在那條路上／從急馳的軍車內，瞥見／一隻狗碎屍在路中央
> ／車子一輛一輛地輾過去／輾出了一條長長的／接通古今的戰場／
> 從四面八方奔來的人們／只好默默聚集／在無可逃避的哀痛聲中／
> 以血來完成／陌生人的初見／和別離〔註201〕

整首詩可謂怵目驚心，作者不直書戰場殺戮之狀，卻透過記憶中在疾馳軍車內所瞥見「一隻狗碎屍在路中央」，簡短八字，除觸動讀者對於狗隻死狀的不忍，更引發對無辜生命殞落的人性悲憫之情。於是作者與狗之間以血肉模糊的死亡完成的初見和別離，召喚出作者對於古今戰場上無辜生命的想像，在逃無可逃、躲無可躲的死亡戰火中，人唯一可以做的就是「以血來完成／陌生人的初見／和別離」，戰爭對人的凌遲，躍然紙上。

本章小結

台灣戰後屏東作家現代詩中的政治社會關懷書寫，可從「政治議題」、「社

〔註199〕曾貴海：〈子彈〉，《鯨魚的祭典》附錄，頁65。
〔註200〕曾貴海：〈劇終〉，《鯨魚的祭典》附錄，頁66～67。
〔註201〕曾貴海：〈初見和別離〉，《鯨魚的祭典》附錄，頁68。

會議題」與「戰爭書寫」這三個面向窺探其內涵。在「政治議題」的部分，台灣戰後屏東現代詩中對於二二八與白色恐怖的歷史傷痕書寫，並不採激烈態度厲聲批判，而是顯現出經歷時間沉澱後的悲憫寬容，例如，李敏勇〈這一天，讓我們種下一棵樹〉以詩為花，積極正向面對二二八過去；曾貴海〈冬夜的面帕粄──記白色年代〉透過在地客家人的飲食文化，藉昔日同鄉家庭遭遇，帶出白色恐怖對受難者一輩子的傷害；利玉芳〈闖進花田的孩童們〉、〈淡飲洛神花茶的早晨〉以母性寬容胸懷，書寫終究已被淡忘而化為抽象數字的二二八歷史傷痕；郭漢辰的〈苦難記事四首〉則融浪漫意象於寫實之筆，摹繪出沉鬱二二八苦難裡的純美愛情與親情。

相較於對二二八白色年代的淡淡哀愁，台灣戰後屏東作家對於美麗島則記憶猶新，例如李敏勇〈戒嚴風景〉以如實況轉播的紀實寫法，將國家暴力完全暴露；〈他愛鳥〉則進一步喻寫黨國機器如何構民於罪，雖同樣不見激烈抨擊字眼，但批判殖民威權的力道卻強勁有力。同樣書寫反殖民威權，曾貴海以〈男人六十歲〉、〈殖民的幽靈遠離了嗎〉、〈延遲到訪的歷史〉、〈將軍的白日夢〉與〈向日葵〉等詩，透過殖民異化複製、盲從威權的真相指出，凸顯台灣知識份子抵抗霸權的必然性；利玉芳〈向日葵〉、〈遙控飛機〉同樣指向生活中政治遙控無所不在；李敏勇〈暗房〉、〈底片的世界〉〈從有鐵柵的窗〉與〈隱藏風景〉則強烈表達出在國家禁制威權下，島嶼身世、歷史真相的被隱藏掩蓋。

台灣戰後屏東現代詩中的政治議題，更也指向兩岸關係與國族認同。例如，利玉芳〈春雷〉以驚蟄批判對岸武力威脅，〈黑蚊〉藉被黑蚊叮咬經驗喻寫國土被侵犯，〈賣鵝〉藉眾鵝互啄諷諭賣台者啄傷同胞羽毛，〈透明的牛墟〉以農村牛被賣諷諭賣台政策，〈牛〉則批判執政者領導能力，凡此均凸顯利玉芳取材實際農村生活經驗，轉化為政治議題批判的書寫策略。而在國族認同的議題上，例如曾貴海〈男人五十歲〉與〈夢國〉詩組，以及李敏勇〈我寧願〉與〈母音〉組詩，均凸顯台灣是土地父親的情感認同，以台灣鯨勾畫獨立建國政治觀。很明顯的，戰後屏東現代詩作家群中，勇於表達政治議題者，如李敏勇、曾貴海與利玉芳，都是本土意識色彩強烈的笠詩社的中堅詩人，他們擅用譬喻、象徵手法，描寫殖民記憶、戰爭陰影、批判政府統治機器、觀察現實社會，他們質量兼備的政治社會關懷書寫，成為台灣戰後屏東現代詩的重要特色之一。

　　台灣戰後屏東現代詩中的社會觀察，不管是社會現象批判，抑或社會底層關懷，都是植根於鄉土情懷原型的轉化。例如，沙白〈職業吟〉系列組詩批判過度追求物質與金錢，而道德價值崩解的社會；利玉芳〈蝗蟲〉以蝗蟲過境喻寫以流水席買票的台灣選舉歪風，〈讓座〉凸顯社會對於弱勢族群的冷漠，〈夏日沙拉〉諷諭嚴重物化女性的庸俗娛樂；黃明峯〈檳榔西施〉諷諭被色情化綠色奇蹟檳榔文化；涂耀昌〈檳榔西施〉則化用西施歷史故事，對檳榔文化中的色情成份極盡反諷；曾貴海〈吃白鷺鷥的人〉批判貪婪文化，〈吐〉批判傳媒敗德墮落，〈佛陀的門鐵定空著〉批判宗教界過度商業化，〈贗品青年〉批判年輕世代崇洋媚外，〈快樂問卷〉則照寫台灣社會集體意識的敗德墮落；連水淼〈台北‧台北〉系列，則素描出過度惡質化的台北城市。凡此均彰顯出台灣戰後屏東現代詩作家群反過度物質傾斜、反色情、反道德冷漠、反複製異化的社會價值觀。

　　至於對於社會底層的關懷書寫，例如，沙白〈職業吟〉書寫礦工悲歌；曾貴海〈一張鄉下女人的臉〉素描婦女疲憊臉龐背後的勞工階層辛酸，〈一個都市的流浪漢〉藉素描街角流浪漢凸顯都市人都是被異化的精神流浪漢，〈茶花女〉組詩則聚焦鬻靈肉維生的妓女悲歌；沙穗「監獄詩」十餘首，則以獨特情詩處理方式，刻繪鐵窗歲月與囚犯心聲。

　　台灣戰後屏東現代詩中的戰爭書寫，沙穗與李敏勇都以「越戰」作為書寫題材，表現最是突出。沙穗〈越南〉系列組詩共十二首，是歐清河《西貢淪亡記》讀後感發之作，〈越南〉(戰時)與〈西貢基督〉以抒情文字、反諷之筆，呈顯戰爭殘酷與人物悲哀；李敏勇多首戰爭書寫，揉雜戰爭、愛與死亡，形塑其反戰襟懷，例如〈遺物〉從遺孀角度呈顯戰爭帶來的死亡悲劇，〈焦土之花〉藉焦土之花聖潔形象，表達對戰死者的悲憫哀悼，〈焦土〉、〈夢之手札〉與〈窗之意味〉喻寫無情戰爭之腐蝕生命與撕碎愛情；〈戰俘〉藉台籍日本兵 K 中尉祖國認同矛盾，照寫大歷史造化下個人存在的荒謬性，〈回聲的世界〉裡的子彈擊發與中彈倒地的聲響回應，〈孤兒〉從戰場死屍延伸孤兒悲哀，〈軍艦〉寓戰爭流血傷口於戰鬥艦破浪航行實景，〈景象〉摹寫戰火下田園死亡敗象。均流露悲傷、無奈情緒，是最為深沉的哀傷之歌。

第七章 結 論

　　本論文採用「在地性」的認定，以三十餘位具實際的屏東生活經驗，以及屏東文學活動經驗，並且出生於 1949 年以後，或者出生於 1949 年以前，但是文學創作在 1949 年以後的台灣戰後屏東作家群逾百本現代詩集為主要研究文本。經歸納統整，以「家鄉書寫」、「自然書寫」、「族群書寫」，以及「政治社會關懷書寫」這四大主題作為論說切入點，輔以人文地理學空間理論，以及文本細讀方法，緊密觀察台灣戰後屏東作家現代詩裡家鄉、自然、族群，以及政治社會這四個核心主題內涵與詩藝技巧，凸顯作為屏東地方文學的特色、意義與價值。

一、整理台灣戰後屏東現代詩的特色

（一）整理出「家鄉、自然、族群、政治社會關懷」四大主題特色

　　就主題特色的歸納整理，本論文首先從屏東史地、文學環境切入，嘗試藉由歷史沿革、地理環境、文學環境、詩社活動與作家背景的整理，初步建立研究台灣戰後屏東現代詩的基本背景資料庫。從人文歷史層面看，屏東平原從十七世紀作為平埔族鳳山八社聚落所在地，到十七、十八世紀閩南族群入墾，以及客家族群建立六堆聚落，再加上戰後撤台外省族群的移入，使屏東縣明顯族群混居現象，反映成台灣戰後屏東作家群的族群多元，更也反映在豐富多樣的族群書寫面貌，而成為台灣戰後屏東現代詩重要特色之一。

　　屏東位於國境之南，在地理環境上，有大武山層疊山脈作為屏障，有高屏溪、東港溪、林邊溪、荖濃溪與隘寮溪等五大河流，網狀聚匯沖積成沃饒

的屏東平原，戰後屏東作家的土生土長經驗，不但反映在書寫題材風格的田園自然意象，形塑出作家群們家鄉書寫的面貌，更也影響作家群對於我鄉／他鄉的思考，而呈現出對於與「自然」、「田園」相對位置的「汙染」、「都市」的反省批判，這種反省與土地家鄉之愛、族群情感認同交融揉雜，遂使「政治社會關懷」成為台灣戰後屏東現代詩重要內涵之一。

整理台灣戰後屏東現代詩特色，本論文歸納出家鄉書寫、自然書寫、族群書寫與政治社會關懷書寫這四大主題：

1. 建構地方認同的家鄉書寫

就「家鄉書寫」主題，屏東作為一個意義與經驗的物理空間與心理空間，承載著屏東現代詩作家們情感認同、記憶與想像。他們的詩作無論是家鄉母土感懷、家鄉生活素描、家鄉童年記憶或家鄉變貌凝視，都出自真實的成長生活經驗之後的對家鄉母土情感依戀。這種家鄉母土情感依戀，體現在疊映生活經驗的物理空間場域裡，例如田園自然、大武山、舊好茶、射鹿、六堆客庄、東港溪、龍鑾潭、屏鵝公路，乃至離島琉球嶼地景。空間跨度囊括屏東平原、六堆、大武山與離島等物理空間，從客庄農家田園生活，到高山部落景象，乃至離島地景與漁家生活，顯示因地理環境多樣，族群結構多元條件使然，而呈現出大跨度的書寫面貌。然則，當台灣戰後屏東現代詩中的家鄉書寫普遍體現出美好烏托邦家園意象之同時，相對的也顯露出情感原鄉因工商文明入侵而美好不再的焦慮不安，作家們的目光，凝視蟲魚花鳥滅蹤的汙染溪圳、傳統夥房聚落不再的客庄、地層下陷、農地縮限、阿塱壹古道被攔腰截斷、部落變成荒城、琉球嶼過度開發，乃至古城門淪為喧鬧街市。照寫家鄉今昔變貌，除意味著對逝去的烏托邦家園的永恆緬懷，更也體現出台灣戰後屏東作家現代詩具反映家鄉現實面的文化批判性體質。

2. 形塑地景美學符號的自然書寫

就「自然書寫」主題，有意義的空間中，無數的「角落」隱藏其中。屏東的田園、山水、墾丁、動植物與海洋自然地景，是屏東作家藉以形塑美感經驗的角落。屏東境內的屏東平原，是田園風格濃厚的農業產區，舉凡鄉間綠意、農庄晨昏、田園四季，聖潔土地與勞動是甜的審美視野總被鑲嵌在屏東作家自然書寫的地景中，呈現永恆田園意象；屏東縣高逾 3000 公尺的北大武山，是排灣族、魯凱原住民的母土祖靈地，排灣拉瓦爾起源聖山霧頭山的雲霧繚繞聖潔情境、射鹿部落清朗幽靜的月幕世界、三地門隘寮溪白芒河谷

的排灣傳說情境、挺直寬闊背脊的大武山，乃至從大武山奔流而下溢滿乳與蜜汁的高屏溪，以及倒映在高屏溪上的舊鐵橋歲月彩虹與夜空展翅巨鳥斜張橋，是台灣戰後屏東作家山水印象的絕美呈顯；屏東縣內的墾丁是臺灣第一座國家公園，是觀察自然生態最好的地方，於是墾丁公園地景裡帆船石、大尖山、香蕉灣、石門古戰場、鵝鑾鼻燈塔的歷史身世，季節裡候鳥過境越冬與恆春半島落山風，以及沿著日光巡禮半島出日起鷹、南灣波光、墾丁海邊、大鵬灣斜陽、關山落日與恆春搶孤夜光之美，形塑在台灣戰後屏東作家筆下。而動植物主題審美印象裡的三地門群飛鳳蝶、鄉間牛隻、椰樹、風鈴木、印度黃檀、霧台櫻花、大板根等，也凸顯了地景中多元族群的審美印象；屏東縣長達 136 公里的海岸線，三面環海（東有太平洋、西鄰台灣海峽、南接巴士海峽），海洋與海岸風貌多樣，舉凡濤聲浪湧、海岸風光、海面夕照、海底世界、海上活動，乃至童年海洋記憶與海的浪漫遐想哲思，都成為戰後屏東作家捕捉並審美形塑南臺灣海洋的素材。台灣戰後屏東作家除了以心靈之詩擁抱形塑屏東自然地景之美，更也從一種烏托邦式的介入，對屏東的自然汙染提出嚴厲批判，他們紀錄工業污染導致高屏溪河川生態破壞、土地生態破壞、山地土石流、空氣汙染、農村變異，以及都市污染、核能危機等工商業文明化的代價面貌，並進而嚴肅思索自然生態議題，從屏東山區越冬紫斑蝶、南臺灣鄉間黃蝶、恆春半島鷹群，到關注生物棲地破壞與濫捕野生動物等土地倫理議題，均凸顯出台灣戰後屏東作家群因生活地緣環境，而孕育出擁抱自然田園山水的審美詩心，同時也格外敏感於土地自然因外力介入的反差變貌，這促使他們從個人經驗的地方之愛出發，放眼關注自然生態的跨物種環保議題，提升為大我之愛，這種從屏東地域視野拓展出去的自然書寫，可視為台灣戰後屏東現代詩重要特色之一。

3. 凝聚族群意識的族群書寫

　　就「族群書寫」主題觀察，當有意義的空間成了地方，它同時也含有時間性意義，並顯現出人與空間、時間的親切連繫。族群多元的屏東縣籍作家們各自從其特有客家、原住民、閩南、外省視角，關注母土家鄉與他鄉，最後又如鮭魚洄游一般回眸佇足自己族群，嘗試透過具溯源意義的「歷史回顧」與情感認同的「鄉土關懷」這兩大核心主題，以文字建構、摹繪與延續族群的歷史文化命脈，在定義自己族群的同時，也得到情感認同的歸屬。於是客家作家書寫「移墾歷史與六堆戰役」、「殖民歷史與抗日戰役」、「血緣尋根與

情感認同」、思辨「空間原鄉與文化原鄉」，讓拓墾歷史裡的濫濫庄、三山國王信仰、朱一貴事件、六堆事件、忠義亭風雲、步月樓保衛戰、長興庄之戰的歷史現場被重新建構；原住民作家詩寫神話傳說與祭典，魯凱祖先達瑞卡哦格勒建立古茶布安部落、排灣族霧頭山取火神話、巴達因、布拉冷安、排灣族五年祭，進行原住民口傳文化的古典復興；閩南作家回顧渡台歷史與殖民命運；外省作家則紀錄時代劇變下的離散，以及北伐抗戰剿匪歷史。凡此都嘗試在歷史的追溯中，重新建構自己族群之精神與面貌。而在「鄉土關懷」的部分，客籍作家素描客家婦女圖像、建構昔日生活場域，呈顯親切鄉土眷戀；原住民作家則反思強勢文明對族群文化的衝擊，嘗試重構失落的烏托邦部落圖像；閩南作家書寫鄉土人物與鄉土生活，寓寄鄉土之情；外省作家則書寫外省兩代間不同的故鄉經驗與鄉土關懷。凡此均形塑出台灣戰後屏東作家現代詩中多元族群的文化視野，以及族群意識的凝聚而成為台灣戰後屏東現代詩的重要特色。

4. 彰顯島嶼之愛的政治社會關懷書寫

　　就「政治社會關懷書寫」主題，地方是一種觀看、認識和理解世界的方式，它包含有強調或貶抑這兩種不同價值思考面向。台灣戰後屏東作家群成長屏東，立足臺灣，放眼世界，他們的屏東背景影響了觀看、認識與理解世界的角度，以及價值的呈顯。在「政治議題」上，同屬笠社成員的李敏勇、曾貴海與利玉芳，是台灣戰後屏東現代詩作家群中，勇於表達政治議題者，他們對於二二八與白色恐怖的歷史傷痕書寫，顯現出經歷時間沉澱後的淡淡哀愁與悲憫寬容，而對美麗島事件與威權戒嚴則因記憶猶新，雖不見激烈抨擊字眼，但反殖民威權的批判力道卻強勁有力。在兩岸議題與國族認同上，則同樣本土意識色彩強烈，他們擅用譬喻、象徵技巧，處理殖民記憶、戰爭陰影、威權統治與現實社會等相關政治社會議題。在「社會觀察」議題上，不管是社會現象批判，抑或社會底層關懷，都是植根於鄉土情懷原型的轉化。作家們觀察批判的層面，從過度物質傾斜、流水席選舉歪風、物化女性的庸俗娛樂與色情檳榔文化、縱慾貪婪的飲食文化、傳媒的敗德墮落、宗教界拜金、年輕世代崇洋媚外，乃至台灣社會集體意識的複製異化、敗德墮落，同時也擁抱關懷礦工、勞工、流浪漢、妓女與囚犯，凡此均彰顯出台灣戰後屏東現代詩作家群的批判性與關懷性。在「戰爭書寫」上，沙穗、李敏勇都以「越戰」作為題材，表現最是突出。沙穗〈越南〉系列與〈西貢基督〉以抒

情反諷之筆，寫戰爭殘酷與人物悲哀；李敏勇詩作揉雜戰爭、愛與死亡，形塑其反戰襟懷；而曾貴海醫師則從生老病死現象，更進一步思索其他包括戰爭在內的人爲性死亡。凡此均彰顯出作家們對政治社會的關懷。

（二）文學活動、族群結構影響主題特色

從文學活動觀察台灣戰後屏東現代詩特色風格，出生三〇至五〇年代的作家群，因躬逢台灣七〇至八〇年代現代詩社風潮，不管他們是投入本土色彩濃厚的笠詩社，或是親近大中國情懷的創世紀，他們詩作普遍關注社會現實、控訴殖民統治，具旺盛批判戰鬥力；出生六〇年代以後的青年屏東作家群，則都是從各項文學獎活動脫穎而出，都善用意象技巧與文思奇想，形塑家鄉自然人文風貌。

從詩社活動頗能觀察三〇至五〇年代出生的屏東現代詩作家詩作特色風格，因這個世代的屏東作家群，曾躬逢台灣七〇至八〇年代現代詩社風潮，他們或在自己縣內成立詩社，嘗試帶動起屏東縣文風，例如七〇年代沙穗、連水淼、張堃的籌組盤古詩社與暴風雨詩社；或者是主編青年刊物，鼓勵屏東青年學子提筆創作，如八〇年代同屬海鷗詩社的李春生與路衛主編《屏東青年》，並相繼發起中國青年寫作協會及青溪新文藝學會屏東縣分會，貢獻屏東文壇頗大；也有更多是因求學、工作而到城市異地求發展，同時也積極參與全國性詩社活動，努力構築文學夢，帶著被屏東故鄉田園山水人情孕育的詩心，在異鄉發光發熱，如徐和隣、李男、李敏勇、沙白、林文彥、曾貴海、曾肅良、陳寧貴、劉廣華等。

然則從族群結構多元現象觀察屏東作家文學活動與詩作風格，則發覺本省籍作家作品偏向本土色彩強烈的笠詩社，而戰後屏東外省籍作家雖較親近注重個人情意表達，講究超現實主義文字意象技巧的「創世紀」，但也在文化中國情懷族群情感與個人情意表達之外，有深刻的都市生活體驗觀察。

本省籍戰後屏東作家大多親近本土思維濃厚的笠詩社、陽光小集，也深受笠詩社「現實主義的藝術導向」、「新即物主義」、「外向觀點」、「意象勝於修辭」詩觀影響，例如沙白、曾貴海、李敏勇、利玉芳、李男、陳寧貴。這些作家群的詩作，在內涵上普遍具強烈現實關懷特質，以及對時代社會的強烈批判精神；在詩藝技巧上則擅用精準意象傳達思想情感，體現新即物主義。例如，客籍沙白早期受李白浪漫詩與沙特存在主義影響，著重內在心靈探索，詩作雖中西合璧，卻不免流於虛無蒼白，加入笠詩社後，逐漸轉趨現實；閩

籍李敏勇早期詩作受現代主義影響，風格婉約唯美、感傷蒼白，1970 年加入笠詩社後，風格突變，詩作主題轉向思考人類命運，詩中的現實批判與政治性漸趨強烈，詩藝技巧則無論就物象的掌握、語言的純潔、詩想的收斂，均呈現可觀精進；客籍曾貴海早期以「林閃」為筆名，在《笠》詩刊發表〈詩的纖維〉系列詩作，而正式進入文學領域。其詩作之核心主題「台灣、土地、族群」，正是笠下詩人濃厚本土精神、鄉土性格的體現；利玉芳 1978 年加入笠詩社，受到笠詩社本土意識色彩影響，其詩作以愛和批判的敏銳，關心政治、社會、環境、文化，捕捉時代的記憶，文學生命自此起重大轉機；李男與陳寧貴早期同為具南方草根特性的「主流」詩社成員，與「笠」詩社頗為親近，主流多數成員也兼具笠詩社同仁身分。笠詩社特質深刻影響並體現在戰後屏東笠社作家詩風格，更也共同構築出台灣戰後屏東現代詩中，富含濃厚土地情感、族群關懷、政治批判與社會關懷的特色。

台灣戰後屏東外省族群作家，親近注重個人情意表達，講究超現實主義文字意象技巧的「創世紀」，例如「暴風雨」詩社核心成員連水淼與沙穗，他們共同的書寫題材特色有二，其一是「文化中國」的想像書寫，例如沙穗《護城河》「獻給父親」系列詩作，以及連水淼〈默契——三·二九前夕〉、〈空心菜〉，都充滿了對彼岸的想像。其二是城市生活書寫，例如沙穗《燕姬》的〈歸鄉〉、〈賣麵〉與〈失業〉；連水淼《台北·台北》「台北」主題系列，都呈顯出對都市生活的體驗與觀察。

戰後屏東作家群，除了沙穗、連水淼的在屏東籌組詩社，更多的屏東作家因求學、工作之故而打拼異鄉，他們積極的在詩理念相投的園地發光發熱，例如徐和隣、許其正、杜紫楓、劉廣華加入詩觀強調詩應該走向明朗化、大眾化的「葡萄園」詩社〔註1〕，徐和隣詩風純真素樸、取材自我感情生活；許其正詩風平易近人、直抒胸臆；杜紫楓詩風潔美節制，兼具現代感的舒張與母性的婉約；劉廣華風格真純渾然，都體現出「葡萄園」詩社避晦澀艱深、親近現實生活的明朗詩觀。

九〇年代開始，經由屏東縣政府文化局、學術界、文化團體的共同努力之下，提供了多元的發表園地，一定成效的提振了屏東地區現代詩創作風氣。從 1999 年之後陸續開辦的「大武山文學獎」、「青少年大武山文學獎」徵文、社區大學現代文學課程與擴大舉辦的「大武山文學營」等文學活動與文學刊

〔註 1〕 「葡萄園」詩社於 1962 年台北成立。

物「屏東縣作家作品集」，提供了多元的場域，鼓勵愛好文學的屏東縣民投入創作行伍，讓屏東地區新詩創作風氣達到一定的成效，六〇年後出生的屏東年輕世代作家群，例如涂耀昌、洪柴、黃慶祥、張月環、黃明峯、郭漢辰、張太士、陳雋弘、傅怡禎都是透過文學獎而嶄露詩才，他們的詩作也受地方文學獎特別關注獎掖地方書寫的特質，而著力在家鄉審美意象的形塑，以及地方感的建構。

二、台灣戰後屏東現代詩在地書寫的意義

透過台灣戰後屏東作家的現代詩，我們除了可以看見屏東作家們筆下意義與經驗的世界，以及屏東作家與屏東這塊土地的情感依附和關聯。更也提供了一個具地方性特質看屏東、看台灣，以及看世界的文學視角。例如「家鄉」、「自然」、「族群」、「政治社會關懷」這四個主題，如果將這些詩作放在整個台灣現代詩壇的體系上觀照，或許並不能看出他們詩作中這些土地族群部分的特質，但這些詩作如果集中在屏東作家群中統整歸納檢視，則這個特質就凸顯了出來。

此外，戰後屏東作家透過現代詩所呈現的意義和經驗的世界，讓我們能更深入的觀看、認識和理解屏東這個空間場域，並透過他們的視角進而認識世界。

「地方」是我們經驗世界的方式，並且它使得世界變得有意義。從人文地理學的角度審視地方文學的意義，「屏東」作為一個屏東作家成長的「地方」，負載了屏東作家獨特的生命記憶、想像與情感認同。從大環境來看，世界各地在全球化、國際化的氛圍侵襲下，淹沒在一片到處復現的同質化的產業，強而有力的「威脅了獨特地方的觀念。」所以以「地方」為基礎便益顯重要性，人文地理學家 Tim Cresswell 所認為的：無論「全球」如何打造地方與區域世界，重要的是學會看見以地方為基礎的文化、生態和經濟實踐，是重構地方與區域世界的另類視野和策略。這個論點當然也包含了「文學」，從這個視角來關照屏東文學，越是全球化、國際化氛圍下，越應保有地方獨特性，因此透過台灣戰後屏東現代詩研究，藉以凸顯屏東文學作為一個「地方文學」的獨特相貌，建構以地方為基礎的文學視野，正是認識世界的一種方式和策略。

三、台灣戰後屏東現代詩在台灣文學史的價值

屏東地區位於國境之南，是一個邊陲縣市、邊緣地方，屏東雖向被視爲南國文化沙漠，創作環境不佳，然則屏東作家中，卻有不少詩人的作品成就價值是屬於全國性，甚至全球性。例如，林清泉兩行詩，獨樹一幟，雋永耐讀；李春生詩是研究五、六〇年代歐化晦澀詩風重要資料；路衛屏東山地風光、山胞民間故事題材詩作，對發掘原住民山地文化，有積極性的意義；連水淼的書市書寫，展現全方位詩人風範；李敏勇的戰爭與政治書寫，展現新即物主義華麗意象，將台灣鄉土詩提升到成熟之境；沙穗的族群詩、失業詩、監獄詩，被譽爲台灣詩壇最爲迷人的聲音之一；利玉芳詩是台灣詩壇女性身體意識表現最濃烈的女詩人，她的陰性書寫，相當程度的突破單一男性聲音與父權象徵的話語權；郭漢辰是現階段南台灣文壇成果最豐的新生代作家，這些屏東作家在台灣詩壇都是擲地有聲，備受肯定，具一定地位與影響力。

多元的族群結構，是屏東作家現代詩特色呈現的重要背景之一。台灣戰後屏東現代詩在台灣文學史的價值，首先呈現在客家族群書寫與原住民族群書寫。在客家族群書寫的部分，曾貴海、利玉芳、陳寧貴的客語詩，在台灣戰後屏東現代詩中，獨樹一幟，在整個台灣的客語詩壇也擲地有聲。他們的客語詩作，以圓熟客語書寫客家女性、自然鄉土、客庄庶民生活、個人及土地生命歷史，透過抒情、寫景、記事、述志，乃至批判、寫史，證明了客家詩的可能，完成了八〇年代以來客家文學的想望。其中尤以曾貴海《原鄉·夜合》最是經典。曾貴海詩最珍貴之處，便是臺灣土地生活經驗的認真凝視，而《原鄉·夜合》則爲集大成之作，詩集透過人物誌所塑造的傳統客家女性溫柔刻苦審美形象，堪稱女性書寫典範。而利玉芳以客家女性思維出發，所延伸輻射向政治批判、社會關懷的女體書寫策略，在整個台灣女詩人群中，是極其耀眼的一位。

台灣戰後屏東作家的原住民詩寫作，除了有魯凱作家奧威尼，排灣作家讓阿淥、達卡鬧、撒伐楚古，他們以自然不造作的素樸華語，書寫高山部落文化與生活，充滿原民處境自省，其中尤以奧威尼在台灣詩壇引起最多關注，其以典雅而含蓄蘊藉的文字裡，所細膩構築的魯凱獨特文化，被譽爲是神話傳說的古典復興。而具平埔族血統的曾貴海，其《神祖與土地的頌歌》分別從鄒族、布農、排灣三個族群的神話傳說、祭典儀式、文化傳承切入，書寫部落文化，探文部落文化的失落與重生，展現原住民素樸的土地觀與知識觀，

是原住民族群詩經典之作。透過台灣戰後屏東作家的書寫，日趨凋零的客家、魯凱、排灣的生活、語言、文化，乃至族群審美觀、價值觀，被有機的重新建構，得以復活於詩語言中，也更凝聚出族群意識。

後　記

　　本論文的完成，除了自身屏東研究經驗後的轉進之外，必須在此提出的是本論文受林秀蓉與傅怡禎兩位學者相關屏東現代詩研究啓迪頗多，然相較於兩位學者深具啓發性的論述，本論文不免東施效顰、狗尾續貂。然則舉凡研究，雖未必前修未密，後出轉精，但每一篇屏東文學相關研究論文的產出，都是一個腳印的踏出，都具研究版圖拓展的意義。本論文在論述或許未臻完善，所挑選詩作未必都具代表性，但所羅列耙梳相關詩作，卻可拋磚引玉，吸引更多優秀研究者共襄盛舉、裨補闕漏，更深入論述，例如，未在本論文納爲獨立章節的「海洋書寫」、「女性書寫」、「都市書寫」、「生命哲思」、「詩觀」等，都有進一步探索的一定質量，可做爲未來繼續深掘研究的題材。

參考書目

一、台灣戰後屏東作家現代詩詩集文本（依姓氏筆畫爲序）

1. 白葦：《白衣手記》，高雄：高雄醫學大學，2006 年。
2. 白葦：《海岸書房》，高雄：高雄醫學大學，2006 年。
3. 白葦：《歲痕新集》，高雄：春暉出版社，2013 年。
4. 白葦：《邊陲耕地》，高雄：春暉出版社，2013 年。
5. 西沙：《沙鷗的天空》，屏東：太陽城出版社，1981 年。
6. 伊誕‧巴瓦瓦隆：《靈鳥又風吹──伊誕的畫與詩》，屏東：行政院原住民委員會文化園區管理局，2010 年。
7. 沙卡布拉揚：《孤鷹》，東京：綠蔭社，1997 年。
8. 沙卡布拉揚：《沙卡布拉揚台語文學選》，台南：眞平企業有限公司，2001 年。
9. 沙卡布拉揚：《2003 年序曲》，東京：綠蔭社，2004 年。
10. 沙卡布拉揚：《浮雲短句》，東京：綠蔭社，2004 年。
11. 沙卡布拉揚：《鵝鑾鼻燈塔个憂悴》，東京：綠蔭社，2005 年。
12. 沙白：《河品》，台北：現代詩社，1966 年。
13. 沙白：《太陽的流聲》，台北，笠詩社，1986 年。
14. 沙白：《靈海》：高雄，台一社，1990 年。
15. 沙白：《空洞的貝殼》，高雄：台一社，1990 年。
16. 沙穗：《風砂》，屏東：盤古詩社，1969 年。
17. 沙穗：《燕姬》，高雄：心影出版社，1979 年。
18. 沙穗：《護城河》，屏東：屏東縣立文化中心，1993 年。

19. 沙穗：《來生》，高雄：高雄縣立文化中心，1997 年。

20. 沙穗：《沙穗短詩選》，香港：銀河出版社，2002 年。

21. 沙穗：《畫眉》，台北：詩意文出版社，2003 年。

22. 李春生：《睡醒的雨》，屏東：海鷗詩社，1988 年。

23. 李春生：《季節之歌》，屏東：屏東縣立文化中心，1993 年。

24. 李春生：《無月的望》，北京：團結出版社，1995 年。

25. 李春生：《唐突集》，屏東：屏東縣立文化中心，1994 年。

26. 李敏勇：《雲的語言》，台北：林白出版社，1969 年。

27. 李敏勇：《暗房》，台北：笠詩社，1986 年。

28. 李敏勇：《鎮魂歌》，台北：笠詩社，1990 年。

29. 李敏勇：《野生思考》，台北：笠詩社，1990 年。

30. 李敏勇：《戒嚴風景》，台北：笠詩社，1990 年。

31. 李敏勇：《傾斜的島》，台北：圓神出版社，1993 年。

32. 李敏勇：《傷口上的花——二二八詩集》，台北：玉山社，1997 年。

33. 李敏勇：《心的奏鳴曲》，台北：玉山社，1999 年。

34. 李敏勇：《如果你問起》，台北：圓神出版社，2001 年。

35. 李敏勇：《思慕與哀愁》，台北：圓神出版社，2001 年。

36. 李敏勇：《青春腐蝕畫》，台北：玉山社，2004 年。

37. 李敏勇：《島嶼奏鳴曲》，台北：玉山社，2008 年。

38. 李敏勇編：《自由星火》，台北：玉山社，2009 年。

39. 李敏勇：《自白書》，台北：玉山社，2009 年。

40. 李敏勇：《暗房　李敏勇手抄詩集》，高雄：春暉出版社，2010 年。

41. 李敏勇：《美麗島詩歌——通行台語詩集》，台北：玉山社，2012 年。

42. 李男、德亮合著：《劍的握手》，高雄：德馨出版社，1977 年。

43. 李男：《紀念母親》，高雄：德馨出版社，1978 年。

44. 利玉芳：《活的滋味》，台北，笠詩刊社，1986 年。

45. 利玉芳：《貓》，台北，笠詩刊社，1991 年。

46. 利玉芳：《向日葵》，台南：台南縣立文化中心，1996 年。

47. 利玉芳：《淡飲洛神花茶的早晨》，台南：台南縣文化局，2000 年。

48. 利玉芳：《夢會轉彎》，台南：台南縣文化局，2010 年。

49. 周廷奎：《履韻》，台北：采風出版社，1988 年。

50. 周廷奎：《訴說的雲山》，屏東：屏東縣立文化中心，1993 年。

51. 周廷奎：《春天來到萬年溪》，屏東：屏東縣立文化中心，1994 年。

52. 周廷奎：《璀璨的光譜》（合集），屏東：屏東縣政府文化局，2003 年。

53. 林清泉：《殘月》，自印，1958 年。

54. 林清泉：《寂寞的邂逅》，高雄：高大出版社，1972 年。

55. 林清泉：《心帆集》，台北：笠詩社出版，1974 年。

56. 林清泉：《林清泉詩選集》，屏東：屏東縣立文化中心，1993 年。

57. 林文彥：《煙起林際》，屏東：屏縣文化，1999 年。

58. 洪柴：《馬纓丹》，屏東：屏東縣立文化中心，2000 年。

59. 徐和隣：《淡水河》，台北：葡萄園詩社，1966 年。

60. 涂耀昌：《清明》，屏東：屏東縣立文化中心，2000 年。

61. 屏東縣政府文化局：《第六屆大武山文學獎》，屏東：屏東縣政府文化局，2004 年。

62. 屏東縣政府文化處：《第十屆大武山文學獎》，屏東：屏東縣政府文化處，2011 年。

63. 屏東縣政府文化處：《第十二屆大武山文學獎得獎作品輯》，屏東：屏東縣政府文化處，2013 年。

64. 連水淼：《異樣的眼睛》，屏東：盤古詩社，1970 年。

65. 連水淼：《生命的樹》，台北：創世紀詩社，1980 年。

66. 連水淼：《台北・台北》，台北：創世紀詩社，1983 年。

67. 連水淼：《陽明花開》，台北：連勝影視，1984 年。

68. 連水淼：《春風拂百花》，台北：創世紀詩雜誌社，1984 年。

69. 連水淼：《在否定之後》，屏東：屏東縣立文化中心，1995 年。

70. 連水淼：《首日封》，台北：創世紀詩雜誌社，2010 年。

71. 連水淼：《連水淼自選集》，台北：黎明文化，1988 年。

72. 陳寧貴：《劍客》，台北：秋水出版社，1977 年。

73. 陳寧貴：《商怨》，台北：德華出版社，1980 年。

74. 陳瑞山：《上帝是隻大蜘蛛》，台北：星光出版社，1986 年。

75. 陳瑞山：《地球是艘大太空梭》，台北：書林出版公司，1998 年。

76. 陳瑞山：《重新出花》，台北：書林出版公司，2003 年。

77. 紫楓：《片片楓葉情》，高雄：大海洋詩刊雜誌社，1996 年。

78. 紫楓：《楓韻》，台北縣：詩藝文出版社，2003 年。

79. 紫楓：《古月今照戀楓情》，屏東：葦軒出版社，2012 年。

80. 張太士：《夢被反鎖》，屏東：屏東縣立文化中心，1998 年。

81. 張月環：《風鈴季歌》，屏東：屏東縣政府文化局，2007 年。

82. 張志雄：《小熊‧1953——菊花軒主 張志雄詩文集》，高雄：宏文館圖書公司，2005 年。

83. 許其正：《半天鳥》，台北：葡萄園詩社，1964 年。

84. 許其正：《菩提心》，高雄：三信出版社，1976 年。

85. 許其正：《南方的一顆星》，屏東：屏東縣立文化中心，1995 年。

86. 許其正：《海峽兩岸遊蹤》，北京：團結出版社，2003 年。

87. 許其正：《胎記》，重慶：環球文化出版社，2006 年。

88. 許其正：《心的翅膀》，希臘：梧桐出版社，2007 年。

89. 許其正：《山不講話》，重慶：環球文化出版社，2010 年。

90. 許其正：《盛開的詩花》，重慶：環球文化出版社，2012 年。

91. 郭漢辰：《地球每天帶著一點遺憾在轉動》，屏東：屏東縣立文化中心，1996 年。

92. 郭漢辰：《請和我一起閱讀土地的詩行——屏東詩旅手札》，屏東：屏東縣政府文化處，2011 年。

93. 陳雋弘：《面對》，高雄：松濤文社，2004 年。

94. 陳雋弘：《等待沒收》，高雄：松濤文社，2008 年。

95. 曾肅良：《冥想手札》，台北：詩之華出版社，1994 年。

96. 曾肅良：《花雨曼陀羅》，新北市：三藝文化有限公司，2007 年。

97. 黃慶祥：《小琉球手記一九七○》，屏東：屏東縣政府文化局，2001 年。

98. 黃慶祥：《琉球行吟》，屏東：屏東縣政府文化局，2006 年。

99. 黃明峯：《自我介紹》，高雄：春暉出版社，2003 年。

100. 黃明峯：《色水‧形影‧落山風的聲——黃明峯台語詩集》，屏東：屏東縣政府文化處，2014 年。

101. 曾士魁：《歲月拾掇》，屏東：屏東縣立文化中心，1997 年。

102. 曾貴海：《鯨魚的祭典》，高雄：春暉出版社，1983 年。

103. 曾貴海：《高雄詩抄》，台北：笠詩刊社，1986 年。

104. 曾貴海：《台灣男人的心事》，高雄：春暉出版社，1999 年。

105. 曾貴海：《原鄉‧夜合》，高雄：春暉出版社，2000 年。

106. 曾貴海：《南方山水的頌歌》，高雄：春暉出版社，2005 年。

107. 曾貴海：《孤鳥的旅程》，高雄：春暉出版社，2005 年。

108. 曾貴海：《祖神與土地的頌歌》，高雄：春暉出版社，2006 年。

109. 曾貴海：《曾貴海詩選》，高雄：春暉出版社，2007 年。

110. 曾貴海：《浪濤上的島國》，高雄：春暉出版社，2007 年。

111. 曾貴海：《湖濱沉思》，高雄：春暉出版社，2009 年。

112. 曾貴海：《曾貴海集》，高雄：春暉出版社，2009 年。

113. 曾貴海：《畫面》，高雄：春暉出版社，2010 年。

114. 曾貴海：《色變》，高雄：春暉出版社，2013 年。

115. 傅怡禎：《大武山下的美麗韻腳——屏東小站巡禮》，屏東：屏東縣政府文化處，2013 年。

116. 奧威尼・卡露斯盎：《雲豹的傳人》，台北：晨星出版社，1996 年。

117. 奧威尼・卡露斯盎：《神秘的消失——詩與散文的魯凱》，台北：麥田出版社，2006 年。

118. 楊華著，莫渝編：《黑潮集》，台北：桂冠圖書公司，2001 年。

119. 劉廣華：《十年潮》，高雄：葡萄園出版社，1975 年。

120. 劉廣華：《晚晴小集》，台北：三軍大學印刷所，1981 年。

121. 劉廣華：《光華的典型》，台北：黎明文化公司，1984 年。

122. 劉廣華：《梅花戀》，台北：三軍大學印刷所，1984 年。

123. 劉廣華：《生命的長廊》，台北：黎明文化公司，1991 年。

124. 蔡森泰：《偃係台灣客家人斷絕中國奶水情》，屏東：屏東縣政府文化局，2002 年。

125. 蔡森泰：《每一棵樹都是神》，屏東：屏東縣立文化中心，2000 年。

126. 鍾明德：《抒情民謠》，台中：藍燈文化，1968 年。

127. 讓阿淥：《北大武山之巔——排灣族新詩》，台北：晨星出版社，2010 年。

二、專書

（一）古籍

1. 管仲：《管子》，台北：中華書局，1966 年。

2. 韓非：《韓非子》，台北：中華書局，1966 年。

3. 莊子著，郭慶藩釋：《莊子集釋》，北京：中華書局，2010 年。

4. 王瑛曾：《重修鳳山縣志》，南投：台灣省文獻委員會，1996 年。

5. 郁永河：《裨海記遊》，南投，台灣省文獻委員會，1996 年。

6. 陳文達：《鳳山縣志》，南投：台灣省文獻委員會，1996 年。

7. 黃叔璥：《台海使槎錄》，南投：台灣省文獻委員會，1996 年。

8. 蔣毓英：《台灣府志》，南投：台灣省文獻委員會，1993 年。

（二）人文社會科學專書

1. 小島由道著，蔣斌主編：《番族慣習調查報告書》，台北：中研院民族學研究所譯，2003 年。

2. 王立：《中國古代文學十大主題——原型與流變》，台北：文史哲出版社，1994 年。

3. 王甫昌：《當代台灣社會的族群想像》，台北：群學出版社，2003 年。

4. 王明治編：《歐美詩論選》，中國：青海人民出版社，1990 年。

5. 王明珂：《華夏邊緣——歷史記憶與族群認同》，台北：允晨文化有限公司，1997 年。

6. 王浩威：《台灣文化的邊緣戰鬥》，台北：聯合文學出版社，1995 年。

7. 王詩琅：《台灣社會運動史——文化運動》，台北：稻鄉出版社，1988 年。

8. 王德威：《小說中國》，台北：麥田出版社，1993 年。

9. 謝樹新主編：《中原文化叢書》第四集，台北：中原雜誌社，1971 年。

10. 中島利郎編：《1930 年代台灣鄉土文學論戰資料彙編》，高雄：春暉出版社，2003 年。

11. 古繼堂：《台灣新詩發展史》，台北：文史哲出版社，1989 年。

12. 古遠清、孫光宣合著：《詩歌修辭學》，漢口：湖北教育出版社，1995 年。

13. 田村隆一著，陳千武譯：《田村隆一詩文集》，台北：幼獅文藝社，1974 年。

14. 羊子喬、陳千武主編：《光復前台灣文學全集II——森林的彼方》，台北：遠景出版社，1982 年。

15. 江自得、鄭烱明、曾貴海：《三稜鏡：江自得、鄭烱明、曾貴海詩選集》，高雄：春暉出版社，2003 年。

16. 呂興昌等作：《風格的光譜》，台南：國家台灣文學館籌備處，2006 年。

17. 李元貞：《女性詩學——台灣現代女詩人集體研究 1951～2000》，台北：聯經，2000 年。

18. 李南衡主編：《日據下台灣新文學文獻資料選集》，台北：明潭，1979 年。

19. 李敏勇主編：《1982 年台灣詩選》，台北：前衛出版社，1985 年。

20. 李敏勇：《做為一個台灣作家》，台北：自立晚報出版部，1989 年。

21. 李敏勇：《戰後台灣文學反思》，台北：自立晚報出版部，1994 年。

22. 李敏勇：《台灣詩閱讀》，台北：玉山社，2000 年。

23. 李澤厚：《美學論集》，台北：三民，2001 年。

24. 李魁賢：《詩的反抗》，台北：新地文學，1992 年。

25. 李魁賢編：《一九八二年台灣詩選》，台北：前衛出版社，1983 年。

26. 李魁賢：《詩的見證》，板橋：台北縣立文化中心，1994 年。

27. 李獻璋編著：《台灣民間文學集》故事篇，台北：龍文出版社，1989 年。

28. 李瑞騰：《詩的詮釋》，台北：時報文化公司，1982 年。

29. 沙穗：《小蝶》，台北：采風出版社，1982 年。

30. 宋國誠：《後殖民文學——從邊緣到中心》，台北：擎松出版社，2004 年。

31. 林燿德：《一九四九以後》，台北：爾雅出版社，1986 年。

32. 林文欽：《現代詩鑑賞教學研究》，高雄：春暉出版社，2008 年。

33. 林鍾隆：《現代詩的解說與評論》，彰化：現代潮出版社，1972 年。

34. 林瑞明：《台灣文學的歷史考察》，台北：允晨，1996 年。

35. 林于弘：《台灣新詩分類學》，台北：鷹漢文化出版，2004 年。

36. 邱文彥：《海洋永續經營》，台北：胡氏圖書，2003 年。

37. 東年：《給福爾摩莎寫信》，台北：聯合文學出版社，2005 年。

38. 周鳳五、簡宗梧著：《現代文學欣賞與創作》中冊，台北：空中大學，1988 年。

39. 吳曉：《意象符號與情感空間》，北京：中國社會科學出版社，1990 年。

40. 施懿琳：《從沈光文到賴和——台灣古典文學的發展與特色》，高雄：春暉出版社，2000 年。

41. 范銘如：《文學地理：台灣小說的空間閱讀》，台北：麥田出版社，2008 年。

42. 高雄縣文獻委員會：《高雄縣志稿・政事志民政篇》，高雄，高雄縣文獻委員會，1962 年。

43. 袁珂：《從比較神話到文學》，台北，東大圖書公司，1977 年。

44. 孫大川主編：《台灣原住民族漢語文學選集——詩歌卷》，台北：INK 印刻文學，2003 年。

45. 倪梁康主編：《面對實事本身：現象學經典文選》，北京：東方出版社，2000 年。

46. 陳千武：《詩的啟示——文學評論集》，南投：南投縣立文化中心，1997 年。

47. 陳玉玲：《台灣文學的國度——女性・本土・反殖民論述》，台北：博揚文化，2000 年。

48. 陳永興編：《台灣文學的過去與未來》，高雄：台灣文藝雜誌社，1985 年。

49. 陳芳明：《台灣新文學史》，台北：聯經出版公司，2011 年。

50. 陳冠學：《田園之秋》，台北：圓神出版社，1987 年。

51. 陳國偉：《想像台灣：當代小說的族群書寫》，台北：五南圖書公司，2007年。

52. 陳國偉：《解嚴以來（1987～）台灣現代小說中的族群書寫》，台北：五南圖書公司，2007年。

53. 陳運棟：《台灣的客家人》，台北：臺原出版社，1998年。

54. 陳義芝：《從半裸到全開——戰後女詩人的性別意識》，台北：學生出版社，1999年。

55. 許佩賢譯：《攻台戰記：日清戰史台灣篇》，台北：遠流出版社，1995年。

56. 許俊雅：《台灣文學散論》，台北：文史哲出版社，1994年。

57. 莊紫蓉：《面對作家——台灣文學家訪談錄（一）》，台北：財團法人吳三連台灣史料基金會，2007年。

58. 莊紫蓉：《面對作家——台灣文學家訪談錄（三）》，台北：財團法人吳三連台灣史料基金會，2007年。

59. 許維遹：《呂氏春秋集釋》，台北：世界書局，1966年。

60. 連雅堂：《台灣詩薈》，台北：成文，1977年。

61. 曾貴海：《憂國》，台北：前衛出版社，2006年。

62. 葉連鵬：《澎湖文學發展之研究》，澎湖：澎湖縣文化局，2001年。

63. 葉石濤：《台灣文學集1》，高雄：春暉出版社，1996年。

64. 張漢良、蕭蕭編著：《現代詩導讀》，台北：故鄉出版社，1979年。

65. 張我軍：《張我軍全集》，台北：純文學，1975年。

66. 張勝彥編：《台灣全志》，南投：台灣文獻館，2004年。

67. 黃壬來主持：《屏東縣藝文資源調查報告書：文學類》，屏東：屏東縣政府文化局，2000年。

68. 黃宣範：《語言、社會與族群意識》，台北：文鶴，1994年。

69. 黃美娥：《古典台灣——文學史·詩社·作家論》，台北：國立編譯館，2007年。

70. 曾彩金總編纂：《六堆客家社會文化發展與變遷之研究：藝文篇》，屏東：財團法人六堆文教基金會，2001年。

71. 童春發：《台灣原住民——排灣族史篇》，南投：台灣省文獻委員會，2001年。

72. 彭瑞金：《驅除迷霧找回祖靈——台灣文學論文集》，高雄：春暉出版社，2000年。

73. 傅怡禎：《理論、現象與批評論考》，台中：天空數位圖書公司，2009年。

74. 楊逵：《楊逵全集》，台南：國立文化資產保存研究中心籌備處，2001年。

75. 楊順明：《黑潮輓歌——楊華及其作品研究》，高雄：春暉出版社，2007年。

76. 楊順明、陳千武主編：《光復前台灣文學全集 9.亂都之戀》，台北：遠景出版社，1982年。

77. 鄭明娳主編：《當代台灣政治文學論》，台北：時報文化，1994年。

78. 鄭天凱：《攻台圖錄——台灣史上最大一場戰爭》，台北：遠流出版社，1995年。

79. 劉捷：《我的懺悔錄》，台北：農牧旬刊社，1994年。

80. 蔣斌主編，小島由道著：《番族慣習調查報告書》第五卷，台北：中研院民族學研究所編譯，2003年。

81. 劉克襄：《快樂綠背包》，台中：晨星出版社，1998年。

82. 蔡佩君：《詩的信使——李敏勇》，台北：典藏藝術家庭股份有限公司，2010年。

83. 鍾壬壽：《六堆客家鄉土誌》，屏東：長青出版社，1973年。

84. 鍾玲：《現代中國謬司——台灣女詩人作品析論》，台北：聯經，1989年。

85. 鍾榮富：《不斷超越的詩章——曾貴海作品研究》，高雄：春暉出版社，2011年。

86. 杜奉賢、鍾宇翡等撰：《茂林鄉國家風景區——排灣人文采風調查計畫》，交通部觀光局茂林國家風景區管理處，2004年。

87. 杜奉賢、鍾宇翡、許光庭：《佳冬鄉佳冬村及六根村客庄生活空間保存及再利用計畫》，行政院客家委員會，2007年，頁51。

88. 杜奉賢、鍾宇翡等撰：《琉球鄉文化資源調查研究》，屏東：屏東縣琉球鄉公所，2008年。

89. 蕭蕭：《現代詩入門》，台北：故鄉出版社，1982年。

90. 蕭蕭：《台灣生態詩》，台北：爾雅出版社，2012年。

91. 簡炯仁：《屏東平原先人的足跡》，屏東：屏東縣政府，1999年。

92. 簡炯仁：《屏東平原的開發與族群關係》，屏東：屏東縣政府，2001年。

93. 蘇輿：《春秋繁露義證》，台北：河洛圖書公司，1974年。

94. 羅青：《金色日出——四度空間五人集》，台北：文鏡，1986年。

95. 羅青：《從徐志摩到余光中》，台北：爾雅出版社，1985年。

96. 羅青：《詩人之燈》，台北：光復書局，1988年。

97. 羅青：《詩的風向球》，台北：爾雅出版社，1994年。

98. 龔萬灶、黃恆秋編選：《客家台語詩選》，新莊：客家台灣雜誌社，1995年。

（三）文學理論與評論

1. Francis T. McAndrew 著，危正芬譯：《環境心理學》，台北：五南圖書公司，1995 年。

2. 加斯東・巴舍拉（Gaston Bachelard）著，龔卓軍、王靜慧譯：《空間詩學》，台北：張老師文化事業有限公司，2003 年。

3. Mike Crang 著，王志弘、余佳玲、方淑惠譯：《文化地理學》，台北：巨流，2003 年。

4. 彼得・布魯克（Peter Brooker）著，王志弘、李根芳譯：《文化理論詞彙》，高雄：復文圖書出版社，2004 年。

5. 段義孚（Yi-Fu Tuan）著，潘桂成譯：《經驗透視中的空間和地方》，台北：國立編譯館，1998 年。

6. Tim Cresswell 著，王志弘、徐苔玲譯：《地方：記憶、想像與認同》，台北：群學，2006 年。

7. R.J. Johnston 主編，柴彥威等譯：《人文地理學詞典」》，北京：商務，2004 年。

8. 王志弘編著：《空間的社會分析》，輔仁大學社會系 1996 年秋季班授課講義，自印未出版，1996 年。

9. 丹尼爾・貝爾（Daniel Bell）著，李琨譯：《社群主義及其批評者》，北京：三聯書局，2002 年。

10. 馬克思（Karl Marx）著：《馬克思恩格斯全集》，上海：人民出版社，1979 年。

11. 曾繁仁：《西方美學論綱》，濟南：山東人民出版社，1992 年。

12. 李維史陀（Claude Levi-Strauss）著，李幼蒸譯：《野性的思維》，台北：聯經出版社，1998 年。

13. 盧卡奇（György Lukács）著，陳文昌譯：《現實主義論》，台北：雅典出版社，1988 年。

14. 夏鑄九，王志弘編譯：《空間的文化形式與社會理論讀本》，台北：明文，1999 年。

15. 北京大學哲學系美學教研室編：《西方美學家論美和美感》，北京：商務印書館，1980 年。

16. 廖炳惠編著：《關鍵詞 200》，台北：麥田出版社，2003 年。

17. 台灣總督府警務局：《台灣總督府警察沿革志》，台北：台灣總督府警務局，1933 年。

18. 劉叔成：《美學基本原理》，上海：人民出版社，2011 年。

三、會議論文集論文

1. 余昭玟：〈曾貴海敘事詩的歷史記憶與抵抗美學〉，黃文車主編：《2013 屏東文學學術研討會曾貴海研究論文集》，高雄：春暉出版社，2014 年，頁 129～161。

2. 阮美慧：〈從「現實」到「原鄉」——曾貴海詩中「鄉土情懷」的探索與追尋〉，陳明柔主編：《台灣的自然書寫》，2005 年「自然書寫學術研討會」文集，台中：晨星出版社，2006 年，頁 295～322。

3. 阮美慧：〈從地方到家園——曾貴海詩作中南台灣「在地感」的書寫與轉化〉，《2013 屏東文學學術研討會曾貴海論文集》，高雄：春暉出版社，2014 年，頁 205～236。

4. 金尚浩：〈論笠詩社戰後中生代的詩——以李敏勇、陳明台、鄭烱明、江自得、曾貴海爲例〉，鄭烱明編：《笠詩社四十周年「國際學術研討會」論文集》，台南：台灣文學館，2004 年，頁 115～152。

5. 林秀蓉：〈從六堆到大武山——試論曾貴海屏東詩寫〉，黃文車編：《2013 屏東文學學術研討會曾貴海論文集》，高雄：春暉出版社，2014 年，頁 71～99。

6. 林秀蓉：〈屏東現代詩人的地景書寫初探〉，《2014 第四屆屏東文學學術研討會文學會議論文集》，國立屏東大學，2014 年 12 月 12 日，頁 77～114。

7. 林育諄：〈右手舞文、左手護鄉之南方綠色教父：曾貴海〉，《2013 屏東文學學術研討會曾貴海論文集》，高雄：春暉出版社，2014 年，頁 189～204。

8. 吳明益：〈從物活到活物——以書寫還自然之魅〉，陳明柔主編：《台灣的自然書寫》，頁 65～73。

9. 郭漢辰：〈與生命對話——試論曾貴海的生態詩創作〉，《2013 屏東文學學術研討會曾貴海論文集》，高雄：春暉出版社，2014 年，頁 110～127。

10. 曾貴海：〈南方大地的鏡像與心靈對話〉，陳明柔主編：《台灣的自然書寫》，2005 年「自然書寫學術研討會」文集，台中：晨星出版社，2006 年，頁 269～294。

11. 傅怡禎：〈屏東地區新詩發展初探〉，《2011 屏東文學學術研討會論文集》，高雄：春暉出版社，2012 年，頁 116～168。

12. 傅怡禎：〈回歸與實踐的自然書寫——陳冠學散文的現場凝視與自我形構〉，《2012 屏東文學學術研討會：陳冠學研究論文集》，高雄：春暉出版社，2013 年，頁 95～158。

13. 張繼允等：〈十年薪傳——「大武山文學獎」之研究〉，「第八屆全國高中台灣人文獎」語言組佳作，財團法人賴和文教基金會，2008 年，頁 1～63。

14. 董恕明：〈深幽的百合，燦爛的琉璃──綜論屏東原住民作家的漢語書寫〉，《2011 屏東文學學術研討會論文集》，高雄：春暉出版社，頁 284～314。

15. 鍾屏蘭：〈從《原鄉‧夜合》尋繹六堆客家心靈圖像〉，《2011 屏東文學學術研討會論文集》，高雄：春暉出版社，頁 70～112。

16. 鍾屏蘭：〈現代「題畫詩」──曾貴海《南方山水的頌歌》析探〉，黃文車編：《2013 屏東文學學術研討會曾貴海論文集》，高雄：春暉出版社，2014 年，頁 37～69。

17. 鍾宇翡：〈書寫島嶼──詠小琉球詩初探〉，多元文化暨產業發展學術研討會，屏東科技大學，2008 年 6 月，頁 1～21。

18. 魏貽君：〈自然何方？劉克襄的「自然」空間試探──以《小綠山》三部曲、《偷窺自然》、《快樂綠背包》爲探索範圍〉，陳明柔主編：《台灣的自然書寫》，台中：晨星出版社，頁 19～36。

19. 藍建春：〈舞出幽微天啓──談吳明益的蝴蝶書寫〉，陳明柔主編：《台灣的自然書寫》，台中：晨星出版社，頁 75～102。

四、期刊論文

1. 王式檢：〈兩岸風光兩岸情──讀許其正詩集《海峽兩岸遊蹤》〉，《葡萄園》160 期，2003 年 11 月，頁 53～55。

2. 文曉村：〈走過歲月走進詩！──評「海鷗詩叢」四書〉，《文藝月刊》232 期，1988 年 10 月，頁 44～51。

3. 古繼堂：〈李春生與林玲──一對永不分手的詩人伉儷〉，《海鷗》副刊 9、10 號合刊，1996 年 8 月，頁 197。

4. 江海：〈屏東文學發展現況淺析──從屏東縣文學泰斗陳冠學說起〉，《文化生活》第 6 卷第 3 期，2003 年 7 月，頁 40～42。

5. 江海：〈屏東文學、文學屏東──從屏東縣大武山文學會的成立省思屏東文學〉，《文化生活》第 5 卷第 3 期，2002 年 1 月，頁 94～95。

6. 呂興昌：〈引黑潮之洪濤環流全球──楊華詩解讀〉，《台灣文藝》新生版第 3 期，1994 年 6 月，頁 114～121。

7. 余昭玟：〈記憶與地景──論屏東小說家的在地書寫〉，《屏東教育大學學報──人文社會類》第 38 期，2012 年 3 月，頁 321～346。

8. 李國銘：〈十七世紀屏東平原的村落與記事〉，《台灣史研究》第 1 卷第 2 期，台北：中央研究院台灣史研究所籌備處，1994 年，頁 109～130。

9. 李國銘：〈鳳山八社舊址初探〉，《台灣史田野研究初探》26 期，台北：中央研究院台灣史研究所籌備處，1993 年，頁 79～87。

10. 林秀蓉：〈大地關懷與女鯨詩篇：論利玉芳詩的創作意識〉，《屏東文獻》第 18 期，2014 年 12 月，頁 133～152。

11. 周定邦、陳慕真、鄭雅雯：〈燦爛繽紛的文學花園——「台灣本土母語文學常設展」特別報導〉，《台灣文學館通訊》第 27 期，2010 年 6 月，頁 27～35。

12. 封德屏：〈尋找區域文化的特色——「屏東藝文環境的發展」座談〉，《文訊》，1991 年 1 月，頁 39～48。

13. 葉石濤：〈台灣史學導論〉，《文化生活》第 8 卷第 3 期，2005 年 9 月，頁 16～18。

14. 馬驄：〈詩的天空　悼詩人李春生〉，《中央月刊文訊別冊》4＝144，1997 年 10 月，頁 71～72。

15. 翁禎霞：〈從大武山文學獎出發，文學創作的薪火相傳：一群文學愛好者成立阿緱文學會〉，《文化生活》第 44 期，2006 年 5 月，頁 36～37。

16. 高子衿：〈太陽落下的方向是家鄉——撒伐楚古‧斯羔烙〉，高美館：《南島當代藝術》第 20 期，2008 年 6 月，頁 92～95。

17. 浦忠成：〈原住民文學選擇的發展道路〉，《原住民文化與教育通訊》第 9 期，2000 年 10 月，頁 2～6。

18. 陳俊榮：〈李敏勇的語言與形式〉，《國文學誌》10 期，2005 年 6 月，頁 81～104。

19. 陳千武：〈現代詩精神的原鄉〉，《台灣文學評論》第 2 卷 2 期，2005 年 4 月，頁 84～96。

20. 陳煌：〈詩人的激情——我讀陳寧貴的「商怨」〉，《中華文藝》第 20 期第 6 卷，1981 年 2 月，頁 144～152。

21. 陳寧貴：〈面對——碎裂之戰〉，《文學客家》創刊號，2010 年 1 月，頁 9～10。

22. 陳寧貴：〈面對——天光日〉，《文學客家》第 2 期，2010 年 7 月，頁 29～32。

23. 陳寧貴：〈面對——臨暗〉，《文學客家》第 3 期，2011 年 1 月，頁 20～27。

24. 黃文車：〈找尋地方感的書寫：清代屏東地區古典文學發展概述〉，《屏東文獻》第 16 期，2012 年 12 月，頁 3～42。

25. 黃恆秋：〈俘虜的詠嘆——讀李敏勇詩集「暗房」〉，《文訊》第 26 期，1986 年 10 月，頁 52～57。

26. 黃聲威：〈淺探海洋文化〉（下），《漁業推廣》第 171 期，2000 年 12 月，頁 40。

27. 黃漢龍:〈游走邊陲一海鷗——試寫詩人李春生〉,《文訊》第 129 期,1996
   年 7 月,頁 77～80。

28. 葉笛:〈談賚志以終的詩人楊華〉,《創世紀詩雜誌》第 126 期,2001 年 3
   月,頁 62～69。

29. 傅怡禎:〈以感情貫穿生死的魔幻敘述者 大武山文學獎卓越貢獻獎——
   郭漢辰〉,《文化生活》44 期,2006 年 6 月,頁 14～17。

30. 張墊:〈繆斯寵愛的歌手——論詩人沙穗與他的詩〉,《文藝月刊》153 期,
   1982 年 3 月,頁 106～120。

31. 張寧:〈尋根一族與原鄉主題的變形——莫言、韓少功、劉恆的小說〉,《中
   外文學》212 期,1990 年 1 月,頁 155～156。

32. 楊錦郁:〈將生命的坎坷藝術化——專訪劉捷先生〉,《文訊》第 53 期,
   1990 年,頁 85～90。

33. 楊寶欽:〈排灣、魯凱族百步蛇紋圖騰藝術〉,《藝術論衡》第 3 期,1997
   年,頁 49～64。

34. 蔣斌:〈風行南台灣的排灣文化〉,《山海文化雙月刊》,1996 年 5 月,頁
   6～12。

35. 鄭慧玟:〈牙醫詩人沙白〉,《六堆風雲》37 期,1992 年 7 月,頁 4～7。

36. 潘亞暾:〈沙白詩歌印象——讀沙白詩集《河品》、《太陽的流聲》〉,《大
   海洋詩雜誌》35 期,1980 年 6 月,頁 59～63。

37. 鄭烱明:〈作家的定位與國家認同——從瓦科特獲獎談起〉,《文學台灣》
   第 5 期,1993 年 1 月,頁 5。

38. 蔡瑜:〈陶淵明的吾廬意識與園田世界〉,《中國文哲研究集刊》38 期,
   2011 年 3 月,頁 1～41。

39. 簡銘宏:〈試探曾貴海詩中的原住民書寫〉,《台灣文學學報》18 期,2011
   年 6 月,頁 117～156。

40. 羅青:〈專精與秩序——草根宣言第二號〉,《草根》復刊第 1 期,1985
   年 2 月,頁 1～9。

五、學位論文

1. 王玉輝:《清領時期的屏東文學研究》,國立高雄師範大學國文系博士論
   文,2013 年。

2. 王麗雯:《笠詩社戰後世代八家研究》,國立中山大學中國文學研究所碩
   士論文,2006 年。

3. 何元亨:《李敏勇現代詩研究》,國立台灣師範大學國文學系在職進修班
   碩士論文,2007 年。

4. 李祖琛：《七〇年代台灣鄉土文學析論》，國立政治大學新聞研究所碩士論文，1986 年。

5. 沈識鶴：《阿朗壹古道海岸植群生態之研究》，國立嘉義大學森林暨自然資源學系研究所碩士論文，2011 年。

6. 邱信忠：《曾貴海現代詩之研究》，國立高雄師範大學國文系回流中文碩士論文，2008 年。

7. 林櫻蕙：《現代客語詩之表現形式研究》，國立台北師範學院台灣文學所碩士論文，2001 年。

8. 紀雅容：《現代詩中的情人、妻子與母親》，國立中興大學中國文學研究所碩士論文，2013 年。

9. 洪雅娟：《從文學書寫到綠運實踐——笠社醫生詩人曾貴海與南方土地的對話》，國立高雄師範大學台灣文化及語言研究所碩士論文，2009 年。

10. 洪翌庭：《從詩情話藝看曾貴海短詩》，國立高雄師範大學台灣歷史文化及語言研究所碩士論文，2012 年。

11. 翁淑芬：《東港街市的形成與發展》，國立台灣師範大學地理學系碩士論文，1997 年。

12. 徐震宇：《屏東地區現代文學之研究》，國立高雄師範大學國文系博士論文，2013 年。

13. 徐碧霞：《台灣戰後客語詩研究》，國立成功大學台灣文學系碩士論文，2005 年。

14. 陳雪惠：《台灣原住民族現代詩研究（1970～2013)》，國立高雄師範大學國文系博士論文，2014 年。

15. 陳鴻逸：《記憶與詩語：歷史敘事與文化實踐的探索——以李敏勇、陳鴻森的詩作為例》，國立中興大學台灣文學研究所碩士論文，2007 年。

16. 陳麗珠：《河壩个歌——利玉芳詩作之客家書寫研究》，國立交通大學客家社會與文化學程碩士論文，2011 年。

17. 許育菁：《曾貴海現代詩作中「鄉土情懷」研究》，國立高雄師範大學回流中文碩士班碩士論文，2009 年。

18. 張馨尹：《蓉子與利玉芳女性主義詩作研究》，國立屏東教育大學中國語文學系碩士論文，2007 年。

19. 張竹玫：《吐芳的向日葵——利玉芳詩作研究》，國立台南大學國語文學系碩士論文，2010 年。

20. 黃文車：《黃石輝研究》，中正大學中文系碩士論文，2001 年。

21. 黃美娥：《清代竹塹地區傳統文學研究》，輔仁大學中文研究所博士論文，1999 年。

22. 黃麗娟：《排灣族作家作品之族群文化研究》，國立屏東教育大學中國語文學系碩士論文，2010 年。

23. 曾怡蓁：《屏東地景書寫研究——以在地作家散文作品為對象》，國立屏東教育大學中國語文學系碩士論文，2011 年。

24. 曾意晶：《族裔女作家文本中的空間經驗——以李昂、朱天心、利格拉樂·阿女烏、利玉芳為例》，國立台灣師範大學國文研究所碩士論文，1999 年。

25. 葉斐娜：《追尋、認同與關懷——利玉芳詩中的鄉土書寫》，國立中興大學中國文學系碩士論文，2010 年。

26. 劉文放：《高雄市旗鼓地區之文學地景書寫研究》，國立中正大學台灣文學研究所碩士論文，2010 年。

27. 劉佳欣：《曾貴海詩作中的族群與土地》，國立中正大學台灣文學研究所碩士論文，2009 年。

28. 潘明珠：《曾貴海客語詩研究》，國立屏東教育大學文化創意產業學系碩士論文，2012 年。

29. 鄭靜穗：《李敏勇的文學創作與文化活動之研究》，國立中正大學台灣文學所碩士論文，2009 年。

30. 黎俊成：《詩的朦朧美學研究——以台灣新生代詩人為例》，國立高雄師範大學回流中文碩士班碩士論文，2009 年。

31. 蔡欣倫：《1970 年代前期台灣新世代詩人群研究》，國立中央大學中國文學研究所碩士論文，2006 年。

32. 謝惠君：《魯凱族作家奧威尼·卡露斯盎之研究》，國立屏東師範學院教育行政研究所碩士論文，2005 年。

33. 謝三進：《台灣生態詩之初期作品研究——以《自立晚報》副刊一九八四年「生態詩·攝影展」為例》，國立台灣師範大學台灣語文學系碩士論文，2012 年。

34. 簡俊安：《台灣醫師詩人的文化抵抗：試論曾貴海、江自得、鄭烱明的現實詩》，國立台北教育大學台灣文學研究所碩士論文，2006 年。

六、報紙

1. 沙穗：〈炸魚人〉，《自立晚報》副刊，1984 年 7 月 30 日。

2. 吳青霞總編輯：《台南新報》，台南：國立台灣歷史博物館、台南市立圖書館，2009 年。

3. 陳寧貴：〈紅樹林〉，《自立晚報》副刊，1984 年 7 月 6 日。

4. 張我軍：〈請合力拆下這座草欛中的破舊殿堂〉，《台灣民報》3 卷 1 號，1925 年 1 月 1 日。

5. 張添雄：〈六堆女文豪〉，《台灣時報》副刊藝文版，2011 年 5 月 26 日。

6. 《台灣日日新報》，台北：漢珍數位圖書，2005 年。

7. 劉克襄：〈台灣的自然寫作初論〉，《聯合報》副刊，1996 年 1 月 4、5 日。

8. 漢珍版：《台灣日日新報》，國立高雄師範大學圖書館電子資料庫。

9. 龍文出版社編輯部整理編輯：《詩報：日治時期台灣傳統文學大成（1930
～1944）》，板橋：龍文出版社，2007 年。

10. 楊長鎮：〈殖民地的終戰人格分裂症〉，《蘋果日報》A12 版論壇「焦點評
論」，2015 年 5 月 18 日。

七、網路資料

1. 〈文學從阿緱城起跑，屏東縣阿緱文學會成立〉，《市政月刊》第 306 期，
2008 年 4 月。檢索日期：2014 年 7 月 30 日。網址 http://163.29.244.3/
magazine/306/306_4.htm

2. 李瑞騰總編輯：《1997 年台灣文學年鑑》，台北：行政院文化建設委員會，
1998 年，頁 225～226。檢索日期：2013 年 8 月 20 日。網址：http://almanac
.nmtl.gov.tw/opencms/almanac_data/almanacXmls/Almanac0015.html?show
=People&rdm=1418431421062

3. 李喬談陳寧貴詩：《大愛客家週刊》。檢索日期：2013 年 6 月 7 日。網址：
http://www.youtube.com/watch?v=WcJkGKjqFf8

4. 國立台灣文學館：〈2007 台灣作家作品目錄〉。檢索日期：2013 年 8 月
20 日。網址：http://www3.nmtl.gov.tw/writer2/writer_detail.php?id=1632

5. 屏東縣政府文化處。檢索日期：2014 年 7 月 30 日。網址：http://www.cultural.
pthg.gov.tw/home01_3.aspx?ID=$4004&IDK=2&EXEC=D&DATA=4229&
AP=$4004_HISTORY-0

6. 郭漢辰個人網站。檢索日期：2014 年 8 月 20 日。網址：http://blog.udn.com
/s1143;http://mypaper.pchome.com.tw/news/s1143/

7. 「陳寧貴詩人坊」。檢索日期：2013 年 6 月 7 日。網址：http://ningkuei.
blogspot.tw/2013/06/blog-post_7.html

8. 陳雋弘網路個人新聞台「貧血的地中海」。檢索日期：2013 年 8 月 20 日。
網址：http://mypaper.pchome.com.tw/skyflys

9. 達卡鬧臉書網誌。檢索日期：2014 年 9 月 26 日。網址：https://zh-hk.facebook
.com/notes/%E9%81%94%E5%8D%A1%E9%AC%A7/%E8%A9%A9%E9
%82%A3%E5%80%8B%E6%99%9A%E4%B8%8A/304969341338

10. 達卡鬧：《飄流木——88 後的南迴詩篇》。檢索日期：2014 年 9 月 26 日。
網址：http://www.indievox.com/dakanow

11. 高子衿：〈太陽落下的方向是家鄉——撒伐楚古‧斯羔烙〉，高美館：《南島當代藝術》第 20 期，2008 年 6 月，頁 92～95。檢索日期：2013 年 8 月 5 日。網址：http://austronesian.kmfa.gov.tw/Ver_10/ContentFile/2009123 15176140.pdf

附錄一 屏東縣作家作品集目錄
（1993～2014）

（1993 年～2000 年由屏東縣立文化中心出版，2001 年後由屏東縣政府文化局出版。）

集叢編號	作　者	書　　名	出版年份
1	朱煥文	大河壩（劇本）	1993
2	李春生	季節之歌（合集）	1993
3	沙穗	護城河（詩）	1993
4	林玲	溫馨滿懷（合集）	1993
5	林清泉	林清泉詩選集（詩）	1993
6	許思	台灣粉鳥（散文）	1993
7	張榮彥	星星落下的那晚（散文）	1993
8	曾寬	走過檳榔平原（散文）	1993
9	路衛	訴說的雲山（詩）	1993
10	黃基博	兒童劇本創作集（劇本）	1993
11	沙穗	歸宿（散文）	1994
12	施予 （張月環）	家鄉的雨（散文）	1994
13	林玲	走在寫作的路上（散文）	1994
14	李春生	唐突集（合集）	1994

集叢編號	作　者	書　　　名	出版年份
15	曾寬	陽光札記（合集）	1994
16	王仲章	藝術教育評論集（論述	1994
17	許思	台灣燈謎（其他）	1994
18	張榮彥	牧鴨女（小說）	1994
19	路衛	春天來到萬年溪（兒童文學）	1994
20	鍾兆寅等著	散文創作選（散文）	1994
21	連水淼	在否定之後（詩）	1995
22	許其正	南方的一顆星（詩）	1995
23	莊世和	行腳僧隨筆集（散文）	1996
24	張慶輝	激情路（散文）	1996
25	郭漢辰	地球每天帶著一點遺憾在轉動（詩）	1996
26	黎華亮	春雪（散文）	1996
27	曾辛得	一位提琴奏者的自畫像（散文）	1997
28	陳性耀	失落的花朵（小說）	1997
29	陳城富	雷電戰機：寶島悲情記（小說）	1997
30	曾士魁	歲月拾掇（合集）	1997
31	施予	我與巴爾克（散文）	1997
32	張瓊秀	寄情天地（散文）	1998
33	林美娥	衣服的爭論（兒童文學）	1998
34	張太士	夢被反鎖（詩）	1998
35	林開海	海伯仔 e 歌	1999
36	張仁傑	馬鞍藤花（散文）	1999
37	曾寬	紅蕃薯（小說）	1999
38	林文彥	煙起林際（詩）	1999
39	岑樓	窗外有雨（散文）	1999
40	林剪雲	圄之眞相（小說）第一屆大武山文學獎（一）長篇小說	1999
41	潘明富等作	第一屆大武山文學獎（二）（合集）	1999

集叢編號	作　者	書　　名	出版年份
42	涂耀昌	清明（詩）	2000
43	魏連坤	屏東的孩子（散文）	2000
44	蔡森泰	每一顆樹都是神（散文）	2000
45	曾喜城	戀戀鄉土（散文）	2000
46	洪柴	馬纓丹（合集）	2000
47	岑樓	消失（小說）第二屆大武山文學獎（一）長篇小說	2000
48	郭漢辰	千鈞一髮（小說）第二屆大武山文學獎（二）長篇小說	2000
49	江海等作	第二屆大武山文學獎（三）（合集）	2000
50	江海	屏東履痕：江海報導文學作品集（散文）	2001
51	黃慶祥	小琉球手記 一九七○（詩散文）	2001
52	曾喜城	歸鄉（小說）	2001
53	洪萬隆主編	第三屆大武山文學獎（二）（合集）	2002
54	梁明雄	台灣文學與文化論集（論述）	2002
55	蔡森泰	偓係台灣客家人斷絕中國奶水情	2002
56	楊士範等作	第四屆大武山文學獎（合集）	2002
57	涂耀昌	與巴掌仙子的雨中約會（散文）	2003
58	路衛	璀璨的光譜（合集）	2003
59	涂燕諒主編	第五屆大武山文學獎（合集）	2003
60	沙穗	臍帶的兩端（論述）	2004
61	陳田蔛	人生（小說）	2004
62	徐芬春主編	第六屆大武山文學獎（合集）	2004
62	鍾吉雄	槐廬天地寬（散文）	2005
63	張仁傑	情到深處（散文）	2005
64	張慶輝	高原上的鳳凰	2005
65	徐芬春主編	第七屆大武山文學獎（合集）	2005
66	黃慶祥	琉球行吟（散文）	2006
67	徐芬春主編	青少年大武山文學獎（合集）	2006

集叢編號	作　者	書　　名	出版年份
67	傅怡禎	幽然想起（小說）	2007
68	東行 （張月環）	風鈴季歌（詩）	2007
69	莊世和	行腳僧隨筆集（散文）	1996
69	吳明忠	複製城市的靈魂（散文）	2007
71	郭漢辰	和大山大海說話（散文）	2008
72	曾寬	河濱散記（散文）	2009
73	曾喜城	心之所在就是故鄉（散文）	2010
74	郭漢辰	請和我一起閱讀土地的詩行：屏東詩旅手札（詩）	2011
75	楊政源	海藍色的血液（合集）	2013
76	陳萇慈文 鄭喜丹繪	放肆童年（圖文）	2014
77	黃明峯	《色水・形影・落山風的聲——黃明峯台語詩集》	2014

附錄二　歷屆大武山文學獎新詩類得獎者名單（1999～2014）

屆次	年份	名次	篇　名	作者	設籍	大武山他屆得獎紀錄	其他得獎紀錄
一	1999	一	清明	涂耀昌	屏東	第三屆散文類佳作、第七屆新詩類佳作	〔註1〕
一	1999	二	排灣情——一九九八年	林世治	台東	第一屆報導文學類第三名	
一	1999	三	離席未久的夢	洪國隆（洪柴）	屏東	第四屆新詩類第二名	
二	2000	一	檳榔西施	黃慶祥	屏東	第一屆散文類佳作、第八屆報導文學類第三名	
二	2000	二	二○○○・夢三部曲	張月環	屏東	第二屆散文類佳作、第七屆散文類佳作	
二	2000	三	斷翼天使蘭亭的翰墨韻事	王芹又	屏東		
二	2000	佳作	新嫁娘	楊惠鈞			
二	2000	佳作	千禧曙光下的萬花筒	邱國忠			

〔註 1〕涂耀昌其他得獎紀錄：2000 年海洋文學獎散文第二名、中央日報文學獎新詩佳作、聯合報「詩迎千禧年」、高雄市「黑暗之光」文學獎新詩佳作。

屆次	年份	名次	篇　名	作者	設籍	大武山 他屆得獎紀錄	其他得 獎紀錄
二	2000	佳作	禱之中	林麗鐘			
二	2000	佳作	龍磐二戀	吳順文	屏東	第三屆新詩類佳作	
二	2000	佳作	老鷹之歌	馮益宏	美濃		
二	2000	佳作	憂鬱·遺忘手機的一天·23歲的自言自語	王詩舒	台北		
三	2002	一	新生——島嶼二〇〇一	黃明峯	屏東	第三屆報導文學類佳作、第六屆新詩類佳作、第七屆新詩類第二名、第十屆新詩類佳作	〔註2〕
三	2002	二	夜市之旅	吳育臣	屏東		
三	2002	三	老屋、界線	戴秀雄	屏東		
三	2002	佳作	午夜莫名的電話	林村田	屏東		
三	2002	佳作	在新世紀的第一個端午節	郭漢辰	屏東	第一屆散文類第一名、第五屆短篇小說類佳作	〔註3〕
三	2002	佳作	風樹等五首	林文珍	屏東	第四屆短篇小說類第二名、第四屆散文類第三名	
三	2002	佳作	故鄉的太陽在微笑	張薰方	屏東		
三	2002	佳作	公益彩券	吳順文	屏東	第二屆新詩類佳作	
三	2002	佳作	驚人之語	張太土	屏東		
四	2002	一	問津、夢中小學、下陷、聊齋	陳雋弘	屏東		〔註4〕

〔註2〕 黃明峯其他得獎紀錄：逢甲文學獎新詩第三名、第二名、鹽分地帶文學獎新詩第一名、乾坤詩獎新詩第三名、礦溪文學獎報導文學類佳作、屏東縣文學獎新詩組首獎、花蓮縣文學獎、彰化縣報導文學獎。

〔註3〕 郭漢辰其他得獎紀錄：鹽分地帶文學獎、高雄市「黑暗之光」文學獎。

〔註4〕 陳雋弘其他得獎紀錄：嘉義桃城文學獎新詩組佳作。

屆次	年份	名次	篇　名	作者	設籍	大武山 他屆得獎紀錄	其他得 獎紀錄
四	2002	二	喜悅	洪國隆 （洪柴）	屏東	第三屆新詩類第三名	
四	2002	三	台灣總督府 寫真檔案	王怡仁	屏東		
四	2002	佳作	回首來時路	林美莎	屏東		〔註5〕
四	2002	佳作	感覺屏東	黃秋菊			
四	2002	佳作	大武山下 ——旅夜書 懷	曾尚尉			〔註6〕
四	2002	佳作	豢養一湖等 待	王浩翔			〔註7〕
四	2002	佳作	獨居老人	黃福基	屏東		
五	2003	一	墾丁的海	徐國能	台北		〔註8〕
五	2003	佳作	屏東七誌	甘子建	台南		〔註9〕
五	2003	三	珊瑚十五頁	郭宗華	屏東		〔註10〕
五	2003	佳作	屏東一角	張志昌	南投		
五	2003	佳作	走在恆春的 土地上	洪瑞福	屏東		
五	2003	佳作	喀喀喀	李友煌	高雄	第六屆新詩類佳作	
五	2003	佳作	月光書：寄 小城	鄭智仁	台南		〔註11〕

〔註 5〕 林美莎其他得獎紀錄：花蓮文學獎新詩佳作。
〔註 6〕 曾尚尉其他得獎紀錄：彰師文學獎古典詩組第二名。
〔註 7〕 王浩翔其他得獎紀錄：成大鳳凰樹文學獎新詩組貳獎、散文組首獎。
〔註 8〕 徐國能其他得獎紀錄：台北市文學獎優選、中央日報文學獎第三名、全國學
　　　　生文學獎首獎。
〔註 9〕 甘子建其他得獎紀錄：府城文學獎、南瀛文學獎。
〔註10〕 郭宗華其他得獎紀錄：文建會文藝獎（新詩）、吳濁流文學獎（兒童故事）。
〔註11〕 鄭智仁其他得獎紀錄：第八屆府城文學獎新詩佳作、高雄市「黑暗之光」文
　　　　學獎新詩銅獎。

屆次	年份	名次	篇　　名	作者	設籍	大武山 他屆得獎紀錄	其他得 獎紀錄
五	2003	佳作	天地	陳利成	彰化	第五屆報導文學類第三名	〔註12〕
六	2004	一	墾丁‧我的外遇	彭淑芬	高雄		〔註13〕
六	2004	二	溫泉俳句	黃昭綸	台南		〔註14〕
六	2004	三	霧台小步舞曲	歐陽嘉	台北	第七屆散文類佳作	〔註15〕
六	2004	佳作	我不喜歡你寫詩的方式	李友煌	高雄	第五屆新詩類佳作	
六	2004	佳作	車過恆春	傅怡禎	屏東	第三屆短篇小說類佳作、第六屆短篇小說類第三名、第七屆新詩類第三名	〔註16〕
六	2004	佳作	半島三月	黃明峯	屏東	第三屆報導文學類第二名、第三屆新詩類第一名、第七屆新詩類第二名	〔註17〕
七		一	在魯凱	廖大期	屏東		〔註18〕
		二	風景的聲音	黃明峯	屏東	第三屆報導文學類第二名、第三屆新詩類第一名、第六屆新詩類佳作	〔註19〕

〔註12〕陳利成其他得獎紀錄：礦溪文學獎、台中縣文學獎、教育部文藝創作獎、台中風華現代詩獎、花蓮文學獎、鹽分地帶文學創作獎。

〔註13〕彭淑芬其他得獎紀錄：全國生態文學新詩獎佳作、花蓮文學獎花蓮故事佳作。

〔註14〕黃昭綸其他得獎紀錄：五虎崗文學獎新詩組佳作。

〔註15〕歐陽嘉其他得獎紀錄：台中縣文學獎、竹塹文學獎、台中大墩文學獎、吳濁流文學獎、世界華人旅遊文學獎。

〔註16〕傅怡禎其他得獎紀錄：第二屆台灣省文學獎短篇小說佳作、第二屆耕莘網路文學獎極短篇佳作、第二屆宗教文學獎、第二屆高雄市「黑暗之光」文學獎、2002吳濁流文藝獎、打狗文學獎、林榮三文學獎。

〔註17〕黃明峯其他得獎紀錄：第三屆礦溪文學獎報導文學佳作、鹽分地帶文學獎新詩首獎、屏東縣文學獎新詩組首獎、花蓮縣文學獎、彰化縣報導文學獎。

〔註18〕廖大期其他得獎紀錄：吳濁流文學獎、後山文學獎、彭邦楨紀念詩獎、大墩文學獎、中縣文學獎、全國文藝營文學獎。

〔註19〕黃明峯其他得獎紀錄：第三屆礦溪文學獎報導文學佳作、鹽分地帶文學獎新詩首獎、屏東縣文學獎新詩組首獎、花蓮縣文學獎、彰化縣報導文學獎。

屆次	年份	名次	篇　名	作者	設籍	大武山 他屆得獎紀錄	其他得 獎紀錄
		三	流離之歌	傅怡禎	屏東	第三屆短篇小說類佳作、第六屆短篇小說類第三名、第六屆新詩類佳作	〔註20〕
		佳作	春天的故事	林慶盛	屏東		〔註21〕
		佳作	在島嶼的南端我看見	李長青	台中		
		佳作	奕	涂耀昌	屏東	第一屆新詩類第三名、第三屆散文類佳作	〔註22〕
八	2008	一	遠端——上班族午夢途經墾丁	董秉哲	台北	第七屆散文類第二名	〔註23〕
八	2008	二	歲月的琴聲——恆春古城	賴文誠			〔註24〕
八	2008	三	找一隻雲豹	張英珉		第八屆短篇小說類佳作	〔註25〕
八	2008	佳作	沿海岸線拾骨	柯品文	高雄		〔註26〕

〔註20〕傅怡禎其他得獎紀錄：第二屆台灣省文學獎短篇小說佳作、第二屆耕莘網路文學獎極短篇佳作、第二屆宗教文學獎、第二屆高雄市「黑暗之光」文學獎、2002吳濁流文藝獎、打狗文學獎、林榮三文學獎。

〔註21〕林慶盛其他得獎紀錄：東吳大學雙溪現代文學獎。

〔註22〕涂耀昌其他文學獎得獎紀錄：台灣區文藝節徵文散文第二名、2000年高高屏海洋文學獎散文第二名、中央日報文學獎新詩佳作、聯合報「詩迎千禧年」、高雄市「黑暗之光」文學獎新詩佳作、國軍文藝獎散文優選。

〔註23〕董秉哲其他得獎紀錄：聯合報文學獎新詩大獎、教育部文藝創作獎新詩優選。

〔註24〕賴文誠其他得獎紀錄：台北縣新詩徵選佳作、台東縣運動文學獎、彰化磺溪文學獎、花蓮文學獎、南投玉山文學獎。

〔註25〕張英珉其他得獎紀錄：林榮三文學獎新詩獎、福報小說獎、台北電影節主題獎。

〔註26〕柯品文其他得獎紀錄：台灣文學獎、打狗文學獎、吳濁流文學獎、教育部文藝創作獎、文建會文薈獎、台北文學獎。

屆次	年份	名次	篇　名	作者	設籍	大武山 他屆得獎紀錄	其他得 獎紀錄
八	2008	佳作	新譯滿州景色	溫少杰			〔註27〕
八	2008	佳作	來到新大路關	柯冠義			
八	2008	佳作	枋寮漁港記事	許勝雲			〔註28〕
八	2008	佳作	孤	鄧榮坤	桃園	第七屆報導文學類佳作	〔註29〕
九	2009	一	檳榔妹妹	羅葉	宜蘭		〔註30〕
九	2009	二	有感小詩一首	張若潔			〔註31〕
九	2009	三	外公	陳孟崗			
九	2009	佳作	訪佳冬蕭家古厝巧遇雷雨	賴文誠			〔註32〕
九	2009	佳作	乞者	柯冠義	屏東		
九	2009	佳作	屏東旅次	王宗仁			〔註33〕
十	2011	一	墾丁旅記	陳利成			〔註34〕

〔註27〕 溫少杰其他得獎紀錄：吳濁流文學獎現代詩獎、優秀青年詩人獎、喜涵文學網第一屆新詩獎、第九屆苗栗夢花文學獎新詩獎、第十屆苗栗夢花文學獎新詩獎。

〔註28〕 許勝雲其他得獎紀錄：台北市公車捷運徵文小品文優勝獎、苗栗夢花文學獎新詩優等、基隆市第三屆海洋文學歌詞佳作、鳳邑文學獎新詩優勝獎。

〔註29〕 鄧榮坤其他得獎紀錄：聯合報小說獎、教育部文學獎、梁實秋文學獎、台灣省文學獎、國軍文藝金像獎、省政新聞報導獎、客家新曲獎。

〔註30〕 羅葉其他得獎紀錄：聯合報新詩獎、中國時報新詩獎。

〔註31〕 張若潔其他得獎紀錄：礦溪文學獎、世運石鼓獎、首都海洋文學詩作獎、青年創作文學獎、浯島文學獎。

〔註32〕 賴文誠其他得獎紀錄：教育部文藝創作獎、彰化礦溪文學獎、花蓮文學獎、南投玉山文學獎、金門浯島文學獎、澎湖菊島文學獎、基隆市海洋文學獎、台中市大墩文學獎。

〔註33〕 王宗仁其他得獎紀錄：全國優秀青年獎、全國學生文學獎、吳濁流文學獎、香港青年文學獎。

〔註34〕 陳利成其他得獎紀錄：教育部文藝創作獎、吳濁流文學獎。

屆次	年份	名次	篇　名	作者	設籍	大武山 他屆得獎紀錄	其他得 獎紀錄
十	2011	二	內心戲劇本	謝光輝	屏東		〔註35〕
十	2011	三	印象·茂林	王宗仁			
十	2011	佳作	我在秋天 ——讀陳冠學〈田園之秋〉有感	黃明峯	屏東	第三屆報導文學類第二名、第六屆新詩類佳作、第七屆新詩類第二名、第十屆新詩類佳作	〔註36〕
十	2011	佳作	惡|雨——致大武山詩人李敏勇兼思索受難	沈信呈（沈眠）			〔註37〕
十	2011	佳作	水族	游書珣			〔註38〕
十一	2012	一	為你呼吸	吳俊霖			
十一	2012	二	往南的旅客請上車	柳一（謝春馨）			
十一	2012	三	港口茶	劉冠顯			
十一	2012	佳作	Ina 回家	蔡翠華			
十一	2012	佳作	海洋修辭學——側寫國境之南	賴文誠		第八屆大武山文學獎新詩類第二名	
十二	2013	一	王船	蔡文騫	高雄		
十二	2013	二	眷村即影——將軍回家		屏東	第一屆大武山青少年文學獎	

〔註35〕謝光輝其他得獎紀錄：屏教大校友文學獎散文第一名、小說佳作。
〔註36〕黃明峯其他得獎紀錄：逢甲文學獎新詩第三名、第二名、鹽分地帶文學獎新詩第一名、乾坤詩獎新詩第三名、礦溪文學獎報導文學類佳作、屏東縣文學獎新詩組首獎、花蓮縣文學獎、彰化縣報導文學獎。
〔註37〕沈信呈（沈眠）其他得獎紀錄：基隆市海洋文學獎、文薈獎、桃園縣文藝創作獎、桐花文學獎、吳濁流文藝獎、台北縣文學獎、花蓮文學獎、青年文學獎。
〔註38〕游書珣其他得獎紀錄：林榮三文學獎新詩獎佳作、聯合報文學獎新詩類評審獎、優秀青年詩人獎。

屆次	年份	名次	篇　名	作者	設籍	大武山 他屆得獎紀錄	其他得 獎紀錄
十二	2013	三	最靠近赤道 的果園	游善鈞	屏東		
十二	2013	佳作	愛，在酒釀 烘焙中—— 致麵包達人 吳寶春	廖佳敏			〔註 39〕
十二	2013	佳作	日安·三地 門	梁正宏	高雄		〔註 40〕
十三	2014	一	屏東山海經 之北大武山	吳昌崙			
十三	2014	二	雲豹	廖佳敏			
十三	2014	三	風的日誌	柯冠義			
十三	2014	佳作	一首鵝鑾鼻 燈塔發給福 爾摩沙國民 詩函	丁威仁			
十三	2014	佳作	琉璃珠的喻 依——兼向 排灣族「琉 璃珠之父」 巫瑪斯致敬	楊語芸			

〔註 39〕廖佳敏其他得獎紀錄：中山情詩獎第二名、2012 年桐花詩獎、台南文學詩獎、
　　　　葉紅華人女性詩獎。
〔註 40〕梁正宏其他得獎紀錄：全國台灣文學營文學創作獎、鹽分地帶文藝營文學創
　　　　作獎、菊島文學獎、桐花文學獎、宗教文學獎、浯島文學獎、懷恩文學獎、
　　　　漂母杯散文獎。

附錄三 「大武山文學獎」相關出版作品（1999～2014）

集叢編號	作　者	書　　　名	出版年份
40	林剪雲	圇之眞相（小說）第一屆大武山文學獎（一）長篇小說	1999
41	潘明富等作	第一屆大武山文學獎（二）（合集）	1999
47	岑樓	消失（小說）第二屆大武山文學獎（一）長篇小說	2000
48	郭漢辰	千鈞一髮（小說）第二屆大武山文學獎（二）長篇小說	2000
49	江海等作	第二屆大武山文學獎（三）（合集）	2000
52	曾喜城	歸鄉：第三屆大武山文學獎（一）	2001
53	洪萬隆主編	第三屆大武山文學獎（二）（合集）	2002
56	楊上範等作	第四屆大武山文學獎（合集）	2002
59	涂燕諒主編	第五屆大武山文學獎（合集）	2003
62	徐芬春主編	第六屆大武山文學獎（合集）	2004
65	徐芬春主編	第七屆大武山文學獎（合集）	2005
292	徐芬春主編	第九屆大武山文學獎（合集）	2009
340	徐芬春主編	第十屆大武山文學獎得獎作品輯	2011
	徐芬春主編	第十一屆大武山文學獎得獎作品輯	2011
	徐芬春主編	第十二屆大武山文學獎得獎作品輯	2013
349	徐芬春主編	第十三屆大武山文學獎得獎作品輯	2014

附錄四　台灣戰後屏東作家現代詩詩集總目（戰後～2014）

編號	作　家	詩　　集	備註
1	徐和隣 （1922，內埔鄉）	《淡水河》（台北：葡萄園詩社，1966）	
2	李春生 （1931，屏東市）	《睡醒的雨》（屏東：海鷗詩社，1988） 《季節之歌》（屏東：屏東縣立文化中心，1993） 《無月的望》（北京：團結出版社，1995） 《唐突集》（屏東：屏東縣立文化中心，1994）	
3	路衛 （1932，屏東市）	《履韻》（台北：采風出版社，1988） 《訴說的雲山》（屏東：屏東縣立文化中心，1993） 《璀璨的光譜》（屏東：屏東縣政府文化局，2003）	
4	林清泉 （1939，萬巒鄉）	《殘月》（自印，1958） 《寂寞的邂逅》（高雄：高大出版社，1972） 《心帆集》（台北：笠詩社出版，1974） 《林清泉詩選集》（屏東：屏東縣立文化中心，1993）	
5	許其正 （1939，潮州鎮）	《半天鳥》（台北：葡萄園詩社，1964） 《菩提心》（高雄：三信出版社，1976） 《南方的一顆星》（屏東：屏東縣立文化中心，1995）	

編號	作　家	詩　　集	備註
5	許其正 （1939，潮州鎮）	《海峽兩岸遊蹤》（北京：團結出版社，2003） 《胎記》（重慶：環球文化出版社，2006） 《心的翅膀》（希臘：梧桐出版社，2007） 《山不講話》（重慶：環球文化出版社，2010） 《盛開的詩花》（重慶：環球文化出版社，2012）	
6	沙卡布拉揚 （1942，潮州鎮）	《孤鷹》（東京：綠蔭社，1997） 《沙卡布拉揚台語文學選》（台南：眞平企業，2001） 《2003 年序曲》（東京：綠蔭社，2004） 《浮雲短句》（東京：綠蔭社，2004） 《鵝鑾鼻燈塔个憂悴》（東京：綠蔭社，2005）	
7	曾士魁 （1943，萬巒鄉）	《歲月拾掇》（屏東：屏東縣立文化中心，1997）	
8	沙白 （1944，竹田鄉）	《河品》（台北：現代詩社，1966） 《太陽的流聲》（台北：笠詩社，1986） 《靈海》（高雄：台一社，1990） 《空洞的貝殼》（高雄：台一社，1990）	
9	曾貴海 （1946，佳冬鄉）	《鯨魚的祭典》（高雄：春暉出版社，1983） 《高雄詩抄》（台北：笠詩刊社，1986） 《台灣男人的心事》（高雄：春暉出版社，1999） 《原鄉・夜合》（高雄：春暉出版社，2000） 《南方山水的頌歌》（高雄：春暉出版社，2005） 《孤鳥的旅程》（高雄：春暉出版社，2005） 《祖神與土地的頌歌》（高雄：春暉出版社，2006） 《曾貴海詩選》（高雄：春暉出版社，2007） 《浪濤上的島國》（高雄：春暉出版社，2007） 《湖濱沉思》（高雄：春暉出版社，2009） 《曾貴海集》（高雄：春暉出版社，2009） 《畫面》（高雄：春暉出版社，2010） 《色變》（高雄：春暉出版社，2013）	

編號	作　家	詩　　集	備註
10	李敏勇 （1948，恆春鎮）	《雲的語言》（台北：林白出版社，1969） 《暗房》（台北：笠詩社，1986） 《鎮魂歌》（台北：笠詩社，1990） 《野生思考》（台北：笠詩社，1990） 《戒嚴風景》（台北：笠詩社，1990） 《傾斜的島》（台北：圓神出版社，1993） 《傷口上的花：二二八詩集》（台北：玉山社，1997） 《心的奏鳴曲》（台北：玉山社，1999） 《如果你問起》（台北：圓神出版社，2001） 《思慕與哀愁》（台北：圓神出版社，2001） 《青春腐蝕畫》（台北：玉山社，2004） 《島嶼奏鳴曲》（台北：玉山社，2008） 《自由星火》（台北：玉山社，2009） 《白白書》（台北：玉山社，2009） 《美麗島詩歌──通行台語詩集》（台北：玉山社，2012）	
11	沙穗 （1948，屏東市）	《風砂》（屏東：盤古詩社，1969） 《燕姬》（高雄：心影出版社，1979） 《護城河》（屏東：屏東縣立文化中心，1993） 《來生》（高雄：高雄縣立文化中心，1997） 《沙穗短詩選》（香港：銀河出版社，2002） 《畫眉》（台北：詩藝文出版社，2003）	
12	連水淼 （1949，屏東市）	《異樣的眼睛》（屏東：盤古詩社，1970） 《生命的樹》（台北：創世紀詩社，1980） 《台北・台北》（台北：創世紀詩社，1983） 《陽明花開》（台北：連勝影視，1984） 《春風拂百花》（台北：創世紀詩雜誌社，1984） 《連水淼自選集》（台北：黎明文化，1988） 《在否定之後》（屏東：屏東縣立文化中心，1995） 《首日封》（台北：創世紀詩雜誌社，2010）	

編號	作　家	詩　集	備註
13	李男 （1952，屏東市）	《劍的握手》（高雄：德馨出版社，1977） 《紀念母親》（高雄：德馨出版社，1978）	
14	林文彥 （1952，東港鎮）	《煙起林際》（屏東：屏縣文化，1999）	
15	劉廣華 （1953，屏東市）	《十年潮》（高雄：葡萄園出版社，1975） 《晚晴小集》（台北：三軍大學印刷所，1981） 《光華的典型》（台北：黎明文化公司，1984） 《梅花戀》（台北：三軍大學印刷所，1984） 《生命的長廊》（台北：黎明文化公司，1991）	
16	張志雄 （1953～2005，九如鄉）	《張志雄詩文集》（高雄：宏文館圖書公司，2005）	
17	陳寧貴 （1954，竹田鄉）	《劍客》（台北：秋水出版社，1977） 《商怨》（台北：德華出版社，1980）	
18	陳瑞山 （1955，竹田鄉）	《上帝是隻大蜘蛛》（台北：星光出版社，1986） 《地球是艘大太空梭》（台北：書林出版公司，1998） 《重新出花》（台北：書林出版公司，2003）	
19	涂耀昌 （1959，竹田鄉）	《清明》（屏東：屏東縣立文化中心，2000）	
20	曾蕭良 （1961，屏東市）	《冥想手札》（台北：詩之華出版社，1994） 《花雨曼陀羅》（新北市：三藝文化有限公司，2007）	
21	洪柴 （1961，萬丹鄉）	《馬纓丹》（屏東：屏東縣立文化中心，2000）	
22	黃慶祥 （1961，琉球鄉）	《小琉球手記一九七〇》（屏東：屏東縣政府文化局，2001） 《琉球行吟》（屏東：屏東縣政府文化局，2006）	
23	西沙 （1964，屏東市）	《沙鷗的天空》（屏東：太陽城，1981）	

編號	作　家	詩　集	備註
24	郭漢辰 （1965，屏東市）	《地球每天帶著一點遺憾在轉動》（屏東：屏東縣立文化中心，1996） 《請和我一起閱讀土地的詩行：屏東詩旅手札》，（屏東：屏東縣政府文化處，2011）	
25	傅怡禎 （1967，屏東市）	《大武山下的美麗韻腳：屏東小站巡禮》（台北：遠景出版社，2013）	
26	張太土 （1969，屏東縣）	《夢被反鎖》（屏東：屏東縣立文化中心，1998）	
27	黃明峯 （1975，恆春鎮）	《自我介紹》（高雄：春暉出版社，2003） 《色水‧形影‧落山風的聲——黃明峯台語詩集》（屏東：屏東縣政府文化處，2014）	
28	陳雋弘 （1979，林邊鄉）	《面對》（高雄：松濤文社，2004） 《等待沒收》（高雄：松濤文社，2008）	
29	紫楓 （1950，屏東市）	《片片楓葉情》（高雄：大海洋詩刊雜誌社，1996） 《楓韻》（台北縣：詩藝文出版社，2003） 《古月今照戀楓情》（屏東：葦軒出版社，2012）	
30	利玉芳 （1952，內埔鄉）	《活的滋味》（台北，笠詩刊社，1986） 《貓》（台北，笠詩刊社，1991） 《向日葵》（台南：台南縣立文化中心，1996） 《淡飲洛神花茶的早晨》（台南：台南縣文化局，2000） 《夢會轉彎》（台南：台南縣文化局，2010）	
31	白葦 （1953，崁頂鄉）	《白衣手記》（高雄：高雄醫學大學，2006） 《海岸書房》（高雄：高雄醫學大學，2006） 《歲痕新集》（高雄：春暉，2013） 《邊陲耕地》（高雄：春暉，2013）	
32	張月環 （1955，潮州鎮）	《風鈴季歌》（屏東：屏東縣政府文化局，2007）	
33	奧威尼‧卡露斯盎 （1945，霧台鄉）	《雲豹的傳人》（台北：晨星出版社，1996） 《神秘的消失：詩與散文的魯凱》（台北：麥田出版社，2006）	

編號	作　家	詩　　集	備註
34	達卡鬧・魯魯安 （1961，瑪家鄉）	《台灣原住民族漢語文學選集——詩歌卷》 （台北：INK 印刻出版社，2003）	
35	撒伐楚古・斯羔烙 （1961，獅子鄉）	《台灣原住民族漢語文學選集——詩歌卷》 （台北：INK 印刻出版社，2003）	
36	伊誕・巴瓦瓦隆 （1962，三地門鄉）	《靈鳥又風吹——伊誕的畫與詩》（屏東縣瑪 家鄉：行政院原住民委員會文化園區管理 局，2010）	
37	讓阿淥・達入拉雅之 （1976，瑪家鄉）	《北大武山之巔：排灣族新詩》（台北：晨星 出版社，2010）	

附錄五　歷屆「屏東文學學術研討會暨作家座談」論文發表篇目

篇數	屆次	作者	篇　　名	主題文類
1	一	簡光明	陳冠學文學中的莊子身影	現代散文
2	一	王玉輝	清代屏東地區碑記之研究	古典散文
3	一	余昭玫	邊緣女性的幻影人生——談周芬伶的小說《影子情人》	現代小說
4	一	鍾屏蘭	從《原鄉・夜合》尋繹六堆客家心靈圖像	現代詩
5	一	傅怡禎	屏東地區新詩發展初探	現代詩
6	一	林秀蓉	從長江水到落山風——論余光中詩的屏東書寫	現代詩
7	一	郭誌光	性別再現政治展演：試論阮慶岳《重見白橋》的同志書寫策略	現代小說
8	一	劉明宗	文學中的文化——談馮喜秀作品中的客家元素	客語童詩
9	一	楊政源	高中階段海洋文學認知初探——以屏東區學校為例	現代文學
10	一	董恕明	深幽的百合，燦爛的琉璃——綜論屏東原住民作家的漢語書寫	原住民文學
11	一	陳麗娜	民間傳說在通識教育的功用與意義——以客家民間傳說為例	客家民間文學

篇數	屆次	作 者	篇 名	主題文類
12	一	黃文車	念出地方，唱出傳承——屏東縣閩南語歌謠及其鄉土語文教學應用	屏東閩南語歌謠
13	二	簡光明	陳冠學的莊子學	陳冠學散文
14	二	柳秀英	從《田園之秋》談陳冠學的田園哲學	陳冠學散文
15	二	郭澤寬	〈製餅師〉的隱喻——論陳冠學的美學思想	陳冠學散文
16	二	傅怡禎	回歸與實踐的自然書寫——陳冠學散文的現場凝視與自我形構	陳冠學散文
17	二	王國安	陳冠學小說研究	陳冠學散文
18	二	唐毓麗	生命書寫與時代印記：談《沈從文家書》、《傅雷家書》、《綠島家書》、《父女對話》中的人倫關係及敘事	陳冠學散文
19	二	應鳳凰	陳冠學《田園之秋》及其文學史位置	陳冠學散文
20	二	宋邦珍	陳冠學《田園之秋》所呈現的精神內涵	陳冠學散文
21	二	嚴立模	陳冠學的台語研究	陳冠學散文
22	三	鍾榮富	曾貴海詩作的意象建構技巧	曾貴海詩
23	三	鍾屏蘭	從現代題畫詩觀點析探曾貴海《南方山水的頌歌》	曾貴海詩
24	三	林秀蓉	從六堆到大武山——試論曾貴海屏東詩寫	曾貴海詩
25	三	郭漢辰	與生命對話——試論曾貴海生態詩創作	曾貴海詩
26	三	曾進豐	曾貴海詩的地方書寫和認同	曾貴海詩
27	三	余昭玟	曾貴海敘事詩中的歷史記憶與抵抗美學	曾貴海詩
28	三	簡銘宏	曾貴海臨床講義探析	曾貴海詩
29	三	林育諄	右手舞文、左手護鄉之南方綠色教父：曾貴海	曾貴海詩
30	三	阮美慧	曾貴海詩作中南台灣「在地感」的書寫與追尋	曾貴海詩
31	四	邱春美	陳城富書寫的屏東地景及其文創發想	現代散文
32	四	林俊宏	從牡丹社事件到糖廠瑞竹——日本人詩寫屏東	日文詩

篇數	屆次	作　者	篇　　　　名	主題文類
33	四	劉南芳	歌仔戲的災區書寫——以 2010 年歌仔戲版《鎖麟囊》爲例	歌仔戲
34	四	余昭玟	台灣現代小說中的屏東書寫	現代小說
35	四	林秀蓉	屏東現代詩人的地景書寫初探	現代詩
36	四	陳慧貞	國境之南——電影與小說《海角七號》中的恆春	電影小說
37	四	董恕明	會呼吸的世界，有禮貌的時間——以奧威尼・卡露斯盎與達德拉凡・伊苞的書寫爲例	原住民詩
38	四	郭澤寬	屏東的山海印象——以陳冠學和宋澤萊的書寫爲分析對象	現代散文
39	四	黃文車	大母山的孤鷹——沙卡布拉揚台語詩中的地方記憶	台語詩

附錄六　歷屆「屏東文學學術研討會暨作家座談」作家群座談主題

屆次	主持人	作家群	座談主題	備註
一	郭漢辰	曾寬、邱金上、許思	屏東族群書寫的新風貌	
一	余昭玟	郭漢辰、林剪雲、杜虹	屏東在地文學發展的瓶頸與期盼	
二	張清榮	應鳳凰、封德屏、陳文銓、郭漢辰	陳冠學老師印象：陳冠學其人其事	
三	簡光明	鄭烱明、陳坤崙、江自得	你所不知道的曾貴海	
三	簡光明	曾貴海	孤鳥的旅程：我的創作與社運經驗	
四	郭漢辰	邱金上、杜虹、傅怡禎、楊政源	屏東文學地景與地方書寫	

附錄七 台灣戰後屏東現代詩作家相關研究期刊論文

作家	相關研究期刊論文
徐和隣	林鍾隆：〈「淡水河」讀後〉，《現代詩的解說與評論》，彰化：現代潮出版社，1972 年，頁 171～173。
李春生	馬驄：〈詩的天空——悼詩人李春生〉，《中央月刊文訊別冊》第 4 卷第 144 期，1997 年 10 月，頁 71～72。
	黃漢龍：〈游走邊陲 一海鷗——試寫詩人李春生〉，《文訊》第 91 卷第 129 期，1996 年 7 月，頁 77～80。
	文曉村：〈走過歲月走進詩！——評「海鷗詩叢四書」〉（下），《文藝月刊》第 232 期，1988 年 10 月，頁 44～51。
	文曉村：〈走過歲月走進詩！——評「海鷗詩叢四書」〉（上），《文藝月刊》第 231 期，1988 年 9 月，頁 43～52。
	碧光：〈我讀〈現代詩九論〉（李春生著）〉，《文藝月刊》第 135 期，1980 年 9 月，頁 13～17。
路衛	黃漢龍：〈滄桑手滄桑淚編織的詩畫滄桑——專訪詩人路衛〉，《文訊》第 347 期，2014 年 9 月，頁 70～73。
	文曉村：〈走過歲月走進詩！——評「海鷗詩叢四書」〉（下），《文藝月刊》第 232 期，1988 年 10 月，頁 44～51。
	文曉村：〈走過歲月走進詩！——評「海鷗詩叢四書」〉（上），《文藝月刊》第 231 期，1988 年 9 月，頁 43～52。
林清泉	芸芸：〈和風暖流——讀林清泉的〈心帆集〉〉，《中國語文》第 46 卷第 1 期，1980 年 1 月，頁 14～16。

作家	相關研究期刊論文
許其正	王式儉：〈兩岸風光兩岸情——讀許其正詩集「海峽兩岸遊蹤」〉，《葡萄園詩刊》第 160 期，2003 年 11 月，頁 53～55。
	陳冠學：〈此岸與彼岸——介紹老友許其正先生的詩〉，《文訊》第 215 期，2003 年 9 月，頁 35～36。
沙卡布拉揚	沙卡布拉揚：〈臺語現代詩欣賞〉，《海翁臺語文學》第 8 期，2002 年 4 月，頁 4～24。
沙白	沙白：〈牙醫是職業，文學是事業〉，《文訊》第 171 期，2000 年 1 月，頁 40～42。
	鄭慧玟：〈牙醫詩人沙白〉，《六堆風雲》第 37 期，1992 年 7 月，頁 4～7。
	沈存步：〈沙白和他的詩〉，《大海洋詩雜誌》第 37 期，1991 年 5 月，頁 73～75。
	潘亞暾：〈沙白詩歌印象——讀沙白詩集《河品》、《太陽的流聲》〉，《大海洋詩雜誌》第 35 期，1990 年 6 月，頁 59～63。
曾貴海	喬林：〈曾貴海的〈荒村夜吠〉〉，《笠詩刊》第 305 期，2015 年 2 月，頁 118～120。
	李喬：〈序「曾貴海研究」論文集〉，《文學臺灣》第 90 期，2014 年 4 月，頁 86～89。
	簡俊安：〈曾貴海醫師——以愛人之心領導社會運動的詩人〉，《高醫通識教育學報》第 8 期，2013 年 12 月，頁 83～118。
	簡俊安：〈吟唱醫師詩人的主張——台灣路怎麼走〉，《笠詩刊》第 292 期，2012 年 12 月，頁 103～119。
	李梁淑：〈南臺灣客籍作家地誌書寫初探——以曾寬、曾貴海等人為例〉，《臺灣文學評論》第 11 卷第 3 期，2011 年 7 月，頁 51～65。
	彭瑞金主持：〈「城市書寫的詩美學」現代詩座談會記錄〉，《臺灣現代詩》第 23 期，2010 年 9 月，頁 74～88。
	蔡秀菊：〈關於城市書寫的詩與美學〉，《臺灣現代詩》第 23 期，2010 年 9 月，頁 91～93。
	林明理：〈風迎水樹自悠悠——曾貴海《湖濱沉思》賞析〉，《笠詩刊》第 274 期，2009 年 12 月，頁 103～108。
	鍾屏蘭：〈台灣客家現代詩中的「詩史」：曾貴海《原鄉‧夜合》析探〉，《高雄師大學報》第 27 期，2009 年 12 月，頁 111～136。

作家	相關研究期刊論文
曾貴海	鍾屏蘭：〈曾貴海《原鄉・夜合》一書中的客家女性書寫〉，《客家研究》第 3 卷第 1 期，2009 年 6 月，頁 125～159。
	陳坤崙主持：〈《浪濤上的島國》新書座談會〉，《笠詩刊》第 269 期，2009 年 2 月，頁 119～140。
	劉佳欣：〈曾貴海的島國書寫〉，《文學臺灣》第 69 期，2009 年 1 月，頁 301～336。
	鍾榮富：〈從語調剖析曾貴海的《孤鳥的旅程》〉，《笠詩刊》第 267 期，2008 年 10 月，頁 119～135。
	鍾榮富：〈曾貴海詩作的敘述觀點〉，《文學臺灣》第 65 期，2008 年 1 月，頁 129～158。
	李永熾：〈殖民、反殖民與詩學──讀曾貴海《戰後臺灣反殖民與後殖民詩學》〉，《文學臺灣》第 59 期，2006 年 7 月，頁 318～332。
	莊紫蓉：〈孤島，樹人與海──專訪詩人曾貴海〉，《笠詩刊》第 252 期，2006 年 4 月，頁 151～200。
	趙迺定：〈詮釋曾貴海《臺灣男人的心事》詩集詩五首〉，《笠詩刊》第 252 期，2006 年 4 月，頁 201～220。
	趙迺定：〈詮釋曾貴海《孤鳥的旅程》詩四首〉，《笠詩刊》第 252 期，2006 年 4 月，頁 221～228。
	李若鶯〈「空」與「有」的懸念──析論曾貴海近作五首〉，《笠詩刊》第 252 期，2006 年 4 月，頁 229～236。
	鍾榮富：〈三稜鏡下多層次的疊影──泛論曾貴海的詩〉，《笠詩刊》第 252 期，2006 年 4 月，頁 237～246。
	張信吉：〈曾貴海的彈斥美學〉，《笠詩刊》第 252 期，2006 年 4 月，頁 247～255。
	楊翠：〈怒放的刺桐花──序《神祖與土地的頌歌》〉第 252 期，2006 年 4 月，頁 256～265。
	莫渝：〈曾貴海的〈作家身分證〉〉，《笠詩刊》第 252 期，2006 年 4 月，頁 266～268。
	彭瑞金：〈解讀曾貴海的詩路〉，《文學臺灣》第 53 期，2005 年 1 月，頁 180～196。
	陳明台：〈冷澈而熾烈、理性又感性〉──序江自得、曾貴海、鄭炯明三人合集（下），《文學臺灣》第 49 期，2004 年 1 月，頁 249～277。

作家	相關研究期刊論文
曾貴海	陳明台：〈冷澈而熾烈、理性又感性〉──序江自得、曾貴海、鄭烱明三人合集（上），《文學臺灣》第 48 期，2003 年 10 月，頁 311～337。
	李敏勇：〈三稜鏡──三位南方醫生的詩情〉，《文學臺灣》第 48 期，2003 年 10 月，頁 291～310。
	利玉芳：〈夜合──曾貴海的詩〉，《笠詩刊》第 227 期，2002 年 2 月，頁 13～16。
	沙白：〈解剖〈鯨魚的祭典〉──評曾貴海的詩〉，《笠詩刊》第 129 期，1985 年 10 月，頁 88～91。
	黃樹根：〈解剖刀與詩──讀曾貴海詩集〈鯨魚的祭典〉〉，《笠詩刊》第 120 期，1984 年 4 月，頁 129～134。
	鄭烱明：〈眞摯的詩情：序曾貴海詩集「鯨魚的祭典」〉，《笠詩刊》第 114 期，1983 年 4 月，頁 91～93。
	陳明台：〈溫情之歌：試析論曾貴海的詩〉，《笠詩刊》第 114 期，1983 年 4 月，頁 94～100。
李敏勇	李敏勇：〈我的文學故鄉，我的詩歌願景──一個「詩的信使」的告白〉，《文學臺灣》第 91 期，2014 年 7 月，頁 255～262。
	林巾力、蔡明原、陳謙、阮美慧、李長青、李昌憲：〈笠下影：《笠》詩刊 50 周年──主編／編輯特寫〉，《文訊》第 344 期，2014 年 6 月，頁 66～102。
	喬林：〈李敏勇的〈城市現象〉〉，《笠詩刊》第 300 期，2014 年 4 月，頁 138～140。
	陳喆之：〈有光的所在──李敏勇書房〉，《鹽分地帶文學》第 50 期，2014 年 2 月，頁 13～21。
	陳明台口述 蔡秀菊整理：〈臺灣的詩人（2）──狀況與存在：鄭烱明、李敏勇的詩〉，《臺灣現代詩》第 34 期，2013 年 6 月，頁 81～91。
	李敏勇：〈我的詩の物語──50 首詩，50 篇隨筆〉，《笠詩刊》第 291 期，2012 年 10 月，頁 7～9。
	李敏勇：〈從《一個臺灣詩人的心聲告白》到《美麗島詩歌》──我的通行臺語詩之路〉，《笠詩刊》第 289 期，2012 年 6 月，頁 6～9。
	李敏勇：〈我的詩の物語〉，《文學臺灣》第 78 期，2011 年 4 月，頁 21～29。
	鄭靜穗：〈──秋・異秋──以「秋天型詩人」楊華及李敏勇詩作爲討論對象〉，《笠詩刊》第 270 期，2009 年 4 月，頁 107～143。

作家	相關研究期刊論文
李敏勇	鴻鴻：〈現實主義並非寫實主義——讀李敏勇《顫慄心風景——當代世界詩對話》〉，《文訊》第 275 期，2008 年 9 月，頁 116～117。
	蔡榮勇：〈我讀李敏勇《美術風景》〉，《文學臺灣》第 65 期，2008 年 1 月，頁 34～38。
	陳鴻逸：〈雲的語言：抒情不止一種變貌——從《青春腐蝕畫——李敏勇詩集》試論李敏勇的書寫面向〉，《屏東文獻》第 11 期，2007 年 12 月，頁 26～50。
	莊紫蓉採訪整理：〈點燃生命之光——專訪詩人李敏勇〉，《臺灣文學評論》第 6 卷第 1 期，2006 年 1 月，頁 73～105。
	李敏勇：〈以音樂銘刻臺灣的歷史與心靈——札記與蕭泰然的詞曲合作〉，《笠詩刊》第 239 期，2004 年 2 月，頁 4～11。
	郭成義主持，張信吉紀錄：〈李敏勇作品討論會〉，《笠詩刊》第 239 期，2004 年 2 月，頁 12～37。
	林德俊：〈詩中的山川、政治與社會——讀李敏勇「臺灣詩閱讀——探觸五十位臺灣詩人的心」〉，《笠詩刊》第 228 期，2002 年 4 月，頁 113～116。
	洪淑苓：〈臺灣心‧臺灣情——李敏勇《臺灣詩閱讀》評介〉，《文訊》第 182 期，2000 年 12 月，頁 25。
	李魁賢：〈解讀李敏勇〉，《文學臺灣》第 36 期，2000 年 10 月，頁 36～40。
	黃琪椿：〈凝視死而追索生——簡評《傷口的花——二二八詩集》〉，《水筆仔》第 2 期，1997 年 4 月，頁 23～25。
	宋田水：〈一吟一誦見風雲——論李敏勇〉，《文學臺灣》第 16 期，1995 年 10 月，頁 247～288。
	吳潛誠：〈政治陰影籠罩下的詩之景色——評介李敏勇詩集《傾斜的島》〉，《文學臺灣》第 6 期，1993 年 4 月，頁 96～105。
	陳明台主持，蘇甦記錄：〈李敏勇作品討論會——「暗房」的世界〉，《文學界》第 21 期，1987 年 2 月，頁 8～25。
	李敏勇：〈李敏勇寫作簡歷〉，《文學界》第 21 期，1987 年 2 月，頁 26～28。
	黃恒秋：〈俘虜的詠嘆——讀李敏勇詩集〈暗房〉〉，《文訊》第 26 期，1986 年 10 月，頁 52～57。
	林燿德：〈鐵窗之花——讀李敏勇詩集〈暗房〉〉，《文藝月刊》第 207 期，1986 年 9 月，頁 46～58。

作家	相關研究期刊論文
李敏勇	鄭炯明：〈戰爭・愛與死的交響曲——論李敏勇詩集「野生思考」〉，《笠詩刊》第 108 期，1982 年 4 月，頁 46～50。
沙穗	張默：〈沙穗——一顆樸實的靈魂〉，《幼獅文藝》第 275 期。（收錄於沙穗《燕姬》頁 203～205）
	張堃：〈繆斯寵愛的歌手——論詩人沙穗與他的詩〉，《文藝月刊》第 153 期，1982 年 3 月，頁 106～120。
	陌上塵：〈我衹是一顆淚：試析沙穗的「失業」〉，《創世紀詩刊》第 50 期，1979 年 3 月，頁 8～12。
	向明：〈驚喜悲憤看「皺紋」〉，《創世紀》51 期，1980 年 3 月，頁 63～65。（收錄於《護城河》「附錄」頁 189）
	李瑞騰：〈冷暖人間——從〈失業〉、〈歸鄉〉到〈賣麵〉〉，《創世紀詩刊》第 51 期，1980 年 3 月，頁 66～。
	張堃：〈繆斯寵愛的歌手：簡介沙穗的詩〉，《文藝月刊》第 153 期，1982 年 3 月，頁 106～120。
	張堃：〈抒情世界的新領土：簡介沙穗的詩〉，《詩人坊》第 5 期，1983 年。（收錄於沙穗《護城河》頁 7～33）
	孫家駿：〈沙穗的「操場」：獻給父親的詩〉，《藍星詩刊》第 13 期，1987 年，頁 78～79。
	涂靜怡：〈專情詩人——沙穗〉，《秋水》詩刊第 66 期，1990 年 7 月。（收錄於沙穗《畫眉》頁 270～278。
連水淼	溫菱：〈試讀連水淼的詩集《首日封》〉，《創世紀詩雜誌》第 170 期，2012 年 3 月，頁 60～61。
	林明理：〈如空中之清音——淺釋連水淼詩歌的藝術形象〉，《創世紀詩雜誌》第 168 期，2011 年 9 月，頁 205～208。
	林燿德：〈潺潺流水——論連水淼詩集〈臺北・臺北〉〉，《文藝月刊》第 211 期，1987 年 1 月，頁 72～79。
	向明：〈跌出一種絕美之姿：淺談連水淼的「落楓」〉，《中華文藝》第 25 卷第 2 期，1983 年 4 月，頁 124～127。
	羅門：〈抓住生命中「感性」的動流（讀連水淼《生命的樹》）〉，《創世紀詩刊》第 58 期，1982 年 6 月，頁 64～65。
	沙穗：〈水的年輪——從連水淼的《生命的樹》談起〉，《創世紀詩刊》第 56 期，1981 年 6 月，頁 61～64。

作家	相關研究期刊論文
李男	馬翊航：〈李男：與詩的握手〉，《文訊》第 260 期，2007 年 6 月，頁 64～65。
	管管：〈天下無敵——序德亮、李男詩畫集「劍的握手」〉，《幼獅文藝》第 46 卷第 1 期，1977 年 7 月，頁 188～189。
張志雄	江明樹：〈閒話許振江與張志雄〉，《文學臺灣》第 57 期，2006 年 1 月，頁 94～97。
	郭漢辰：〈穿透風雨及病痛的永恆詩歌　紀念張志雄及他最後一場詩歌朗誦會〉，《文化生活》第 8 卷第 4 期，2005 年 12 月，頁 65～66。
陳寧貴	寒林：〈明月與清泉：讀陳寧貴的《商怨》〉，《文藝月刊》第 158 期，1982 年 8 月，頁 42～46。
	落蒂：〈試評陳寧貴的詩集——「商怨」〉，《陽光小集》第 9 期，1981 年 6 月，頁 159～163。
	陳煌：〈詩人的激情——我讀陳寧貴的「商怨」〉，《中華文藝》第 20 卷第 6 期，1981 年 2 月，頁 144～152。
	陳寧貴：〈詩——陳寧貴詩抄〉，《幼獅文藝》第 42 卷第 5 期，1975 年 11 月，頁 53～55。
陳瑞山	文曉村：〈從語言學看陳瑞山《重新出花》〉，《文訊》第 218 期，2003 年 12 月，頁 29～30。
涂耀昌	涂耀昌：〈涂耀昌詩集〉，《六堆風雲》第 81 期，2000 年 1 月，頁 44～45。
	六堆風雲雜誌資料室：〈涂耀昌允文允武！〉，《六堆風雲》第 77 期，1999 年 6 月，頁 24～25。
曾肅良	曾肅良〈城市變奏曲——曾肅良彩墨、書法、現代詩創作展〉，《藝術家》第 58 卷第 1 期，2004 年 1 月，頁 565。
郭漢辰	郭漢辰：〈我手寫我鄉——我的在地書寫經驗〉，《文學臺灣》第 91 期，2014 年 7 月，頁 263～266。
	林逸萱：〈談屏東作家郭漢辰在地書寫的新詩創作〉，《屏東文獻》第 16 期，2012 年 12 月，頁 187～202。
	傅怡禎：〈以感情貫穿生死的魔幻敘述者　大武山文學獎卓越貢獻獎——郭漢辰〉，《文化生活》第 44 期，2006 年 6 月，頁 14～17。
黃明峯	旅人：〈從詩的要素賞析黃明峯的詩藝〉，《臺灣現代詩》第 6 期，2006 年 6 月，頁 37～44。

作家	相關研究期刊論文
陳雋弘	白靈：〈語言插上翅膀──陳雋弘的《面對》〉，《創世紀詩雜誌》第 167 期，2011 年 6 月，頁 34～36。
	吳昇晃：〈在詩歌的無用與有效之間──《彷彿在君父的城邦》與《面對》對照式閱讀〉，《乾坤詩刊》第 56 期，2010 年 10 月，頁 131～132。
杜紫楓	陳福成：〈臧否春秋　月旦政客──紫楓《古月今照戀楓情》的劍法〉，《葡萄園詩刊》第 197 期，2013 年 2 月，頁 67～70。
	台客：〈詩中有畫畫中詩──序紫楓詩集《古月今照戀楓情》〉，《葡萄園詩刊》第 194 期，2012 年 5 月，頁 54～55。
	楊君潛〈杜紫楓《古月今照戀楓情》序〉，《葡萄園詩刊》，第 193 期，2012 年 2 月，頁 60～61。
	袁婷、向天淵：〈美不勝收的《楓韻》〉，《葡萄園詩刊》第 173 期，2007 年 2 月，頁 80～84。
	周達斌理想愛情之歌《楓韻》〉，《葡萄園詩刊》第 161 期，2004 年 2 月，頁 5～9。
	吳開晉：〈情與象的有機結合──談「楓韻」隨感〉，《葡萄園詩刊》第 161 期，2004 年 2 月，頁 10～11。
	熊輝：〈楓葉紅時情正濃──論紫楓詩歌的情感特徵〉，《葡萄園詩刊》第 161 期，2004 年 2 月，頁 12～16。
	樂小龍：〈心靈的痕跡・歲月的迴聲──對紫楓女士詩集「楓韻」的心理分析〉，《葡萄園詩刊》第 161 期，2004 年 2 月，頁 23～26。
	譚建生：〈醉在海的國度──我讀「楓韻」一書〉，《葡萄園詩刊》第 160 期，2003 年 11 月，頁 8～10。
	蔣登科：〈紫楓詩歌中的傳統文化精神〉，《葡萄園詩刊》第 160 期，2003 年 11 月，頁 14～18。
利玉芳	林秀蓉：〈大地關懷與女鯨詩篇：論利玉芳詩的創作意識〉，《屏東文獻》第 18 期，2014 年 12 月，頁 133～152。
	李昌憲：〈利玉芳書房〉，《笠詩刊》第 303 期，2014 年 10 月，頁 15～17。
	林鷺：〈笠的玫瑰花園〉，《笠詩刊》第 288 期，2012 年 4 月，頁 106～109。
	陳慕真：〈女性、靈思、客語──專訪客語作家利玉芳〉，《臺灣文學館通訊》第 33 期，2011 年 12 月，頁 120～123。

作家	相關研究期刊論文
利玉芳	王慈憶：〈童心視域下的反思：論利玉芳詩作的現實意識〉，《臺灣現代詩》第 27 期，2011 年 9 月，頁 63～67。
	黃俐娟：〈笠詩社女詩人政治詩中「朝野政黨的監督」和「選舉亂象的批判」描寫〉，《當代詩學》第 6 期，2010 年 12 月，頁 53～81。
	林鷺：〈利玉芳專輯〉，《笠詩刊》第 271 期，2009 年 6 月，頁 77～84。
	林鷺：〈熱情的白蘿曼——我認識的利玉芳〉，《笠詩刊》第 271 期，2009 年 6 月，頁 79～84。
	陳明克：〈利玉芳詩的表現方式〉，《笠詩刊》第 270 期，2009 年 4 月，頁 193～194。
	朵思、丁威、岩上、陳明克、黃玉蘭：〈利玉芳專輯〉，《笠詩刊》第 270 期，2009 年 4 月，頁 175～214。
	岩上：〈生活‧女體‧奇思——論利玉芳其人其詩〉，《笠詩刊》第 270 期，2009 年 4 月，頁 185～192。
	丁威仁：〈巧構形似的現實書寫——論《淡飲洛神花茶的早晨》裡的三首題畫詩〉，《笠詩刊》第 270 期，2009 年 4 月，頁 178～184。
	黃玉蘭：〈從〈鞋子〉談起——悅讀利玉芳的詩作〉，《笠詩刊》第 270 期，2009 年 4 月，頁 195～214。
	朵思：〈數數情慾之外的秒數〉，《笠詩刊》第 270 期，2009 年 4 月，頁 175～177。
	陳俊榮：〈利玉芳的政治詩〉，《當代詩學》第 4 期，2008 年 12 月，頁 81～104。
	黃湘玲：〈故鄉記憶與原鄉意識並置：以利玉芳《向日葵》中的客語詩為主要探討對象〉，《笠詩刊》第 261 期，2007 年 10 月，頁 183～196。
	陳寧貴：〈詩質最細緻的客家女詩人——利玉芳〉，《笠詩刊》第 260 期，2007 年 8 月，頁 192～193。
	周華斌：〈由對母語的〈憑弔〉談起——賞析利玉芳詩集《貓》中的一首詩及該詩的再創作〉，《臺灣現代詩》第 4 期，2005 年 12 月，頁 58～67。
	彭瑞金：〈利玉芳詩解讀〉，《文學臺灣》第 56 期，2005 年 10 月，頁 195～210。
	蔡依伶：〈家在下營，利玉芳〉，《印刻文學生活誌》第 1 卷第 9 期，2005 年 5 月，頁 174～181。

作家	相關研究期刊論文
利玉芳	利玉芳〈地方意識與文學創作〉,《笠詩刊》第 230 期,2002 年 8 月,頁 12～14。
	陳義芝,〈從半裸到全開——台灣戰後世代女詩人的情慾表現〉,《中外文學》第 25 卷第 7 期,1996 年 12 月,頁 42～65。
	陳千武主持:〈利玉芳作品賞析〉,《笠詩刊》第 147 期,1988 年 10 月,頁 107～115。
奧威尼	董恕明:〈文學的「彈性」——以奧威尼‧卡露斯〈淚水〉、夏曼‧藍波安《天空的眼睛》和瓦歷斯‧諾幹《城市殘酷》為例〉,《新地文學》第 29 期,2014 年 9 月,頁 118～138。
	劉育玲訪問整理:〈神祕的消失?消失的神祕?——訪魯凱族作家奧威尼‧卡露斯盎〉,《臺灣文學評論》第 9 卷第 2 期,2009 年 4 月,頁 32～48。
	巴代:〈悠游在古茶布安的文學雲豹——專訪魯凱族作家奧威尼‧卡露斯盎〉,《臺灣文學館通訊》第 20 期,2008 年 8 月,頁 66～70。
	孫大川、奧威尼‧卡露斯:〈詠嘆古茶布安的山百合——奧威尼‧卡露斯〉,《臺灣原 YOUNG》第 15 期,2006 年 7 月,頁 28～33。
	陳芷凡:〈母語與文本解讀的辯證——以魯凱作家奧威尼‧卡露斯《野百合之歌》為例〉,《臺灣語言與語文教育》第 6 期,2005 年 12 月,頁 188～201。
	王應棠:〈開啓一扇族群對話的天窗——與魯凱族作家奧威尼‧卡露斯盎關於魯凱語言的一次交談〉,《原住民教育季刊》第 29 期,2003 年 3 月,頁 93～108。
	邱麗文:〈與天地、祖靈、家屋緊緊相依的魯凱族勇者:雲豹的傳人——奧威尼‧卡露斯盎〉,《新觀念》第 143 期,2000 年 9 月,頁 21～28。
達卡鬧	鄭雅雯:〈深邃詩意的魯凱族作家〉,《台灣文學館通訊》第 31 期,2011 年 6 月,頁 88～91。
	陳乃菁:〈荒蕪的心靈礦坑有達卡鬧的喧囂〉,《新台灣新聞週刊》第 388 期,2003 年 9 月。http://www.newtaiwan.com.tw/bulletinview.jsp?bulletinid=11903

附錄八　台灣戰後屏東作家詩社活動年表

	台灣戰後屏東作家詩社活動	時事與文壇紀要
1946	・李春生發表第一首詩〈流浪者〉於《益世報》副刊。	・《台灣文化》創刊，楊雲萍主編。
1947	・李春生與丁承忠（洪力、魯丁）在澎湖主編《前哨月刊》。	・二二八事件。 ・《新生報》「橋」副刊創刊。
1948		・楊逵主編《台灣文學》叢刊創刊。
1949		・國民政府正式遷撤台灣。 ・警備總司令部發布戒嚴令。
1950		・「中國文藝協會」成立，推展軍中寫作，培養軍中作家。
1952		・《青年戰士報》創刊。
1953	・李春生與丁承忠、史光沛、孔慶隸在澎湖主編《力行月刊》。李春生以「李菁」為正式筆名。 ・路衛與舒蘭、巴楚、魯松、高悟、姚為民、胡嵐等好友在中壢創辦《路文藝》綜合性文藝雜誌。	・紀弦成立「現代」詩社，創辦《現代詩》季刊。
1954	・李春生與郭光仁、馬忠良、單彝鎮、王金芳、曹繼曾共同創辦《青蘋果》詩刊。	・余光中、覃子豪等大陸來台詩人成立「藍星」詩社。 ・詩人洛夫、張默、瘂弦成立「創世紀」詩社，發行《創世紀》詩刊。

	台灣戰後屏東作家詩社活動	時事與文壇紀要
1955		·蔣介石公開以「戰鬥文藝」號召文藝工作者。
1956		·紀弦發起成立「現代派」，宣稱「領導新詩的再革命，推動新詩的現代化」。 ·夏濟安主辦的《文學雜誌》創刊。
1957	·李春生與秦嶽在台東籌組「東海」詩社，出版《東海詩刊》。	·《藍星詩選》8 月創刊，同年 10 月停刊。 ·蕭孟能主持的《文星雜誌》創刊，余光中主編「文星詩頁」。
1958	·林清泉出版《殘月》詩集。	·胡適在「中國文藝協會」演講，主張恢復五四文學革命精神。
1959	·李春生等借《台東新報》周日副刊版面，編行《詩播種》詩刊。	
1960	·路衛加入「海鷗」詩社。	·白先勇創辦《現代文學》雜誌。 ·夏濟安所主辦《文學雜誌》停刊。 ·鍾理和辭世。
1961	·沙穗在高雄縣立大樹初中校刊「習作選集」發表第一篇散文〈高屏溪晚眺〉。	·《藍星》雜誌 6 月創刊。 ·《文星》雜誌刊載李敖〈老年人與棒子〉，揭開文化界「中西文化論戰」序幕。
1962	·「葡萄園」詩社成立。徐和隣擔任《葡萄園》詩刊主編。 ·李春生、路衛、陳錦標、秦嶽、巴楚、王書等人，重組「海鷗」詩社，出版《海鷗詩頁》。 ·許其正加入「海鷗」詩社。	·《仙人掌》雜誌創刊。
1963	·許其正擔任《大學詩刊》、《雙溪》、《達德學刊》、《中華學刊》編輯。 ·沙穗在高雄縣立大樹初中校刊「習作選集」發表第一首詩〈夜燈〉。	·胡秋原創辦《中華雜誌》。 ·《文星叢刊》出版。
1964	·笠詩社創立。徐和隣是「笠」詩社創社同仁。 ·李春生與路衛、洪荒接編《台東青年》。	·林亨泰、陳千武、趙天儀 3 月成立以本土為重的「笠」詩社，6 月《笠》詩刊創刊。

	台灣戰後屏東作家詩社活動	時事與文壇紀要
1964	・許其正詩集《半天鳥》由《葡萄園》詩社出版。	・吳濁流創辦《台灣文藝》雜誌,注重鄉土色彩。
1965	・許其正擔任《台灣文藝》主編。 ・李敏勇發表第一篇散文。 ・沙穗主編屏東私立東大高中校刊《東大青年》。	・「台灣文學獎」成立。
1966	・曾貴海與江自得、蔡豐吉、王永哲、涂秀田共同創辦「阿米巴」詩社。 ・沙穗結識鄧育昆,並採用鄧代取筆名「沙穗」。 ・連水淼於《青年戰士報》副刊,發表第一首詩〈戰鬥者的頌歌〉。	・七等生、鍾鐵民、鍾肇政、張彥勳與廖清秀,獲第一屆「台灣文學獎」。 ・「中山文藝獎」成立。 ・《書目季刊》創刊。 ・《文學季刊》創刊。
1967	・曾貴海以「林閃」為筆名,在《笠》詩刊發表〈詩的纖維〉。 ・沙穗任「東大青年社」總編輯,出版《畢加樹》詩刊。 ・連水淼擔任《畢加樹》詩刊執行編輯。	・《純文學》雜誌創刊。 ・《青溪》月刊創刊。
1968	・李敏勇開始於《笠》發表詩作。 ・沙穗、連水淼、傅敏（李敏勇）、陳鴻森、張　、周豪等人創辦「盤古」詩社,出版《盤古詩頁》,沙穗任社長。	・第三屆「台灣文學獎」頒獎。 ・「中國文藝協會」頒發第九屆文藝獎章。
1969	・利玉芳以「綠莎」筆名,於《中國婦女週刊》發表第一篇散文〈村落已寂寥〉。	・《文藝月刊》創刊。 ・「吳濁流文學獎基金會」成立。 ・第一屆「笠詩獎」頒發。周夢蝶獲創作獎、李英豪獲評論獎、陳千武獲翻譯獎。
1970	・路衛加入「葡萄園」詩社。 ・李敏勇加入《笠》詩社。 ・沙穗應洛夫之邀加入「詩宗社」。 ・李男與林文彥、吳勝天組成「草田風工作室」五人美術聚會,並嘗試寫詩。	・第一屆「吳濁流文學獎」頒獎。

	台灣戰後屏東作家詩社活動	時事與文壇紀要
1971	・沙穗、連水淼、張 創辦「暴風雨」詩社。 ・李男與吳德亮、凱若、黃勁連（黃進蓮）、雲沙編印《主流詩刊》。 ・陳寧貴於《水星》詩刊發表第一首華語詩〈路之形〉。	・《中華文藝》創刊。 ・《台灣時報》創立。 ・「吳濁流新詩獎」成立。
1972	・沙穗應張默之邀加入「創世紀」詩社。 ・《創世紀》詩刊創刊，連水淼加入「創世紀」詩社。 ・陳寧貴應黃勁連之邀加入「主流」詩社	・《中外文學》創刊。 ・《書評書目》創刊。
1973	・林文彥與林興華、郭少宗創立「現代」詩社。	・白先勇所創辦《現代文學》雜誌停刊。 ・楊逵重返文壇，日治時期台灣文學受重視。
1974	・李春生為好友文曉村所主編《葡萄園》詩刊，撰寫〈一個遊民的看法和意見〉。 ・李春生加入「山水」詩社。 ・劉廣華主編《復興崗》詩刊，任主編暨社長。	・《大學雜誌》舉辦「日治時代台灣新文學與抗日運動座談會」。
1975	・李春生參與中國文藝協會南部分會、中華民國青溪新文藝學會南部分會活動。 ・沙卡布拉揚於高雄中學任教時，結識葉石濤、張良澤、鄭 明、曾貴海、陳坤崙、龔顯宗、彭瑞金等文友。	・《文學評論》創刊。 ・李冰、汪啓疆、李春生等16人創立「大海洋」詩社，出版《大海洋》詩刊。 ・陳坤崙創辦春暉出版社。
1976	・李男與羅青、詹澈創立「草根」詩社。 ・劉廣華與朱學恕、許振江、汪啓疆籌組《大海洋》詩刊。	
1977	・李春生與好友策畫創刊《師院文藝》。 ・李敏勇主編《笠》詩刊。	・《台灣文藝》推出「鍾理和」專輯。 ・《仙人掌》雜誌刊登王拓、尉天驄、銀正雄、朱西甯對鄉土文學正反言論，引發「台灣鄉土文學論戰」。

	台灣戰後屏東作家詩社活動	時事與文壇紀要
1977		・葉石濤在《夏潮》發表〈台灣鄉土文學史導論〉，正名台灣鄉土文學。
1978	・張志雄、鍾順文、簡簡等創立「掌門詩社」。 ・利玉芳參加「南鯤鯓鹽分地帶文藝營」，加入笠詩社開始寫詩。	・陳千武主編《笠》詩刊第一本同仁詩選集《美麗島詩集》出版。 ・中國時報文學獎成立。 ・鍾順文、簡簡、張志雄等創立「掌門」詩學社。
1979		・《自立晚報》主辦「鹽分地帶文藝營」。 ・集結南台灣作家作品的文學雜誌《鹽》創刊，僅發行一期。 ・美麗島事件爆發。
1980	・李春生出版《現代詩九論》 ・路衛參與發起成立「布穀鳥」兒童詩學社。 ・白葦加入「阿米巴」詩社。	・「鹽分地帶文藝營」在南鯤鯓舉行。
1981	・李春生與路衛接編《屏東青年》，李春生以「晉丁」為筆名，撰寫每期「封面題詩」；路衛以「魯夫」為筆名，撰寫每期「封底題詩」。	・亞洲華文作家會談在台北舉行。
1982	・李春生與路衛、沙穗、林清泉……等，共同發起重組中國青年寫作協會屏東縣分會。 ・《文學界》雜誌創刊，曾貴海為發行人之一。 ・陳寧貴加入「陽光小集」詩社。	・以葉石濤為首的南部藝文界人士創辦《文學界》。與《台灣文藝》、《笠》詩刊為八〇年代推動本土文學的三大主力。
1983	・中國青年寫作協會屏東縣分會成立，李春生當選理事長。 ・中華民國青溪新文藝學會屏東縣分會成立，李春生當選常務理事，路衛當選常務理事。 ・許其正擔任中國青年寫作協會屏東縣分會理事兼總幹事。	・《自立晚報》副刊與《笠》詩刊主辦「藍星」、「創世紀」、「笠」三角討論會。
1985	・紫楓筆名取於參加聯合報第一屆「聯合文藝營」，胡金銓導演建議。	・楊逵辭世。

	台灣戰後屏東作家詩社活動	時事與文壇紀要
1986	・李敏勇接辦《台灣文藝》任社長（101〜104 期）。	・民主進步黨成立。
1987	・《屏東青溪通訊》季刊改組，李春生接任主編，路衛接任社長。 ・李春生與路衛、陳錦標、秦嶽重整「海鷗」詩社，五月出版復刊。	・「台灣筆會」在台北耕莘文教院成立。 ・台灣解除長達 37 年軍事戒嚴，開放黨禁與大陸探親。 ・笠詩社在台北主辦「台灣日本詩人聯席座談會」。
1988	・曾貴海擔任台灣人權促進會高雄分會副會長，開始參與環境保護運動。	・報禁解除。 ・520 農民運動。
1989	・「財團法人鍾理和文教基金會」成立，曾貴海擔任第一屆董事。	・《文學界》停刊。
1990	・曾貴海擔任台灣環保聯盟高雄分會會長，開啓南方綠色運動。 ・陳寧貴與彭邦楨籌創《詩象》詩刊。	
1991	・沙卡布拉揚於東京創立「台灣國際語學會」，組 ESP 研究會。 ・曾貴海與鄭　明、陳坤崙、彭瑞金等創辦《文學台灣》季刊雜誌，曾貴海任社長。 ・李敏勇組「四七社」。 ・李敏勇任《文學台灣》編委、後改任編輯顧問。	・政府宣告終止動員戡亂時期。
1992	ESP 研究會改爲「綠蔭社」。社誌《La Verda Ombro》（綠蔭）創刊，沙卡布拉揚任執行編輯。	・《混聲合唱——笠詩選》出版。
1993	・曾貴海擔任《高雄醫師會誌》創刊號總編輯。 ・李敏勇擔任「台灣筆會」會長（1993〜1994）。	
1994	・曾貴海擔任「保護高屏溪綠色聯盟」會長。	・清華大學舉辦賴和百年誕辰國際學術研討會。
1995	・利玉芳任「台灣筆會」理事。	・「台灣筆會」等 18 個團體發表聲明，呼籲政府於公私立大學設立「台灣文學系」。

	台灣戰後屏東作家詩社活動	時事與文壇紀要
1998	・利玉芳加入「女鯨」詩社。	
2000	・曾貴海籌組南社。 ・黃明　因岩上推薦而加入「笠」詩社。	・陳水扁當選總統，台灣政黨輪替。 ・成功大學設立「台灣文學研究所」碩士班。
2002	・曾貴海擔任第八屆「台灣筆會」理事長。	・《台灣文學研究》創刊。

附錄九　台灣戰後屏東現代詩中的家鄉書寫篇目索引

作家	詩　　題	詩集出處	出現頁碼
徐和隣	〈流浪〉	《淡水河》頁 25	97
	〈新竹站前〉	《淡水河》頁 43	98
李春生	〈無月的望〉	《睡醒的雨》頁 31～33	105
林清泉	〈鄉愁〉	《林清泉詩選集》頁 142	97
	〈回憶〉	《林清泉詩選集》頁 239	131
許其正	〈美好的屏東〉	《南方的一顆星》頁 69～70	87
	〈南方的一顆星〉	《南方的一顆星》頁 24～25	87
	〈燕子〉	《南方的一顆星》頁 122	97
	〈步入鄉道〉	《菩提心》頁 3～4	115
	〈螢火蟲呀，你……〉	《重現》頁 78	131
	〈蟬殼〉	《南方的一顆星》頁 102～103	132
	〈陀螺〉	《南方的一顆星》頁 111～112	132
	〈一樣的小火車〉	《山不講話》頁 22	132
沙白	〈家鄉〉	《河品》頁 5	88
	〈綠鄉湖畔〉	《河品》頁 1～4	88

作家	詩　　　題	詩集出處	出現頁碼
曾貴海	〈出鄉〉	《鯨魚的祭典》頁29	98
	〈去高雄賣粄仔的阿嫂〉	《原鄉・夜合》頁6	119
	〈清早个圳溝滣〉	《原鄉・夜合》頁19～21	119
	〈背穀走相趨仔細妹仔〉	《原鄉・夜合》頁8	120
	〈秋夜放田水〉	《原鄉・夜合》頁33	120
	〈割禾仔〉	《原鄉・夜合》頁23～24	121
	〈鄉下老家的榕樹〉	《台灣男人的心事》頁2～3	133
	〈熱天當晝〉	《原鄉・夜合》28～30	134
	〈隔壁阿妹嫁分𠊎〉	《原鄉・夜合》25～27	135
	〈秋夜放田水〉	《原鄉・夜合》頁33～35	137
	〈看海〉	《原鄉・夜合》頁94～97	138
	〈阿桂姐〉	《原鄉・夜合》頁11～12	140
	〈背穀走相趨仔細妹仔〉	《原鄉・夜合》頁8～9	141
	〈埋葬在河底个少年〉	《孤鳥的旅程》頁90～92	144
	〈肖應〉	《原鄉・夜合》頁39～40	145
	〈叫醒童年〉	《台灣男人的心事》頁66	146
李敏勇	〈海的臆想〉	《島嶼奏鳴曲——李敏勇詩集II（1990～1997）》頁45	139
	〈記憶相簿〉	《心的奏鳴曲》頁36	141
	〈山花〉	《青春腐蝕畫・戒嚴風景》頁155	153
沙穗	〈失業〉	《燕姬》頁7～11	103
	〈另一個冬天〉	《燕姬》頁97～99	104
	〈歸鄉——失業續稿〉	《燕姬》頁12～16	113
	〈祈雨〉	《護城河》頁153～156	122
	〈及時雨〉	《護城河》頁157～160	123
李男	〈家書〉	《劍的握手》頁30～31	103

作家	詩　　題	詩集出處	出現頁碼
陳寧貴	〈目陰目陽——想起阿姆〉	《文學客家》第 6 期，2011 年 9 月，頁 26～27。	136
涂耀昌	〈中秋，與二哥在他鄉工寮〉	《清明》頁 6～7	99
	〈獅鼓〉	《清明》頁 2	99
	〈暮秋登高〉	《清明》頁 4～5	99
	〈故鄉的臉〉	《清明》頁 53	117
	〈阿爸的鐵牛〉	《清明》頁 49～51	123
	〈四合院〉	《清明》頁 45	124
黃慶祥	〈回憶是無垠的海洋〉	《琉球行吟》頁 86	90
	〈花瓶石〉	《琉球行吟》頁 74～75	91
	〈相思埔〉	《琉球行吟》頁 56～57	107
	〈屏鵝公路的夕陽〉	《琉球行吟》頁 24～25	108
	〈夏日琉球單車行〉	《琉球行吟》頁 14～15	115
	〈小琉球交通船〉	《琉球行吟》頁 54	118
	〈泊船〉	《琉球行吟》頁 12～13	128
	〈碼頭的漁船〉	《琉球行吟》頁 77	128
	〈夜釣的小船〉	《琉球行吟》頁 58～59	128
	〈王船下水 1〉	《琉球行吟》頁 32～33	130
	〈弔杉板路海灘〉	《小琉球手記一九七○》頁 194～197	155
	〈琉球的海底〉	《琉球行吟》頁 70～71	157
	〈小小的貝殼〉	《琉球行吟》頁 78～79	158
西沙	〈再別〉	《沙鷗的天空》頁 118～119	118
郭漢辰	〈揹著月琴去旅行〉	《請和我一起閱讀土地的詩行：屏東詩旅手札》頁 30～31	106
	〈甦醒的阿猴城門〉	《請和我一起閱讀土地的詩行：屏東詩旅手札》頁 16～17	148
	〈正在做夢的恆春城門〉	《請和我一起閱讀土地的詩行：屏東詩旅手札》頁 36～37	149

作家	詩　　題	詩集出處	出現頁碼
郭漢辰	〈走在歷史的餘影·阿朗壹古道〉	《請和我一起閱讀土地的詩行：屏東詩旅手札》38～39	150
	〈行過懸崖的祖靈〉	《請和我一起閱讀土地的詩行：屏東詩旅手札》頁 26～29	153
張太士	〈柏油大道〉	《夢被反鎖》頁 84	147
	〈文明倒影〉	《夢被反鎖》頁 68～69	148
黃明峯	〈落山風若到恆春城〉	《自我介紹》頁 84～85	105
	〈童年〉之三	《自我介紹》頁 15	122
	〈童年〉之一	《自我介紹》頁 12～13	137
	〈童年〉之二	《自我介紹》頁 13～14	137
	〈象徵——恆春古城門〉	《自我介紹》頁 72～73	150
陳雋弘	〈下陷——寫給我日漸消失的家鄉林邊〉	《面對》頁 70～71	146
利玉芳	〈即興詩〉	《淡飲洛神花茶的早晨》頁 78	89
	〈西部來的女人〉	《夢會轉彎》頁 43～45	100
	〈憑弔〉	《活的滋味》頁 66～67	101
	〈嬰兒與母親〉	《活的滋味》頁 28～30	101
	〈掌紋〉	《淡飲洛神花茶的早晨》頁 10～11	102
	〈回娘家〉	《活的滋味》頁 22～23	116
	〈濛紗煙〉	《夢會轉彎》頁 137	120
	〈萊茵　詩之旅〉	《淡飲洛神花茶的早晨》頁 63～64	142
	〈野薑花的回憶〉	《向日葵》頁 97～99	142，143
白葦	〈返鄉〉	《白衣手記》頁 88～89	147
奧威尼	〈麗阿樂溫，我的故鄉！〉	《神秘的消失：詩與散文的魯凱》頁 19～21	91
	〈故園情——古茶布安〉	《台灣原住民族漢語文學選集——詩歌卷》頁 19～20	117

作家	詩　　題	詩集出處	出現頁碼
奧威尼	〈失落的家園（巴里烏）〉	《雲豹的傳人》頁 11～12	152
讓阿淥	〈巴達因頌〉	《北大武山之巔——排灣族新詩》頁 75	94
	〈原來〉	《北大武山之巔——排灣族新詩》頁 76～79	94
	〈布拉冷安之路〉	《北大武山之巔——排灣族新詩》頁 80～83	94
	〈晨光〉	《北大武山之巔——排灣族新詩》頁 84～85	94
	〈霧頭山的故事〉	《北大武山之巔——排灣族新詩》頁 86～87	95
	〈北大武山之巔〉	《北大武山之巔——排灣族新詩》頁 88～91	95
	〈原本　最初的吸吮〉	《北大武山之巔——排灣族新詩》頁 92～93	95
	〈馬勒夫勒夫〉	《北大武山之巔——排灣族新詩》頁 94～95	95
	〈再一次的翻閱過山脊就可以看見天堂〉	《北大武山之巔——排灣族新詩》頁 31	110
	〈思鄉吟〉	《北大武山之巔——排灣族新詩》頁 130～131	110
	〈秋愁〉	《北大武山之巔——排灣族新詩》頁 120～121	110
	〈野百合唱〉	《北大武山之巔——排灣族新詩》頁 122～123	111
	〈在我心裡抹上一抹大武山的淨土〉	《北大武山之巔——排灣族新詩》頁 124～125	111
	〈心的天堂〉	《北大武山之巔——排灣族新詩》頁 127～129	111
	〈再一次的翻越過山脊就可以看見天堂〉	《北大武山之巔——排灣族新詩》頁 31	112

作家	詩　　題	詩集出處	出現頁碼
讓阿淲	〈大鐵盆〉	《北大武山之巔——排灣族新詩》頁 61～63	125
	〈你們說的是誰〉	《北大武山之巔——排灣族新詩》頁 21	126
	〈煤油燈〉	《北大武山之巔——排灣族新詩》頁 65	127
達卡鬧	〈親愛的大武山〉	《台灣原住民族漢語文學選集——詩歌卷》頁 172～173	93
	〈好想回家〉	《台灣原住民族漢語文學選集——詩歌卷》頁 169～170	109

附錄十　台灣戰後屏東現代詩中的自然書寫篇目索引

作家	詩　　題	詩集出處	出現頁碼
徐和隣	〈海〉	《淡水河》頁 7	203
李春生	〈春望〉	《睡醒的雨》頁 34～35	171
	〈帆船石〉	《睡醒的雨》頁 160～162	186
	〈墾丁國家公園〉	《睡醒的雨》頁 166～168	186
	〈香蕉灣的群筏〉	《睡醒的雨》頁 173～174	187
	〈石門古戰場〉	《睡醒的雨》頁 158	188
	〈歌〉	《睡醒的雨》頁 151	190
	〈關山夕照〉	《睡醒的雨》頁 200～202	196
	〈珊瑚世界〉	《睡醒的雨》頁 175～178	207
	〈活躍在海上的風浪板〉	《睡醒的雨》頁 179～182	206
路衛	〈拉維亞的一季〉	《履韻》頁 11～12	176
	〈瑪嘎蓋〉	《履韻》頁 13～14	198
林清泉	〈窗外即景〉	《林清泉詩選集》237～238	162
	〈鵝鑾鼻〉	《寂寞的邂逅》頁 75～76	189
	〈遊貓鼻頭〉	《林清泉詩選集》頁 166～167	190

作家	詩　　題	詩集出處	出現頁碼
許其正	〈露〉	《南方的一顆星》頁 12	165
	〈懷孕〉	《南方的一顆星》頁 8～9	171
	〈貓鼻頭〉	《海峽兩岸遊蹤》頁 65～66	191
	〈反芻〉	《重現》頁 26～28	198
	〈椰子樹〉	《南方的一顆星》頁 142	199
	〈大板根〉	《重現》頁 46～48	202
	〈海面一景〉	《南方的一顆星》頁 46～47	203
	〈看海〉	《南方的一顆星》頁 26～27	206
沙白	〈海之漂泊〉	《太陽的流聲》頁 26～27	204
	〈海〉	《靈海》頁 167～168	204
	〈海天夢〉	《靈海》頁 189～190	204
	〈海浪〉	《靈海》頁 179～180	204
	〈珊瑚礁是一首詩〉	《靈海》頁 233～235	208
	〈海天夢〉	《靈海》頁 193～194	218
	〈都市沒有春天〉	《太陽的流聲》頁 12～14	234
	〈三更的臨界生命〉	《太陽的流聲》頁 15～16	235
	〈水流悠悠〉	《太陽的流聲》頁 35～36	235
	〈乏油的船〉	《太陽的流聲》頁 44	236
	〈憂鬱的樹〉	《太陽的流聲》頁 44	236
	〈屈原的聯想〉	《太陽的流聲》頁 74～75	236
	〈黑門──死亡坐在愛情的座位上〉	《太陽的流聲》頁 46	236
曾貴海	〈田畦的農婦〉	《台灣男人的心事》頁 71	168
	〈田舍臨暗〉	《原鄉‧夜合》頁 78～79	169
	〈白鷺鷥〉	《台灣男人的心事》頁 71	171
	〈土地的哼聲〉	《台灣男人的心事》頁 70	172
	〈山的誓約〉	《南方山水的頌歌》頁 6	176

作家	詩　　題	詩集出處	出現頁碼
曾貴海	〈秋日的河谷〉	《南方山水的頌歌》頁106	178
	〈無色的水心〉	《南方山水的頌歌》頁46	179
	〈高屏溪舊鐵橋〉	《南方山水的頌歌》頁82	179
	〈斜張橋〉	《南方山水的頌歌》頁86	182
	〈墾丁〉	《台灣男人的心事》頁70	185
	〈熱帶的深海花季〉	《色變》頁12	208
	〈留下高屏溪的靈魂〉	《台灣男人的心事》頁32～34	211
	〈在河心沉思的撓杯〉	《南方山水的頌歌》頁74～75	213
	〈土地刑場〉	《台灣男人的心事》頁72	219
	〈青蛙的鳴告〉	《高雄詩抄》頁53	220
	〈煙囪的自由〉	《高雄詩抄》頁74～75	224
	〈公園〉	《高雄詩抄》頁72～73	234
	〈春天〉	《高雄詩抄》頁91	225
	〈明日新城〉	《台灣男人的心事》頁49～51	231
	〈高雄人〉	《鯨魚的祭典》頁80	233
	〈高雄〉	《高雄詩抄》頁76	233
	〈噪音〉	《高雄詩抄》頁70	233
	〈愛河〉	《鯨魚的祭典》頁81	233
	〈捉迷藏〉	《鯨魚的祭典》，頁78～79	233
	〈紫斑蝶的越冬慶典〉	《南方山水的頌歌》頁50	241
	〈台灣藍鵲〉	《南方山水的頌歌》頁94	244
	〈草〉	《鯨魚的祭典》頁22～23	248
	〈春山行〉	《高雄詩抄》頁92	248
	〈野芭蕉行〉	《高雄詩抄》頁92	248
	〈相思樹〉	《台灣男人的心事》頁56	248
	〈白千層〉	《台灣男人的心事》頁57	248
	〈印度紫檀〉	《台灣男人的心事》頁57	248

作家	詩　　題	詩集出處	出現頁碼
曾貴海	〈雨豆〉	《台灣男人的心事》頁 59	248
	〈阿勃勒〉	《台灣男人的心事》頁 58	248
	〈美人樹〉	《台灣男人的心事》頁 60	248
	〈葉變〉	《湖濱沉思》頁 37	250
	〈春之樹林〉	《湖濱沉思》頁 1	250
	〈吃白鷺鷥的人〉	《高雄詩抄》頁 43	252
李敏勇	〈海〉	《心的奏鳴曲》頁 38	205
	〈自然現象〉	《青春腐蝕畫·戒嚴風景》頁 148	216
	〈故鄉〉	《青春腐蝕畫·戒嚴風景》頁 153	238
	〈風景〉	《青春腐蝕畫·戒嚴風景》頁 154	239
	〈那些死魚在說話〉	《青春腐蝕畫·戒嚴風景》頁 156～157	216
	〈溪流〉	《青春腐蝕畫·戒嚴風景》頁 151	217
	〈記憶〉	《傾斜的島》頁 20～21	218
	〈溪流心影〉	《青春腐蝕畫·戒嚴風景》頁 158	216
	〈迷霧〉	《青春腐蝕畫·戒嚴風景》頁 149	226
	〈煙囪〉	《青春腐蝕畫·戒嚴風景》頁 150	226
	〈污染〉	《傾斜的島》頁 78～79	227
	〈噪音〉	《青春腐蝕畫·戒嚴風景》頁 152	236
	〈這城市〉	《青春腐蝕畫·戒嚴風景》頁 182～183	237
	〈聲音〉	《傾斜的島》頁 82～83	229
	〈變色風景〉	《傾斜的島》頁 100～101	230
	〈夢魘〉	《傾斜的島》頁 96	230
	〈城市現象〉	《傾斜的島》頁 105	230
	〈詩的光榮〉	《傾斜的島》頁 132～136	231
	〈陰影〉	《島嶼奏鳴曲》頁 163	239
	〈如果你問起〉	《心的奏鳴曲》頁 129～132	240

作家	詩　　題	詩集出處	出現頁碼
沙穗	〈斜張橋〉	《畫眉》頁 144～145	182
	〈牛車上的情話──在墾丁・龍磐〉	《畫眉》頁 94～95	197
	〈炸魚人〉	《自立晚報》副刊，1984 年 7 月 30 日。	253
陳寧貴	〈紅樹林〉	《自立晚報》副刊，1984 年 7 月 6 日。	251
涂耀昌	〈風鈴木〉	《清明》頁 23～24	200
	〈印度黃檀〉	《清明》頁 24～25	200
	〈阿伯勒〉	《清明》頁 25	201
	〈有人被山川吞噬〉	《清明》頁 89～90	222
	〈有人被家門永遠吐出〉	《清明》頁 88	223
	〈暗殺福爾摩莎──（慟！九・二一大地震）〉	《清明》頁 84～86	223
	〈黃蝶之死〉	《清明》頁 26～28	243
洪柴	〈想望〉	《馬纓丹》頁 90～91	163
西沙	〈紅伯勞鳥〉	《沙鷗的天空》頁 111～112	252
郭漢辰	〈往南方的特快車〉	《請和我一起閱讀土地的詩行：屏東詩旅手札》頁 54～55	164
	〈漫步在高屏溪的彩虹・高屏溪舊鐵橋〉	《請和我一起閱讀土地的詩行：屏東詩旅手札》頁 48～49	180
	〈與歲月拔河・斜張橋〉	《請和我一起閱讀土地的詩行：屏東詩旅手札》頁 66～67	183
	〈日出旭海〉	《請和我一起閱讀土地的詩行：屏東詩旅手札》頁 42	194
	〈自由落體・北大武山日出〉	《請和我一起閱讀土地的詩行：屏東詩旅手札》頁 42	194
	〈南灣波光〉	《請和我一起閱讀土地的詩行：屏東詩旅手札》頁 43	194
	〈光之舞・原住民〉	《請和我一起閱讀土地的詩行：屏東詩旅手札》頁 43	194

作家	詩　　　　題	詩集出處	出現頁碼
郭漢辰	〈迎賓・小琉球〉	《請和我一起閱讀土地的詩行：屏東詩旅手札》頁44	194
	〈燈塔・墾丁海邊〉	《請和我一起閱讀土地的詩行：屏東詩旅手札》頁44	194
	〈光影・嬉戲・客家村〉	《請和我一起閱讀土地的詩行：屏東詩旅手札》頁45	194
	〈逐風追浪・大鵬灣〉	《請和我一起閱讀土地的詩行：屏東詩旅手札》頁45	194
	〈關山夕陽〉	《請和我一起閱讀土地的詩行：屏東詩旅手札》頁47	194
	〈夜光祭典・恆春搶孤〉	《請和我一起閱讀土地的詩行：屏東詩旅手札》頁47	194
	〈日出・半島第一道晨曦〉	《請和我一起閱讀土地的詩行：屏東詩旅手札》頁112～113	195
	〈返鄉〉	《請和我一起閱讀土地的詩行：屏東詩旅手札》頁116～117	245
	〈熱氣流〉	《請和我一起閱讀土地的詩行：屏東詩旅手札》頁114	245
傅怡禎	〈二十四道彩虹：下淡水溪舊鐵橋〉	《大武山下的美麗韻腳：屏東小站巡禮》頁50～51	181
	〈思・歸：屏東縣鐵道〉	《大武山下的美麗韻腳：屏東小站巡禮》頁18～19	181
	〈南國・車站：屏東小站巡禮〉	《大武山下的美麗韻腳：屏東小站巡禮》頁16	181
張太士	〈雪鳥・白鷺鷥〉	《夢被反鎖》頁112	247
黃明峯	〈我在秋天——讀陳冠學《田園之秋》有感〉	《第十屆大武山文學獎》頁24～26	166
	〈落山風若到恆春城〉	《自我介紹》頁84	192
	〈半島三月〉	《第六屆大武山文學獎》頁332～335	192
	〈期望——關山落日〉	《自我介紹》頁74～75	196
	〈鯨蹤鯢影——花蓮賞鯨有感〉	《自我介紹》頁70～71	207

作家	詩　題	詩集出處	出現頁碼
陳雋弘	〈興趣〉	《面對》頁 83～84	205
	〈面對〉	《面對》頁 133～135	205
	〈夢境〉	《面對》頁 33～34	205
	〈不讓世界崩然睡去〉	《面對》頁 27	205
	〈你是草原我是海〉	《面對》頁 111～112	206
	〈夏天離開了詩，我們離開了陸地——海洋生物博物館記遊（11）〉	《等待沒收》頁 79～80	206
	〈候鳥——墾丁賞鷹記遊〉	《面對》頁 60～62	246
	〈問津——墾丁龍鑾潭賞鳥記行〉	《面對》頁 64～66	246
	〈白鷺鷥〉	《面對》頁 63	247
紫楓	〈醉海〉	《片片楓葉情》頁 12	204
利玉芳	〈黑白兩隻羊〉	《活的滋味》頁 60	170
	〈黑面琵鷺〉	《淡飲洛神花茶的早晨》頁 96～97	214
	〈原始之愛——寄給高屏溪〉	《淡飲洛神花茶的早晨》頁 3～4	214
	〈讓果園長詩吧〉	《活的滋味》頁 36～37	220
	〈台灣最南點〉	《淡飲洛神花茶的早晨》頁 50～53	221
	〈佈滿血絲的眼球〉	《淡飲洛神花茶的早晨》頁 68～69	222
	〈蛙鳴〉	《淡飲洛神花茶的早晨》頁 86	228
	〈蝶之鄉〉	《淡飲洛神花茶的早晨》頁 20	228
	〈屏鵝公路的秋天〉	《活的滋味》頁 44～45	228
	〈放生〉	《活的滋味》頁 48～49	254
張月環	〈椰樹與月〉	《風鈴季歌》頁 92	199
	〈椰樹與風〉	《風鈴季歌》頁 93	199

作家	詩　　　題	詩集出處	出現頁碼
讓阿淊	〈霧頭山的霧〉	《北大武山之巔——排灣族新詩》頁 59	174
	〈月幕〉	《北大武山之巔——排灣族新詩》頁 37～39	174

附錄十一 台灣戰後屏東現代詩中的族群書寫篇目索引

作家	詩　　題	詩集出處	出現頁碼
曾貴海	〈客家族人，你們是不是被誤會了〉	《浪濤上的島國》頁 63～65	272
	〈出鄉〉	《鯨魚的祭典》頁 29	276
	〈老農〉	《鯨魚的祭典》頁 60～61	276
	〈鄉下老家的榕樹〉	《台灣男人的心事》頁 2～3	276
	〈向平埔祖先道歉〉	《台灣男人的心事》頁 45	276
	〈平埔福佬客家台灣人〉	《原鄉・夜合》頁 72～74	277
	〈平埔客家阿婆〉	《原鄉・夜合》頁 59～61	278
	〈去高雄賣籺仔个阿嫂〉	《原鄉・夜合》頁 6～7	285
	〈背穀走相趒仔細妹仔〉	《原鄉・夜合》頁 8～9	286
	〈阿桂姐〉	《原鄉・夜合》頁 10～12	287
	〈圳溝歲月〉	《南方山水的頌歌》頁 90	288
	〈夜合〉	《原鄉・夜合》頁 15～17	289
	〈故鄉个老庄頭〉	《原鄉・夜合》頁 2～3	293
	〈南方山岳子民的 Maleveq〉	《神祖與土地的頌歌》頁 27～40	309
	〈延遲到訪的歷史〉	《浪濤上的島國》頁 86	321
	〈渡鳥〉	《畫面》頁 61～62	323
	〈某病人〉	《鯨魚的祭典》頁 52～53	339
	〈放風箏的單身老兵〉	《湖濱沉思》頁 53	340
李敏勇	〈如果你問起〉	《美麗島詩歌──通行台語詩集》頁 19～20	324
	〈殖民地囝仔〉	《美麗島詩歌──通行台語詩集》頁 28～32	324
	〈心聲〉	《美麗島詩歌──通行台語詩集》頁 28～32	325
	〈這一工，咱來種樹仔〉	《美麗島詩歌──通行台語詩集》頁 26～27	325

作家	詩　題	詩集出處	出現頁碼
李敏勇	〈國家〉	《美麗島詩歌——通行台語詩集》頁 22〜24	325
	〈看一隻鳥仔〉	《美麗島詩歌——通行台語詩集》頁 33〜34	325
沙穗	〈鞋子〉	《護城河》頁 93〜94	331
	〈鈍刀〉	《護城河》頁 95〜96	332
	〈皺紋〉	《護城河》頁 91〜92	332
	〈血衣〉	《1982 年台灣詩選》頁 177〜178	332
	〈廣東〉	《護城河》頁 161〜63	338
	〈地契〉	《護城河》頁 99〜100	345
劉廣華	〈梅花之戀〉	《生命的長廊》頁 1〜7	344
陳寧貴	〈濫濫庄〉	《客家台語詩選》頁 69〜70	261
	〈面對——碎裂之戰〉	《文學客家》創刊號，2010 年 1 月，頁 9〜10。	263
	〈面對——天光日〉	《文學客家》第 2 期，2010 年 7 月，頁 29〜32。	265
	〈頭擺〉	「台灣客語詩選」「陳寧貴詩人坊」http://ningkuei.blogspot.tw/2013/06/blog-post_7.html	267
	〈面對——臨暗〉	《文學客家》第 3 期，2011 年 1 月，頁 20〜27。	273
	〈原鄉〉	《客家台語詩選》頁 67	281
	〈大禾埕〉	《台灣客語詩集 1》「陳寧貴詩人坊」http://ningkuei.blogspot.tw/2013/06/blog-post_7.html	295
陳瑞山	〈親〉	《地球是艘大太空梭》頁 64〜65	342
蔡森泰	〈蒸甜粄〉	《𠊎係台灣客家人——斷絕中國奶水情》頁 113	298
涂耀昌	〈操場一隅的老兵〉	《清明》頁 58〜60	341

作家	詩　　題	詩集出處	出現頁碼
郭漢辰	〈血海棠〉	《地球每天帶著一點遺憾在轉動》頁18～19	343
黃明峯	〈歌詩代代湠——致陳達老阿伯〉	《自我介紹》頁80	327
	〈風聲——陳達之歌〉	《色水‧形影‧落山風的聲——黃明峯台語詩集》頁72～75	327
	〈孤單兮人影——懷念阿嬤〉	《自我介紹》頁86。	328
	〈冬粉鴨〉	《自我介紹》頁87～88	328
	〈阿兄〉	《色水‧形影‧落山風的聲——黃明峯台語詩集》頁154	329
	〈思念——滿州港口茶〉	《色水‧形影‧落山風的聲——黃明峯台語詩集》頁120	329
紫楓	〈外省第二代〉	《片片楓葉情》頁23	344
利玉芳	〈拜揶〉	《向日葵》頁120～121	282
	〈圓樓底下个偃〉	《向日葵》頁139～140	282
	〈門紅〉	《向日葵》頁126～127	283
	〈掛紙〉	《向日葵》頁135～136	283
	〈娘酒〉	《向日葵》頁137～138	284
	〈阿嫂个裁縫車仔〉	《夢會轉彎》頁130	290
	〈鞋〉	《向日葵》頁114	291
	〈最後个藍布衫〉	《夢會轉彎》頁132～135	291
	〈蓮霧樹下〉	《夢會轉彎》頁135	292
	〈新丁花〉	《淡飲洛神花茶的早晨》頁113	292
	〈稈棚〉	《夢會轉彎》頁134	295
	〈瓦窯〉	《向日葵》頁115～116	296
	〈敬字亭——童年懷舊〉	《淡飲洛神花茶的早晨》頁111～112	297
	〈膽膽大〉	《夢會轉彎》頁138	297

作家	詩　題	詩集出處	出現頁碼
利玉芳	〈海島〉	《夢會轉彎》頁 120	326
奧威尼	〈一首古老永恆的歌〉	《神秘的消失──詩與散文的魯凱》頁 27～29	301
	〈矮人啊！我的祖先〉	《神秘的消失──詩與散文的魯凱》頁 160～161	302
	〈神秘的幽靈〉	《神秘的消失──詩與散文的魯凱》頁 163～166	303
	〈失落的家園（巴里鳥）〉	《雲豹的傳人》頁 11～12	315
	〈夏日裡的百合〉	《雲豹的傳人》頁 5～7	316
讓阿淥	〈霧頭山的故事〉	《北大武山之巔──排灣族新詩》頁 87	304
	〈外祖父的加持〉	《北大武山之巔──排灣族新詩》頁 19	305
	〈雨中河〉	《北大武山之巔──排灣族新詩》頁 55	317
	〈迷霧森林〉	《北大武山之巔──排灣族新詩》頁 66～67	318
	〈回家的路〉	《北大武山之巔──排灣族新詩》頁 49～51	318
達卡鬧	〈好想回家〉	《台灣原住民族漢語文學選集──詩歌卷》頁 169～171	317
伐楚古	〈戲袍〉	《台灣原住民族漢語文學選集──詩歌卷》頁 161～164	319
伊誕	〈我是誰〉	《靈鳥又風吹──伊誕的畫與詩》頁 45	320
	〈尋根〉	《靈鳥又風吹──伊誕的畫與詩》頁 32	321

附錄十二　台灣戰後屏東現代詩中的政治社會關懷書寫篇目索引

作家	詩　　題	詩集出處	出現頁碼
李春生	〈老兵 1〉	《季節之歌》頁 62～64	390
	〈老兵 3〉	《季節之歌》頁 66～66	390
曾士魁	〈敬弔二戰陣亡的台籍日本兵〉	《歲月拾掇》頁 133～135	401
沙白	〈職業吟〉	《太陽的流聲》頁 55～56	375
	〈礦工〉	《太陽的流聲》頁 59～60	385
曾貴海	〈冬夜的面帕粄──記白色年代〉	《原鄉・夜合》頁 41～43	352
	〈男人六十歲〉	《浪濤上的島國》頁 3	359
	〈殖民的幽靈遠離了嗎〉	《浪濤上的島國》頁 76～77	360
	〈延遲到訪的歷史〉	《浪濤上的島國》頁 91	360
	〈突然又閃現的歷史〉	《浪濤上的島國》頁 94	360
	〈將軍的白日夢〉	《湖濱沉思》頁 68	360
	〈向日葵〉	《鯨魚的祭典》頁 54～55	361
	〈群眾與寂寞〉	《湖濱沉思》頁 62～63	369
	〈造神運動〉	《台灣男人的心事》頁 41	372
	〈男人五十歲〉	《台灣男人的心事》頁 37	372

作家	詩　　題	詩集出處	出現頁碼
曾貴海	〈夢國〉	《台灣男人的心事》頁 73～75	372
	〈吃白鷺鷥的人〉	《高雄詩抄》頁 43	379
	〈自由五吃〉	《浪濤上的島國》頁 69	380
	〈吐〉	《高雄詩抄》頁 46～47	380
	〈佛陀的門鐵定空著〉	《浪濤上的島國》頁 38～39	380
	〈贗品青年〉	《台灣男人的心聲》頁 9～10	381
	〈快樂問卷〉	《浪濤上的島國》頁 38～39	381
	〈老農〉	《鯨魚的祭典》頁 60～61	385
	〈一張鄉下女人的臉〉	《高雄詩抄》頁 85	386
	〈賣汽車玩具的壯年人〉	《高雄詩抄》頁 86～87	387
	〈一個都市的流浪漢〉	《高雄詩抄》頁 82～84	388
	〈茶花女的悲歌〉	《鯨魚的祭典》頁 9～14	388
	〈健忘症患者〉	《鯨魚的祭典》附錄頁 62～63	403
	〈子彈〉	《鯨魚的祭典》附錄頁 65	404
	〈劇終〉	《鯨魚的祭典》附錄頁 66～67	404
	〈初見和別離〉	《鯨魚的祭典》附錄頁 68	404
李敏勇	〈這一天，讓我們種一棵樹〉	《青春腐蝕畫・戒嚴風景》頁 173	351
	〈戒嚴風景〉	《青春腐蝕畫・戒嚴風景》頁 166	357
	〈他愛鳥〉	《青春腐蝕畫・戒嚴風景》頁 160～161	358
	〈詩的志業〉	《傾斜的島》頁 11～12	364
	〈暗房〉	《青春腐蝕畫》頁 162	364
	〈底片的世界〉	《青春腐蝕畫・戒嚴風景》頁 188～189	365
	〈從有鐵柵的窗〉	《青春腐蝕畫・戒嚴風景》頁 186～187	366
	〈隱藏的風景〉	《傾斜的島》頁 78～79	367

作家	詩　　題	詩集出處	出現頁碼
李敏勇	〈我寧願〉	《心的奏鳴曲》，頁 96～97	373
	〈鄉村〉	《青春腐蝕畫・野生思考》頁 138	373
	〈漂流物〉	《青春腐蝕畫・野生思考》頁 139	373
	〈種子〉	《青春腐蝕畫・野生思考》頁 140	373
	〈發言〉	《青春腐蝕畫・野生思考》頁 141	373
	〈根〉	《青春腐蝕畫・野生思考》頁 142	373
	〈我們的島〉	《青春腐蝕畫・野生思考》頁 143	374
	〈島國〉	《青春腐蝕畫・野生思考》頁 144	374
	〈遺物〉	《青春腐蝕畫・鎮魂歌》頁 56	397
	〈焦土之花〉	《青春腐蝕畫・鎮魂歌》頁 60	398
	〈焦土〉	《青春腐蝕畫・鎮魂歌》頁 48	399
	〈夢的手札〉	《青春腐蝕畫・鎮魂歌》頁 52	399
	〈窗之意味〉	《青春腐蝕畫・鎮魂歌》頁 53	399
	〈戰俘〉	《青春腐蝕畫・野生思考》頁 127	400
	〈回聲的世界〉	《青春腐蝕畫・野生思考》頁 92	402
	〈孤兒〉	《青春腐蝕畫・野生思考》頁 96	402
	〈軍艦〉	《青春腐蝕畫・野生思考》頁 100	402
	〈景象〉	《青春腐蝕畫・野生思考》頁 103	402
沙穗	〈天涯〉	《來生》頁 152	391
	〈月圓之夜〉	《來生》頁 155	391

作家	詩　　題	詩集出處	出現頁碼
沙穗	〈昨夜〉	《來生》頁 175～176	391
	〈手銬〉	《來生》頁 171～172	391
	〈腳鐐〉	《來生》頁 173	391
	〈牆外〉	《來生》頁 167～168	391
	〈拖鞋〉	《來生》頁 157～159	392
	〈越南（戰時）〉之一	《燕姬》頁 103～105	393
	〈越南（戰時）〉之二	《燕姬》頁 105～107	394
	〈越南（戰時）〉之三	《燕姬》頁 107～109	394
	〈越南（戰時）〉之四	《燕姬》頁 109～111	394
	〈越南（戰時）〉之五	《燕姬》頁 111～113	395
	〈越南（戰時）〉之六	《燕姬》頁 113～115	395
	〈西貢基督〉	《燕姬》頁 129～135	395
連水淼	〈南京東路〉	《台北・台北》頁 12～13	382
	〈百貨公司〉	《台北・台北》頁 3～4	383
	〈貴族醫院〉	《台北・台北》頁 17～18	384
	〈礦工〉	《在否定之後》頁 135～136	385
李男	〈戰後〉	《劍的握手》頁 47	402
涂耀昌	〈檳榔西施〉	《清明》頁 97～99	379
洪柴	〈誠徵總統一名〉	《馬纓丹》頁 118～122	368
郭漢辰	〈原罪〉	《地球每天帶著一點遺憾在轉動》頁 64	355
	〈骨灰〉	《地球每天帶著一點遺憾在轉動》，頁 66～67	356
	〈過往記事〉	《地球每天帶著一點遺憾在轉動》頁 67～68	356
	〈上班族的政治觀〉	《地球每天帶著一點遺憾在轉動》頁 110～111	367
黃明峯	〈檳榔西施〉	《自我介紹》頁 62～63	379

作家	詩　　　題	詩集出處	出現頁碼
利玉芳	〈闖進花田的孩童們〉	《夢會轉彎》頁 p33～34	353
	〈淡飲洛神花茶的早晨〉	《淡飲洛神花茶的早晨》頁 48～49	354
	〈蠟炬的淚——二二八追悼會〉	《向日葵》頁 52～54	354
	〈一個不是很特別的日子〉	《向日葵》頁 43～46	355
	〈向日葵〉	《向日葵》頁 82～84	362
	〈遙控飛機〉	《活的滋味》頁 64～65	363
	〈春雷〉	《向日葵》頁 20～21	370
	〈黑蚊〉	《淡飲洛神花茶的早晨》頁 87	371
	〈賣鵝〉	《淡飲洛神花茶的早晨》頁 89	371
	〈透明的牛墟〉	《向日葵》頁 37～39	371
	〈牛〉	《活的滋味》頁 15	371
	〈蝗災〉	《向日葵》頁 27	376
	〈讓座〉	《活的滋味》頁 46	376
	〈夏日沙拉〉	《活的滋味》頁 92～94	377
白葦	〈風中花魂〉	《歲痕新集》頁 4～6	355